Joseph Beuys

Plakate / Posters

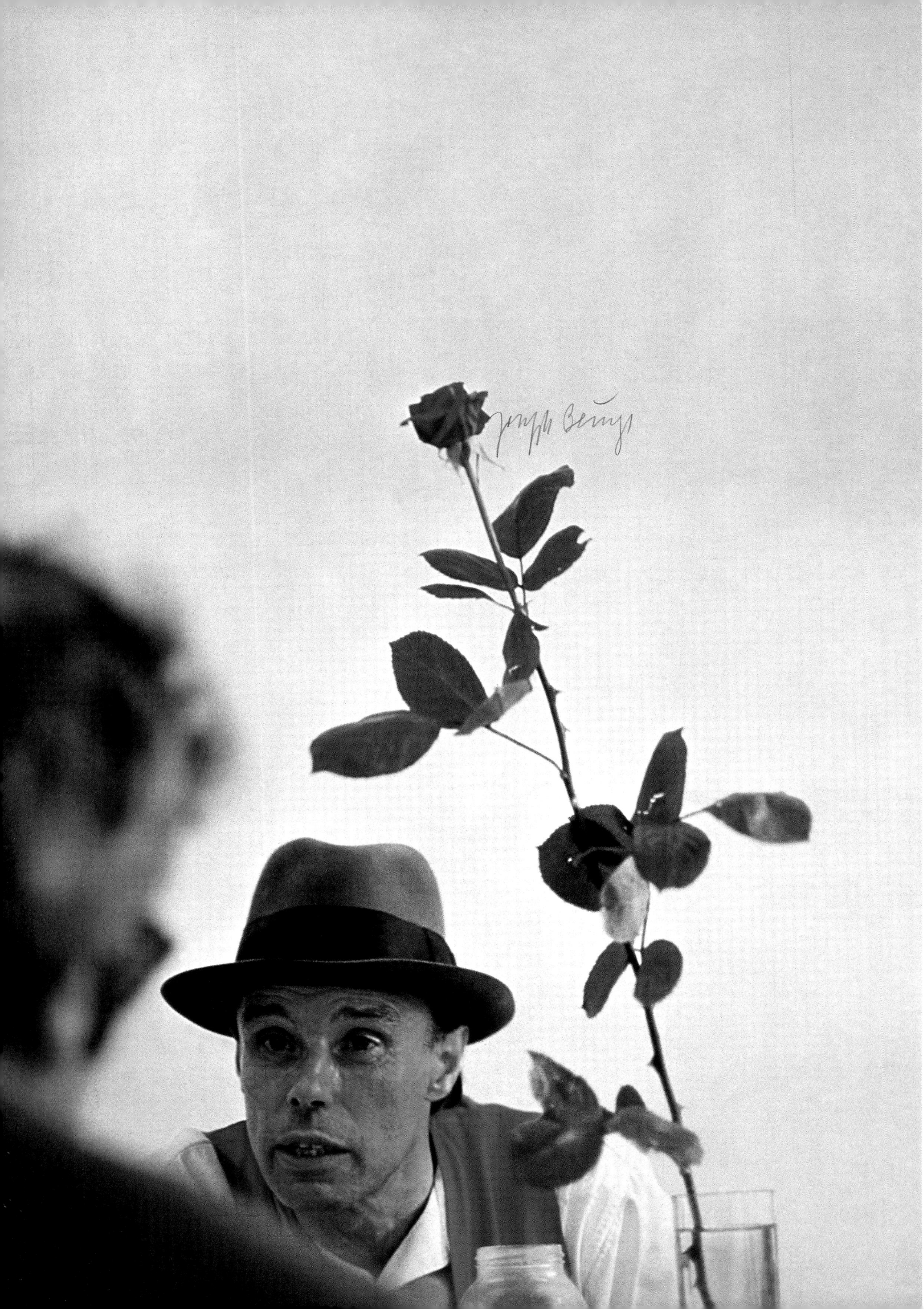
Joseph Beuys

Isabel Siben

Joseph Beuys

Plakate / Posters

Mit einem Verzeichnis der Plakate von /
With an Index of Posters by
Claus von der Osten

Prestel
Munich · Berlin · London · New York

Diese Publikation erschien anlässlich der Ausstellung ›Joseph Beuys – Plakate‹ in der Versicherungskammer Bayern, München (1.9.–7.11.2004), im Museum für Kunst und Gewerbe, Hamburg (12.11.2004–13.2.2005), und im Kunstmuseum Heidenheim (27.2.–24.4.2005).

Herausgegeben von Isabel Siben im Auftrag der Versicherungskammer Bayern, München

Fotoaufnahmen der Plakate / Photography: Maria Thrun und Michael Heinrich, Hamburg

Die Deutsche Bibliothek verzeichnet diese Publikation in der Deutschen Nationalbibliografie; detaillierte bibliografische Daten sind im Internet über http://dnb.ddb.de abrufbar.

The Library of Congress Cataloguing-in-Publication data is available; British Library Cataloguing-in-Publication data: a catalogue record for this book is available from the British Library.

Auf dem Schutzumschlag: Beuys. The New School und Ronald Feldman Fine Arts, New York (Cat. 46)
Umschlagrückseite: Beuys. Multiples + Zeichnungen (Cat. 21)
Frontispiz: Ohne die Rose tun wir's nicht (Cat. 33)

Prestel Verlag
Königinstraße 9
D-80539 München
Telefon +49 (89) 38 17 09-0
Telefax +49 (89) 38 17 09-35
www.prestel.de
info@prestel.de

Prestel Publishing Ltd.
4, Bloomsbury Place
London, WC1A 2Qa
Tel.: +44 (020) 7323 5004
Fax: +44 (020) 7636 8004

Prestel Publishing
900 Broadway, Suite 603
New York, N.Y. 10003
Tel.: +1 (212) 995 2720
Fax: +1 (212) 995 2733
www.prestel.com

Translation into English: Paul Aston

Lektorat: Peter Stepan
Copyediting English: Danko Szabó
Gestaltung und Herstellung: Ulrike Schmidt unter Mitarbeit von Matthias Klesatschek
Lithografie: Reproline Mediateam, München
Druck: Memminger MedienCentrum
Bindung: Conzella, Pfarrkirchen

Gedruckt auf chlorfrei gebleichtem Papier
Printed in Germany

ISBN 3-7913-3106-X

Inhalt / Contents

Vorwort

Joseph Beuys war stets an einer großen Öffentlichkeit interessiert, und so ist es selbstverständlich, dass er von dem Medium Plakat ausgiebig Gebrauch machte, um auf seine Ausstellungen, Aktionen sowie sein gesellschaftspolitisches Engagement aufmerksam zu machen. Zu seinen Lebzeiten entstanden rund 290 Plakate. Zwar hat er die wenigsten davon selbst gestaltet, sie wurden aber dennoch für diesen Band zusammengestellt. Die Begründung dafür liegt im ›erweiterten Kunstbegriff‹ von Joseph Beuys. Danach gelten selbst Plakate, die nicht eigenhändig von ihm geschaffen wurden, jedoch auf seine Anregung hin entstanden sind, als Teil seines Werkes. Die Veränderungen, die sich dadurch für die Definition des Künstlerplakates ergeben, werden im Interview mit Klaus Staeck und in der Einführung zu diesem Band beschrieben. In der Zusammenschau bieten die Plakate einen hervorragenden Überblick über das Werk von Joseph Beuys: Sie dokumentieren einzelne Arbeiten, Aktionen, Ausstellungen in Museen und Galerien sowie sein gesellschaftspolitisches Engagement.

Dem Sammler Claus von der Osten gebührt besonderer Dank. Er hat seine Sammlung der Beuys-Plakate seit 1970 aufgebaut und als profunder Kenner dieses Werkes auch das Verzeichnis der Plakate erarbeitet. Klaus Staeck gilt Dank für seine Bereitschaft zu einem Interview. Er ist im Hinblick auf Beuys' Plakate und ihre Entstehung der prominenteste Zeitzeuge. Darüber hinaus hat er bei den Recherchen für das Verzeichnis der Werke und bei der Vervollständigung der Sammlung mitgewirkt. Für wertvolle Hinweise sei außerdem der Fotografin Ute Klophaus, Herrn Siegfried Sander sowie der Stiftung Museum Schloss Moyland gedankt. Eine gute Grundlage für die Zusammenstellung der Plakate waren der Katalog der Beuys-Plakate von Peter Weiß und Florian Britsch, der bereits 155 Plakate aufführt, die Werkverzeichnisse zu Aktionen und Multiples sowie das Verzeichnis der Postkarten.

Die Versicherungskammer Bayern zeigt diese Sammlung der Beuys-Plakate in München zum ersten Mal. Nach Ausstellungen zur Plakatkunst von Pablo Picasso, Robert Rauschenberg, Keith Haring und Hap Grieshaber ist es bereits ihre fünfte Präsentation dieser Art. Weitere Stationen der Ausstellung sind das Museum für Kunst und Gewerbe in Hamburg und das Kunstmuseum Heidenheim.

Foreword

Joseph Beuys was always interested in the broad public and it, therefore, comes as no surprise that he made abundant use of the poster medium to draw attention to his exhibitions, actions and his commitment to socio-political activities. Approximately 290 posters were produced during his lifetime. Although he created very few of them himself, they have, however, been compiled for this volume. The reason for this can be found in Beuys's "augmented concept of art". This implies that even those posters that were not personally created by him, but merely on his stimulation, must be regarded as part of his oeuvre. The changes which this leads to in the definition of the "artist's poster" are described in an interview with Klaus Staeck and in the introduction to this volume. Seen as a part of the whole, the posters provide an outstanding overview of Joseph Beuys's oeuvre as they document individual works, actions, exhibitions in museums and galleries, as well as his socio-political commitment.

Particular thanks must go the collector Claus von der Osten. Since 1970, he has assembled a collection of Beuys's posters and, as a profound connoisseur of this work, produced the index of works. We also thank Klaus Staeck for his willingness to give an interview. He is the most prominent contemporary witness in connection with Beuys's posters and their production. In addition, he collaborated in research for the catalogue of works and in the completion of the collection. The Schloss Moyland Museum Foundation, the photographer Ute Klophaus, and Siegfried Sander must also be thanked for their valuable information. The index of Beuys's posters, prepared by Peter Weiss and Florian Britsch, and listing 155, as well as catalogues from the actions and 'multiples', and index of postcards provided a thorough basis for the complete listing.

The Versicherungskammer Bayern is presenting the collection of Beuys's posters for the first time in Munich. Following exhibitions of posters by Pablo Picasso, Robert Rauschenberg, Keith Haring and Hap Grieshaber, this is their fifth presentation of the genre. The commitment of Jürgen Döring, head of the graphics collection of the Museum for Art and Trade in Hamburg, and René Hirmer, director of the Heidenheim Art Museum, will give a wide audience the opportunity of discovering Joseph Beuys's work from the perspective of his posters.

»Ob Werbung Kunst ist, hängt davon ab, wofür man wirbt«*

In der Reihe der Werkübersichten zu den Plakaten namhafter Künstler des 20. Jahrhunderts bildet der Band über Joseph Beuys eine Ausnahme. Denn im Gegensatz zum Werk von Pablo Picasso, Robert Rauschenberg oder Keith Haring ist kaum eines der hier vorgestellten Plakate ›eigenhändig‹[1] vom Künstler gestaltet worden. Es handelt sich hierbei also nicht um Künstler- bzw. Originalplakate im herkömmlichen Sinn. Im Rahmen des ›erweiterten Kunstbegriffs‹, der dem Rezipienten eine umfassend gesteigerte Kreativität zutraut, stellt sich die Frage nach dem Originalcharakter neu. Gegenüber der Eigenhändigkeit gewinnt die geistige Urheberschaft, das heißt eine Entstehung von Arbeiten im Dunstkreis einer prägenden, charismatischen Künstlerpersönlichkeit, zunehmend an Gewicht. Da die Plakate unmittelbar auf Beuys' Anregung zurückgehen, können sie auch als seine Schöpfungen gelten. Dies mag zunächst provokant klingen. Tatsächlich ist der originäre Anteil derjenigen, die für Beuys Plakate gestalteten, relativ gering. Der Gesamteindruck der Plakate des Verzeichnisses der Plakate bestätigt dies: Diese Arbeiten haben ihren Ursprung und ihre Qualität in Werk und Wirkung des Künstlers und sind auch in gestalterischer Hinsicht ohne seine Persönlichkeit undenkbar. Einer der prominentesten Zeitzeugen und Verleger von Beuys-Plakaten, Klaus Staeck, hat dies bestätigt: »Die Beuys-Plakate, die ich verlegt habe, entstanden alle auf seine Anregung.«[2] Dass Beuys persönlich mit den für ihn gefertigten Plakaten einverstanden war, zeigt sich daran, dass er die meisten von ihnen auch signierte: Die Plakate tragen buchstäblich seine Handschrift. Damit sind sie durch ihn autorisiert und können als authentisch[3] gelten. Der herkömmliche Werkbegriff, der nur eigenhändige Arbeiten als Originale anerkennt, muss im Hinblick auf Beuys überdacht werden, ist doch sein Werk auf Wechselwirkung mit der breiten Öffentlichkeit angelegt. Das hier vorliegende Verzeichnis der Beuys-Plakate ist unter diesem Aspekt besonders aufschlussreich, da es einen unmittelbaren Ausdruck der Wirkungsgeschichte dieses Künstlers darstellt. Im Mittelpunkt der Überlegungen steht deshalb Beuys' Wirken als öffentliche Person.

"Whether advertising is art or not, depends on what you're advertising"*

The volume on Joseph Beuys forms an exception in the series of catalogues of posters by the major artists of the twentieth century. In contrast to the works of Pablo Picasso, Robert Rauschenberg and Keith Haring, hardly any of the posters depicted here are the work of the artist's "own hand".[1] They are, therefore, not artist's or original posters in the usual meaning of the term. Within the framework of an "augmented concept of art", which believes that the recipient can extensively increase his creativity, the question of "the original" needs to be defined in a new manner. As opposed to the autograph, spiritual authorship gains increased importance—this means the creation of works in the environment of an impressive, charismatic, artistic personality. Seeing that the posters resulted directly from Beuys's stimulus, they can, therefore, be considered as being his own creations. This statement might appear provocative. In fact, the original, creative contributions of those who produced posters for Beuys are rather few in number. The overall impression of the posters included in the index of works is proof of this: the origin and quality of the posters are the result of the work and impact of the artist and they would be inconceivable—even from the formal "viewpoint"—without his personality. One of the most prominent contemporary witnesses and the publisher of Beuys's posters, Klaus Staeck, confirmed that: "The Beuys posters which I published were produced on his stimulus."[2] It can be seen that Beuys was personally satisfied with the posters made for him by the fact that he also signed the majority of them: the posters actually bore his signature. This means that he authorized them and that they can, therefore, be regarded as being authentic.[3] The usual concept that only "original" works can be regarded as genuine must be reconsidered in the case of Beuys, seeing that his work is based on reciprocal activities with the broad public. Seen for that aspect, this catalogue of Beuys's posters is particularly informative as it depicts an immediate impression of the effect made by this artist. For this reason, Beuys's activities as a public figure must stand at the centre of our considerations.

»Ich kann ja nicht alleine die Multiplikation schaffen.«[4]

Kaum ein anderer Künstler des 20. Jahrhunderts war in der Öffentlichkeit so präsent wie Joseph Beuys. Er war häufig Thema in Fernsehen und Printmedien, weil sein Beitrag zur Kunst hinsichtlich ihrer Symbolik, ungewöhnlichen Materialien und insbesondere wegen seiner spektakulären Auftritte in Aktionen und Vorträgen umstritten war. Sein Porträtfoto erschien wiederholt auf Titelseiten und Werbeplakaten von Zeitschriften, so z.B. der *Wirtschaftswoche* (cat. 78) und *Der Spiegel* (cat. 135). Anlässlich der Beuys-Retrospektive im Guggenheim Museum in New York 1979, der ersten Retrospektive eines deutschen Künstlers in dieser Institution, titelte *Der Spiegel*: »Künstler Beuys. Der Größte. Weltruhm für einen Scharlatan?«. Die Presse-Resonanz jenseits der Magazine fiel zumeist negativ aus, doch kam dies der zunehmenden Bekanntheit von Beuys zugute. Dass ›Anti-Werbung‹ das Interesse in besonderer Weise weckt, ist ein bekanntes Phänomen.

Beuys konnte den Medienrummel um seine Person nur befürworten, wünschte er doch die maximale Verbreitung bzw. »Multiplikation« seiner Ideen und Projekte. Zahlreiche Plakate dokumentieren, dass er selbst die Öffentlichkeit suchte: Sie kündigen seine Vorträge und Diskussionsveranstaltungen an (cat. 42, 61, 69, 77, 97, 98, 100 u.a.). Es war sein besonderes Anliegen, zur Entfaltung kreativer Kräfte einer großen Öffentlichkeit beizutragen. Voraussetzung hierfür war seine stetige Bereitschaft zum Gespräch – oder sollte man sagen: sein Sendungsbewusstsein? Seine »Bereitschaft zur permanenten Konferenz«[5] zeigte sich insbesondere während der ›documenta 5‹ (1972): Beuys stellte sich damals 100 Tage lang am Ausstellungsort den Fragen des Publikums und nutzte dieses Forum, um durch Vorträge seine Themen zur Diskussion zu stellen. Das Plakat *Boxkampf für direkte Demokratie durch Volksabstimmung* (cat. 35) kündigte den spektakulären Schlussakkord seiner Anwesenheit auf der ›documenta 5‹ an, bei dem Beuys tatsächlich in den Ring stieg. Beuys wollte auch mit dieser Aktion das Publikum dazu animieren, mehr als nur Zuschauer seiner Ausstellungen und Aktionen zu sein, also selbst kreativ, d.h. aktiv zu werden.

Die Tatsache, dass Beuys kaum eigenhändig Plakate gestaltete, sondern Künstlerkollegen, Galeristen, Grafiker, Studenten oder Schüler dies für ihn übernahmen, unterstreicht einmal mehr seine charismatische Wirkung. Er fand zahlreiche Multiplikatoren, deren Namen das Verzeichnis der Plakate nachweist, soweit sie bekannt sind. Ein anschauliches Beispiel ist die Plakatproduktion

"I cannot create the multiplications all by myself."[4]

In the twentieth century, hardly any other artist was so present in the public eye as Joseph Beuys was. He was often dealt with on television and in the print media, because his contribution to art, with regard to symbolism, unusual materials and, in particular, his spectacular appearances at actions and lectures, was so controversial. His portrait photograph appeared repeatedly on the front pages and posters of magazines, including the *Wirtschaftswoche* (cat. no. 78) and *Der Spiegel* (cat. no.135). On the occasion of the Beuys retrospective at the Guggenheim Museum in New York in 1979—the first retrospective of a German artist's work at that institution—the title in *Der Spiegel* read: "Beuys the Artist. The Greatest. World Fame for a Charlatan?" The resonance in the press, beyond the magazines, was primarily negative, but this was of benefit to Beuys's increasing renown. It is a well-known phenomenon that "negative advertising" arouses interest in a special manner. Beuys could only welcome the media tumult concerning him, seeing that he sought the maximum distribution or "multiplication" of his ideas and projects. Numerous posters document that he himself sought the attention of the public. They were announcements for his lectures and discussions (cat. nos. 42, 61, 69, 77, 97, 98, 100, etc.). One of his main goals was to contribute to the development of the creative powers of the public. One precondition for this was his readiness to discuss things at all times—or, should one say, his sense of mission. His "willingness for a permanent conference"[5] became particularly apparent during the *documenta V* (1972): at that time, Beuys dealt with questions from the public in the exhibition hall for 100 days and used this forum to hold lectures at which his themes were the subjects discussed. The poster "*Boxing Match for Direct Democracy through a Referendum*" (cat. no. 35) announced the spectacular grand finale of his presence at the *documenta V*, where Beuys actually climbed into the ring. In this action, Beuys wanted to animate the public to be more than the mere audience of his actions and exhibitions and to become creative themselves—that is to say, become active. The fact that Beuys hardly created any posters himself, but that fellow artists, gallery owners, graphic artists, and students and pupils did this for him, is another indication of his charisma. He found numerous "multiplicators" whose names, if known, are recorded in the index of works.
A vivid example is the production of the poster used for the Green Party's election campaign. From 1979 to the mid-1980s they the Greens made propaganda using the Beuys motif "The Invincible" (cat. nos. 125, 126). Pupils of the Grillo Secondary School in Gelsenkirchen undertook the

für den Wahlkampf der Grünen: Von 1979 bis Mitte der 80er Jahre wurde mit dem Beuys-Motiv ›Der Unbesiegbare‹ geworben (cat. 125, 126). Den Druck dieser Plakate übernahmen Schüler des Grillo-Gymnasiums Gelsenkirchen unter Leitung des ehemaligen Beuys-Schülers Johannes Stüttgen. Einer der damals aktiven Schüler, Siegfried Sander, hat die Situation wie folgt geschildert: »Die Vorstellung, dieses Ding [Der Unbesiegbare] neben all diesen platten ›Wir versprechen Euch alles-Parolen‹ kleben zu sehen, spornte uns an, endlich zu lernen, wie man siebdruckt... Ich weiß nicht mehr, wie lange oder besser, wie kurz es gedauert hat, bis wir das Sieb kaputt gemacht hatten. Am Ende kamen vielleicht 200 Plakate bei der Aktion heraus. Aber das waren eh mehr als wir in Gelsenkirchen und Düsseldorf kleben durften. Wir hatten alles falsch gemacht und so sahen die Blätter auch aus. Beuys fand die Plakate wunderbar. Genau so hatte er sich das vorgestellt, jedes war ganz individuell. Er riet uns auch, ein paar davon zurückzulegen, bis sie so wertvoll wären, wie die frühen Solidarnosc-Plakate. Die dreißig Stück signierte, nummerierte und datierte er uns auch ganz amtlich, so dass Herr Schellmann sie wohl oder übel in sein Werkverzeichnis der Multiples aufnehmen musste.«[6]

Dieser Bericht macht deutlich, dass Beuys auf Synergien setzte. Doch stieß er dabei auch auf Widerstand, wie der weitere Verlauf der Aktion erkennen lässt: »...Was dieses Plakat betrifft, so mußten wir sehr schnell schon feststellen, dass die meisten anderen Grünen ganz andere Plakate bevorzugten. Unseres war ihnen zu ›abgehoben‹, zu ›unpolitisch‹, zu sehr Kunst und ihrer Meinung nach eher wählerabschreckend...«[7] Bereits zu Beginn seiner parteipolitischen Aktivitäten zeigte sich die Skepsis der Grünen gegenüber Beuys. Sein ›erweiterter Kunstbegriff‹, der zwischen Kunst und Politik keinen Unterschied machte, wurde von ihnen nicht in vollem Umfang akzeptiert. Die Partei war in ihrer Gründungsphase von der eigenständigen Persönlichkeit Joseph Beuys überfordert. Seit 1983 wurde er bei Wahlen nicht mehr als Kandidat aufgestellt. Insgesamt jedoch hatte Beuys bei einem großen Publikum Erfolg, das sich von Initiativen wie z.B. der *Aktion 7000 Eichen – Stadtverwaldung anstelle Stadtverwaltung* (cat. 196, 243, 258, 262, 270) mitreißen ließ.

»Wenn jemand meine Sachen sieht, dann trete ich schon in Erscheinung«[8]

Beuys musste sich kaum um die ›plakative Umsetzung‹ seiner Ideen bemühen, denn Klaus Staeck, Johannes

production of this poster under the guidance of Beuys's student Johannes Stüttgen. One of the pupils who was involved at that time, Siegfried Sander, described the situation as follows: "The idea of hanging this object (The Invincible) alongside all those insipid 'We promise you everything' slogans drove us on ultimately to learn how to make silk-screen prints ... I no longer remember how long—or rather, how short—a time it took for us to ruin the screen. By the end of the action, maybe 200 posters had been produced. But that was, in any case, more than we were allowed for Gelsenkirchen and Düsseldorf. We had done everything wrong and that was what the posters looked like. Beuys thought that the posters were wonderful. That was precisely how he had imagined them—each was absolutely unique. He also advised us to hang on to a couple of them until they became as valuable as the early Solidarnosc posters. He signed, numbered, and dated thirty pieces—quite officially—so that Herr Schellmann had no alternative but to include them in his catalogue of the multiples."[6]

This report makes it clear that Beuys relied on synergies. But here he also encountered resistance as the further developments in the action show: "... In connection with this poster, we very quickly realised that most of the other Greens preferred completely different ones. According to them, ours was too "sophisticated", too "non-political", too much art and, in their opinion, likely to scare off the voters..."[7] From the very beginning of his political activities, the Greens were sceptical of Beuys. His "augmented concept of art", which made no differentiation between art and politics, was not entirely accepted by them. The party was in its founding phase and an independent personality like Joseph Beuys was too great a strain. After 1983, he was no longer on their list of candidates. On the whole, however, Beuys was successful with a broad public which was swept along by his initiatives, including the *Aktion 7000 Eichen—Stadtverwaldung anstelle Stadtverwaltung (7000 Oaks Action—City Foresting instead of City Administration)* (cat. nos. 196, 243, 258, 262, 270).

"When somebody looks at my work, then I appear immediately"[8]

Beuys hardly had to pay any attention himself to the "graphic implementation" of his ideas, as Klaus Staeck, Johannes Stüttgen, Siegfried Sander, Jörg Schellmann and many others knew how to take care of this as he would have done and, obviously, in accordance with his characteristic aesthetics. Almost all the posters convey the impression that they were created by Beuys himself, even though

Stüttgen, Siegfried Sander, Jörg Schellmann und viele andere wussten dies in seinem Sinne und offensichtlich sogar in der für ihn charakteristischen Ästhetik zu übernehmen. Fast alle Plakate erwecken den Eindruck, von Beuys persönlich geschaffen worden zu sein, obwohl sie von verschiedenen Entwerfern stammen. Dieses Phänomen, das man als personenübergreifende ›Beuys-Ästhetik‹ bezeichnen könnte, rührt daher, dass sich die Gestalter in der Regel des Beuys'schen Motivfundus bedienten: Porträtfotos sowie Wiedergaben seiner charakteristischen Zeichnungen, Gegenstände, Materialien und Symbole fanden wiederholt Verwendung. Einzelelemente seines Repertoires wurden collageartig zusammengefügt und mit Text versehen. Der Name Joseph Beuys ist auf den meisten Plakaten in großen Lettern zu lesen, selbst dann, wenn bereits aus der Abbildung hervorgeht, dass ein Zusammenhang mit dem Künstler besteht. Sorgsam wurde bedacht, dass mit dem Plakat ein größeres Publikum erreicht werden sollte, dem der Künstler vielleicht noch nicht bekannt war. Das Verhältnis von Text und Motiv ist insgesamt ausgewogen und folgt den Erfordernissen guter Lesbarkeit. Wir kennen auch reine Textplakate (cat. 11, 13, 16, 26 u.a.) sowie ein einziges reines Motivplakat, welches ganz ohne Aufschrift auskommt und Beuys liegend vor einer Löwenskulptur zeigt (cat. 70).

Auch farblich orientierten sich die Gestalter an der Ästhetik des Künstlers: Statt plakativ-bunter Farbigkeit, wie sie in den 60er und 70er Jahren vorherrschte, dominieren bei Beuys-Plakaten Schwarzweiß-Fotografien in Kombination mit gedämpften Braun- und Grüntönen. Das einzelne Plakat entfaltet damit zwar keine signalhafte Fernwirkung, wird aber im öffentlichen Raum gerade dadurch aufgefallen sein, dass es den Kontrast zur konventionellen Farbigkeit suchte. Die Person Joseph Beuys wurde wie ein Markenzeichen eingeführt: Der Künstler ist durch Porträtaufnahmen auf den Plakaten sehr präsent, er tritt persönlich in Erscheinung. Etwa ein Drittel der Plakate zeigt ihn, einmal ganzfigurig, ein andermal mit Gesicht oder auch nur mit seinen Händen. Seine körperliche Präsenz unterstreicht die Glaubwürdigkeit der jeweiligen Plakatbotschaft, ganz gleich, ob es sich dabei um Ankündigungen von Ausstellungen oder politische Forderungen handelt. Insgesamt wurden die typischen Beuys-Motive sehr frei eingesetzt, sie sind nahezu austauschbar.

Der rein beschreibende, illustrative Einsatz der Mittel ist selten: So wurde mit Dokumentarfotos von Aktionen für Ausstellungen geworben, bei denen es eigentlich um Zeichnungen, Objekte und Bilder ging (cat. 6, 23). Hier

they originated from various designers. This phenomenon, which could be described as "Beuys aesthetics" spanning people, is a result of the fact that these persons, usually, took advantage of Beuys's stock of motifs: portrait photos, as well as reproductions of his characteristic drawings, objects, materials and symbols, were used repeatedly. Individual elements from his repertoire were combined as a form of collage and provided with texts. The name Joseph Beuys can be seen, in large letters, on most of the posters, even when it is clear from the illustration that there is a connection with the artist. It was taken into careful consideration that a large audience, who might be unaware of the artist, should be reached through the poster. As a whole, the relationship between text and motif is well balanced and easy to read. There are also posters with text alone (cat. nos. 11,13,16, 26, etc.) as well as a single poster with only a motif, managing entirely without a text, and showing Beuys in front of a sculpture of a lion (cat. no. 70). The coloration chosen by the designers was also orientated to the artist's aesthetics: instead of the bold, bright colours which were predominant in the 1960s and '70s, Beuys's posters are characterized by black-and-white photographs in combination with subdued brown and green tones. This leads to the individual poster creating not a signal effect but an impression, in the public space, through its contrast to conventional colorfulness. Joseph Beuys, the person, was launched like a trademark: portrait photographs make the artist seem present on the posters, as if appearing in person. He can be seen in approximately one third of the posters—sometimes full-figure, sometimes his face, and sometimes only his hands. His physical presence underlines the credibility of the individual messages on the posters, regardless of whether they are announcements of exhibitions or political statements. On the whole, the typical Beuys motifs were used very liberally, and are almost interchangeable.

A purely descriptive, illustrative application of the resources is rare: for example, documentary photographs of actions were used to advertise exhibitions which were concerned with drawings, objects and paintings (cat. nos. 6, 23). Here, no attempt was made to create a connection between the motif of the poster and the exhibits. Beuys let himself be conjured up using all his motifs, signs and materials as well as through photographic documents. In the overview, the posters show that Beuys's entire store of motifs functions like a trademark. Each individual detail on the posters points towards Beuys, precisely in the way he once formulated it: "When somebody looks at my work, then I appear immediately."[9] The microcosm of an idea or a single work points towards the macrocosm of the complete wurde darauf verzichtet, einen direkten Zusammenhang zwischen Plakatmotiv und Exponaten herzustellen. Beuys ließ sich mit all seinen Motiven, Zeichen, Materialien ebenso wie mit Fotodokumenten beschwören: In der Gesamtschau verraten die Plakate, dass der Beuys'sche Motivfundus wie ein Markenzeichen funktionierte. Jedes auf den Plakaten abgebildete Detail verweist auf Beuys, ganz in dem Sinne, wie er es selbst einmal formulierte: »Wenn jemand meine Sachen sieht, dann trete ich schon in Erscheinung.«[9] Der Mikrokosmos einer Idee oder eines Einzelwerkes verweist auf den Makrokosmos seines Lebenswerkes. Alles funktioniert wie bei einer perfekten Werbestrategie: Beuys' Name hat sich einer breiten Öffentlichkeit eingeprägt und wird bis heute, nahezu zwanzig Jahre nach seinem Tod, mit Fett, Filz und Hut assoziiert. Noch in der Reduktion auf sein Erscheinungsbild und auf wenige skandalumwitterte Erinnerungen ist Beuys ein Label, das die Freiheit der Kunst und den Anspruch propagiert, künstlerisch auf die Gesellschaft einzuwirken.

Der interdisziplinäre, ganzheitliche Ansatz von Beuys revolutionierte den Kunstbegriff: Ähnlich wie bei Marcel Duchamp genoss die Idee absoluten Vorrang – im Gegensatz zum traditionellen Verständnis, das Kunstfertigkeit und Handwerk beschwor. Beuys erweiterte dieses Konzept erfolgreich um sein gesellschaftspolitisches Engagement und wusste sich dabei Plakate als Multiplikatoren dienstbar zu machen.

* Joseph Beuys, zitiert nach Johannes Stüttgen in: *Joseph Beuys – Zeichnungen, Skulpturen, Objekte*, hrsg. von W. Dickhoff und Ch. Werhahn, Köln 1988, S. 64ff.

1 In Ermangelung einer Definition des Begriffs ›Originalplakat‹ sei hier auf ›Originalgrafik‹ verwiesen: Sie »bezeichnet im Unterschied zur sog. Reproduktionsgrafik ein im Sinne der geistigen Leistung und bedingt der Eigenhändigkeit des ausführenden Künstlers authentisch gedrucktes Werk...« *Lexikon der Kunst*, München 1996 (Leipzig 1993, S. 307).
2 Interview mit Klaus Staeck siehe S. 12 im vorliegenden Band.
3 Auch Jürgen Döring wendet den Begriff Authentizität auf Plakate an, die nicht eigenhändig von Beuys geschaffen wurden. Vgl. Jürgen Döring, in: *Künstlerplakate. Picasso, Warhol, Beuys*, Kat. Ausst. Museum für Kunst und Gewerbe, Hamburg 1998, S. 142.
4 Beuys in: Clara Bodemann-Ritter, *Beuys – Jeder Mensch ein Künstler, Gespräche auf der documenta 5*, Frankfurt/Berlin/Wien 1975 (2. Aufl. 1988), S. 18.
5 *Joseph Beuys. Spuren in Italien*, Kat. Ausst. Kunstmuseum Luzern 1979, ohne Seitenangabe (S. 32).
6 Siegfried Sander im Gespräch mit der Verfasserin im Mai 2004.
7 Johannes Stüttgen, *Zeitstau, im Kraftfeld des erweiterten Kunstbegriffs von Joseph Beuys*, Stuttgart 1988, S. 133.
8 Heiner Stachelhaus, *Joseph Beuys*, Düsseldorf 1996, S. 70.
9 Ebenda.

oeuvre. Everything functions along the lines of a perfect advertising strategy: Beuys's name had become imprinted on the wide public and, even today, almost twenty years after his death, it is associated with fat, felt and his hat. Even in the reduction to his appearance and to a few, scandalous memories, Beuys has remained a label, propagating the freedom of art and the claim of making an artistic impact on society.

Beuys's interdisciplinary, integral approach revolutionized the definition of art. As with Marcel Duchamp, the idea enjoyed absolute priority—in contrast to the traditional conception of skill and craftsmanship. Beuys successfully expanded this concept to include his socio-political commitment and knew how to take advantage of posters as multiplicators in this respect.

* Joseph Beuys, quoted by Johannes Stüttgen in: *Joseph Beuys – Zeichnungen, Skulpturen, Objekte*, W. Dickhoff and Ch. Werhahn (eds.), Cologne 1988, p. 64ff.

1 Lacking a definition of the term "original poster" we draw attention instead to the term "original graphic work", which "is defined, in contrast to so-called graphic reproduction, as an authentic, printed work stemming from the intellectual activity of the artist and *carried out by his own hand...*" *Dictionary of Art*, Munich 1996 (Leipzig 1993, p. 307).
2 Interview with Klaus Staeck, see p. 12 ff. in this publication.
3 Jürgen Döring also uses the term "authentic" when dealing with posters not created personally by Beuys. Cf. Jürgen Döring, in *Künstlerplakate (Artists' Posters). Picasso, Warhol, Beuys.* Exh. cat. Museum for Art and Trade, Hamburg, 1998, p. 142.
4 Beuys in: Clara Bodemann-Ritter, *Beuys – Jeder Mench ein Künstler, Gespräche auf der documenta V (Every person an artist, conversations at the documenta V),* Frankfurt/Berlin/Vienna, 1975 (2nd ed. 1988), p. 18.
5 *Joseph Beuys. Spuren in Italien (Traces in Italy)*, exh. cat. Art Museum Lucerne 1979, p.32, and *Notizbuch, Nr. 3,* Berlin 1980, p. 47.
6 Siegfried Sander in conversation with the author in May 2004.
7 Johannes Stüttgen. *Zeitstau, im Kraftfeld des erweiterten Kunstbegriffs von Joseph Beuys (Time Jam, Within the Field of Force of Joseph Beuys' Augmented Concept of Art)*, Stuttgart 1988, p. 133.
8 Heiner Stachelhaus, *Joseph Beuys*, Düsseldorf 1996, p. 70.
9 Ibid.

Ein Gespräch mit Klaus Staeck

Herr Staeck, 1968 haben Sie Joseph Beuys kennen gelernt und bald darauf die erste Beuys-Postkarte herausgebracht. Wie war diese erste Begegnung, und was hat Sie dazu veranlasst, nachfolgend immer wieder Beuys-Editionen zu übernehmen?

Beuys hatte mich schon länger neugierig gemacht. Wir haben uns von Beginn an gut verstanden, wohl auch, weil wir in Fragen von Kunst und Öffentlichkeit die gleichen Vorstellungen hatten. So war für Beuys jede Postkarte und jedes Plakat nicht etwa ein Abfallprodukt seines künstlerischen Schaffens, sondern er nahm sie ebenso ernst wie jede andere Arbeit auch. Uns verband vor allem der Multiple-Gedanke, da wir beide an der Demokratisierung des Kunstmarktes interessiert waren. So entstanden im Laufe der Jahre mehr als zweihundert Editionen. Zählt man die Postkarten dazu, sind es fast dreihundert. Auf die Frage warum er so an Editionen von Multiples interessiert sei, hat Beuys in einem Interview einmal geäußert, dass ihn die Verbreitung von Ideen interessiere.

Was können Sie über die Entstehung besonders Ihrer Plakateditionen sagen – welchen Anteil am Entwurf hatte Joseph Beuys daran? Was hat er Ihnen überlassen?

Die Beuys-Plakate, die ich verlegt habe, entstanden alle auf seine Anregung. Dazu gehören neben dem Dillinger-Großplakat und *La rivoluzione siamo noi* vor allem das Rosen-Plakat nach einem Foto, aufgenommen in seinem Büro auf der ›documenta 5‹ im Jahr 1972, und *Demokratie ist lustig* als Reaktion auf die Auseinandersetzungen in der Kunstakademie Düsseldorf im gleichen Jahr. Besonders wichtig war uns beiden das Plakat *Letzte Warnung an die Deutsche Bank*. Wir wollten damit noch eine breit angelegte Plakataktion in Düsseldorf starten, die dann durch seinen plötzlichen Tod im Januar 1986 unterblieb. Ich hänge besonders an dem *Manifest*. Den Text schrieb Beuys auf eine Schiefertafel im November 1985. Die Gestaltung der Plakate, wie Format, Schrift, Schriftgröße, hat Beuys weitgehend mir und unserem gemeinsamen Druckerfreund Gerhard Steidl überlassen.

Beuys signierte mit Leidenschaft. Zeitzeugen berichten, dass er nahezu jeden Gegenstand, den man ihm zum

In Conversation with Klaus Staeck

Mr. Staeck, you met Joseph Beuys in 1968 and, shortly afterwards, published the first Beuys postcards. What was the first encounter like, and what led to your subsequent decision to produce Beuys editions time and again?

I had been intrigued by Beuys for a long time. We got on well with each other from the very beginning, probably because we had the same ideas about art and public life. For Beuys, each postcard and every poster was not merely a by-product of his artistic production but was taken as seriously as any other creation. It was principally the "multiple" idea that united us, seeing that we were both interested in the democratization of the art market. In this way, more than two hundred editions were published, over the years. If the postcards are included, there are almost three hundred. To answer your question on why Beuys was so interested in the editions of multiples—once, in an interview, he stated that the reason was because he was interested in the dissemination of ideas.

What can you tell us about the production of the various editions—particularly the posters? What was the portion of Beuys's activity in their design? What did he leave up to you?

The Beuys posters that I produced were all created at his instigation. One should mention in particular the large-scale Dillinger poster and *La rivoluzione siamo noi (We are the revolution)*, the "Roses" poster—made from a photograph taken in his office at the "documenta 5" in 1972—as well as *Democracy is Fun*, a reaction to the conflicts at the Düsseldorf Academy of Art. The poster *Last Warning to the Deutsche Bank* was particularly important for both of us. We wanted to use it to start a wide-ranging poster activity in Düsseldorf, which could not take place, owing to his sudden death in January 1986. I am particularly fond of the *Manifesto*. Beuys wrote the text on a slate sheet in November 1985. He left the creation of the poster—its format, script, type-size—mainly up to me and our mutual printer-friend Gerhard Steidl.

signieren reichte, auch gezeichnet hat. Bedeutet dies, dass dieser Gegenstand automatisch zum Beuys-Kunstwerk avancierte?

Nein, das bedeutet es natürlich nicht. Beuys hat klar unterschieden zwischen autorisierten Kunstwerken und Gefälligkeitssignaturen auf Souveniers (›private, no value‹). So ist auch heute mancher enttäuscht, der eine dieser beiläufig signierten Gegenstände zu Geld machen will. Andererseits ist jede echte Beuys-Signatur ein Kunstwerk für sich. Beuys hat einmal dokumentiert: »Immer wenn ich meinen Namen schreibe, zeichne ich.«

Die Frage nach der Signatur diente in allen bisher erschienenen Verzeichnissen als Beweis des Authentischen. In das Verzeichnis der Beuys-Plakate wurden analog auch Plakate aufgenommen, die eine andere prominente Autorenschaft haben, so etwa von Nam June Paik oder Bernhard Blume, und ebenfalls von Beuys signiert wurden. Sind Sie damit einverstanden, dass sie im Verzeichnis der Beuys-Plakate aufgeführt werden?

Die erwähnten Beispiele gehören in den Katalog, da sie unmittelbar mit den Aktivitäten von Beuys in Verbindung stehen. Die Signatur unterstreicht noch diesen inneren Zusammenhang.

Eine Erkenntnis aus diesem voraussichtlich vollständigen Verzeichnis der Beuys-Plakate besteht darin, dass seine Plakate in erster Linie dazu dienten, auf Ausstellungen hinzuweisen. Andere Themen, etwa Ankündigungen von Veranstaltungen oder Wahlwerbung für die Partei der Grünen, sind bei Beuys im Medium der Postkarte verbreiteter. Haben Sie eine Erklärung, wieso er dazu das Medium des Plakates so selten einsetzte?

Eine massenhafte Verbreitung, die sich Beuys immer wünschte, ist über das Medium Postkarte viel eher möglich als über Plakate, deren Unterbringung und Vertrieb im Vergleich zu den Karten einfach schwieriger ist.

Seit 1971 gestalten Sie selbst Plakate. Welche Funktion hat das Plakat für Sie, und was wollen Sie damit erreichen?

Plakate, die für eine Ausstellung werben, sind bei mir eher ein Nebenprodukt. Meine Motive haben überwiegend eine andere Funktion. Sie stehen mehr für meine politischen und gesellschaftlichen Ideen und Überzeugungen, wurden bei den verschiedensten Aktionen eingesetzt, zum Beispiel im Bereich Umwelt, und haben eine weit höhere Auflage von inzwischen über zwanzig Millionen erreicht. Für mich steht das Plakat im Mittelpunkt meiner Arbeit und ist der wichtigste Ideen-

Beuys had a real passion for signing. Contemporary witnesses state that he signed almost anything that was handed to him. Does that mean that those objects were automatically elevated to become works of art by Beuys?

No, it doesn't mean that at all. Beuys strictly differentiated between "authorized" works of art and ("private, no value") signatures on souvenirs. That's why some people are so disappointed when they try to convert one of those objects, signed in passing, into cash. On the other hand, each authentic Beuys signature is a work of art in itself. Beuys once went on record as saying, "Whenever I sign my name, I am drawing."

In all the catalogues published to date, the signature was regarded as proof of authenticity. Analogous to this, posters created by other prominent artists such as Nam June Paik and Bernhard Blume were included in the index of Beuys posters if he had signed these too. Do you think that it is appropriate for these to be included in the index of Beuys's posters?

The examples you mentioned should be included in the index seeing that they have a direct connection with Beuys's activities. The signature underlines this inner connection.

One realization arising for this probably complete index of Beuys's posters is that they were primarily used to draw attention to exhibitions. Other topics, such as announcements for events or political advertising for the Green Party, were more widely disseminated using postcards. Can you explain why he so seldom took advantage of the poster medium?

Mass distribution, as Beuys always wished, is much more probable using postcards than through posters. Quite simply, in comparison to postcards, their storage and distribution is much more difficult.

Since 1971, you have also created posters yourself. What function does the poster have for you and what is your goal?

Posters that are used to advertise exhibitions are some kind of spin-off for me. My motives have predominantly another function and are more representative of my political and social ideas and convictions. They are used for an extremely wide range of activities—in connection with the environment, for example—and have a much higher distribution, amounting to over 20 million pieces. The poster is at the core of my work and, along with postcards and stickers, is the most important way of expressing ideas. And, of course, in using these methods, I want to reach as many träger, das wichtigste Ausdrucksmittel neben Postkarte und Aufkleber. Und natürlich möchte ich möglichst viele Menschen auf diesen Wegen erreichen und sie zur Mitarbeit und Einmischung in ihre eigenen Angelegenheiten anstiften.

Ihre eigenen Plakate haben einen großen Bekanntheitsgrad. Der Name Klaus Staeck bleibt dennoch weiterhin eng verbunden mit dem von Joseph Beuys. Sehen Sie sich heute noch als Kommunikator bzw. Ideenverbreiter seines Werkes?

Durchaus, zumal mich Beuys in meiner Arbeit sehr geprägt hat. Das bezieht sich vor allem auf seinen ›Erweiterten Kunstbegriff‹ und seine Vorstellungen von der ›Sozialen Plastik‹, aber nicht unbedingt auf seine parteipolitischen Ambitionen. So war ich als überzeugter Sozialdemokrat nie aktiver Sympathisant der Grünen, auf die er zeitweise all seine politischen Erwartungen stützte. Diese parteipolitische Kontroverse hätte 1980 beinahe einmal zum Bruch unserer Freundschaft geführt.

Beuys-Plakate sind heute Sammlerobjekte, die je nach Verfügbarkeit einiges wert sein können. An den Plakaten aus der Sammlung von der Osten, der aktuell wohl umfangreichsten Sammlung an Beuys-Plakaten, sind kaum Gebrauchsspuren wie etwa Klebestreifen oder Löcher zu bemerken. Bedeutet dies, dass Beuys die Plakate verteilte, ohne sie ihrem eigentlichen Zweck zuzuführen?

Jeder Sammler – und da unterscheidet er sich kaum vom Briefmarkensammler – ist daran interessiert, möglichst unbeschädigte Exemplare zu bekommen. Also wird er versuchen, sie möglichst an der Quelle zu beschaffen: entweder vom Künstler selbst, vom Museum, der Galerie, dem Veranstalter, eben bevor sie in der Öffentlichkeit die unvermeidlichen Gebrauchsspuren bekommen. Deshalb darf man aus diesem Zustand einer Sammlung nicht schließen, dass die Plakate etwa nur für einen privaten Rahmen und nicht für die Öffentlichkeit hergestellt worden sind. Gerade weil die meisten Beuys-Plakate für unmittelbare Anlässe produziert wurden, sind einzelne heute oft noch schwerer aufzufinden als manche Grafik, von der nur eine kleine Auflage ediert wurde. Auch deshalb haben die Plakate Multiple-Charakter und dokumentieren mehrheitlich seine Ideen und Vorstellungen von Kunst und Gesellschaft.

Das Gespräch führte Isabel Siben im Januar 2004 in Heidelberg

people as possible and encourage them to participate and become really involved in those matters which affect them.

Your own posters are very well known. However, the name Klaus Staeck remains closely connected with that of Joseph Beuys. Today, do you still see yourself as the communicator of his work and transmitter of his ideas?

Definitely, particularly since Beuys had such an influence on my own work. This applies, above all, to his "augmented concept of art" and his idea of "social sculpture," but not necessarily to his political ambitions. As a convinced social democrat, I never actively sympathised with the Green Party in which he placed all his political expectations for some period of time. This controversy over party politics almost led to a break-up in our friendship.

Today, Beuys posters are collectors' items, and can be of considerable value, depending on their availability. There are hardly any signs of use, such as traces of adhesive tape or pinholes, to be seen on the posters in the von der Osten collection—most probably the most complete contemporary collection of Beuys posters. Does this mean that Beuys distributed these posters without putting them to their intended use?

Every poster collector—the same is true of philatelists—is interested in possessing specimens with as few blemishes as possible. That is why they try to obtain them from the source, if at all possible—either from the artist himself, the museum, gallery or organizer, before they are subjected to the unavoidable signs of wear and tear in open spaces. Therefore, looking at the condition of works in this collection, it is wrong to assume that these posters were intended solely for private use and not public. It is precisely because some Beuys posters were produced for specific occasions that, today, they are more difficult to track down than some of the graphic works that were produced only in limited editions. That is another reason for the poster having the characteristics of a multiple and the majority document his ideas and perception of art and society.

The conversation was conducted by Isabel Siben in January 2004, in Heidelberg

Plakate / Posters

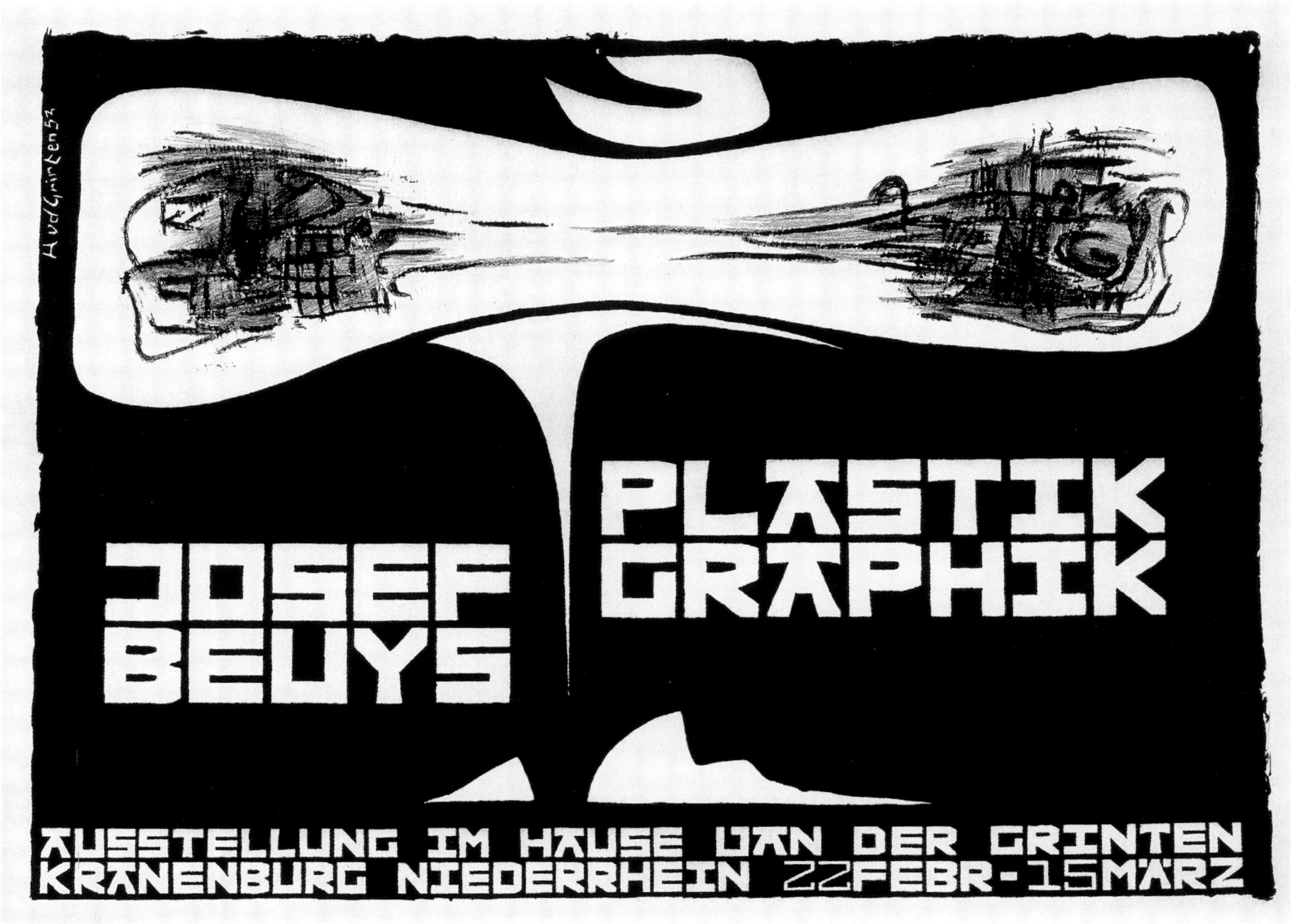

1 Joseph Beuys. Plastik, Graphik cat. 1

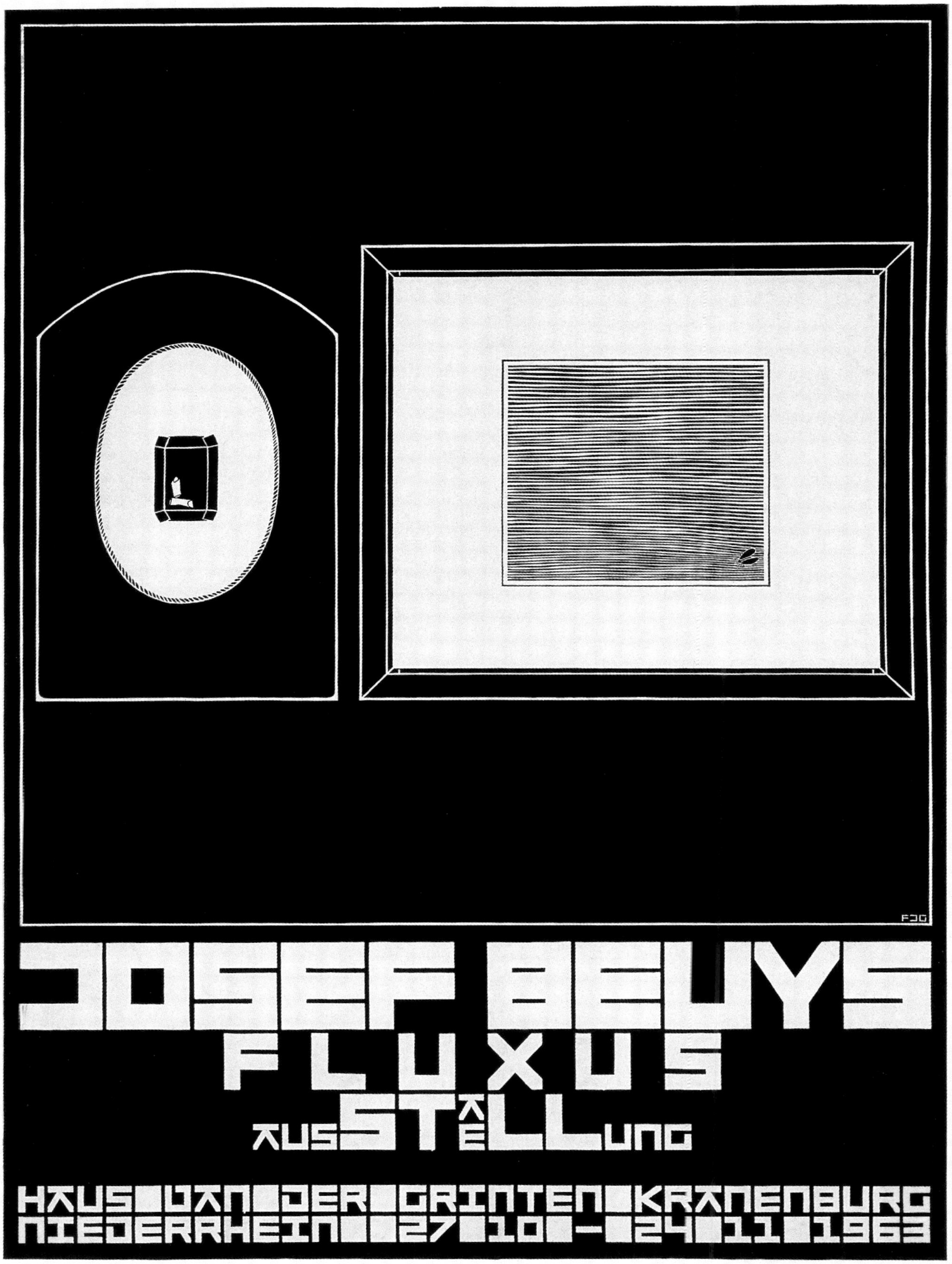

2 Joseph Beuys. Fluxusausstellung cat. 2

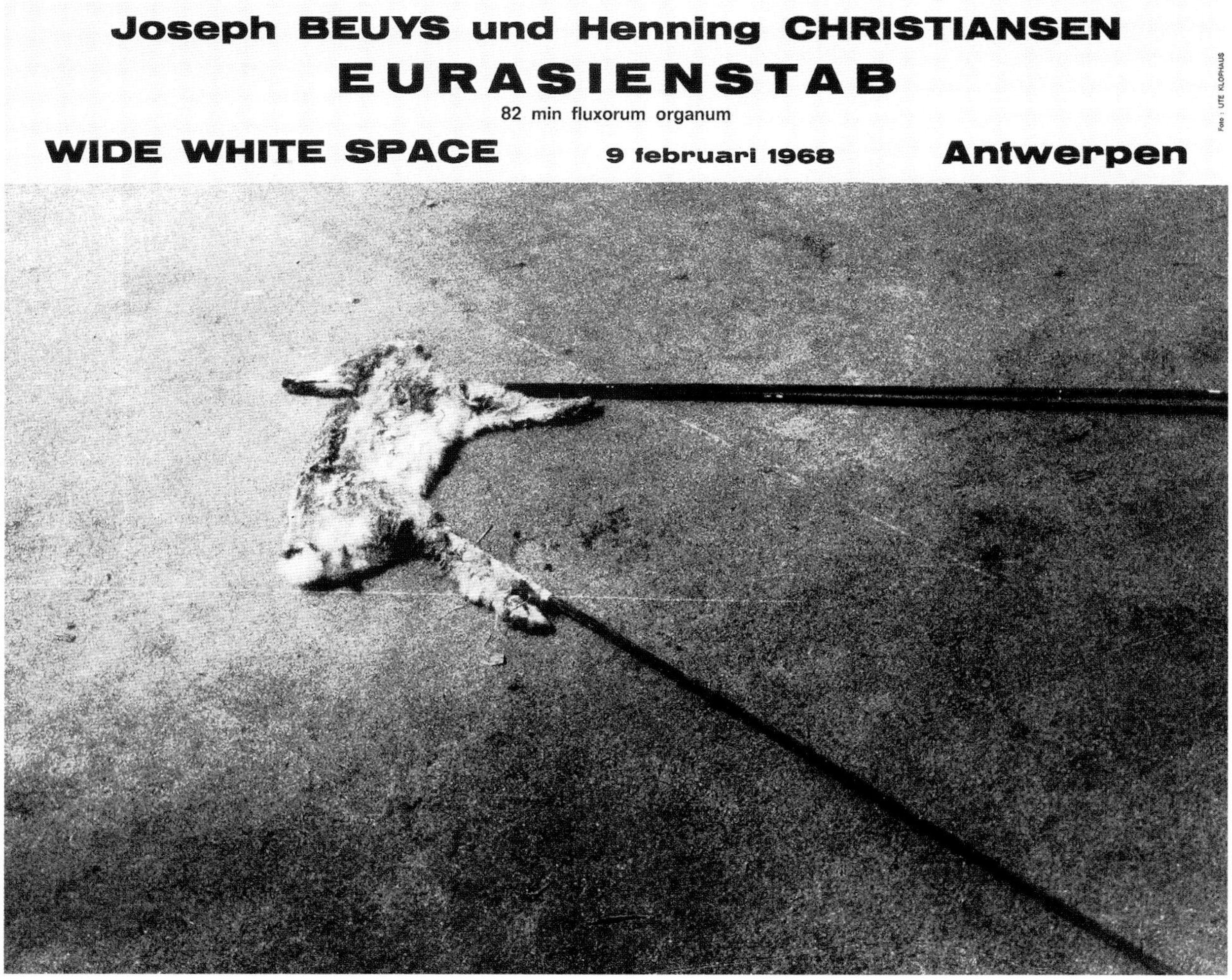

3 Joseph Beuys und Henning Christiansen. Eurasienstab cat. 5

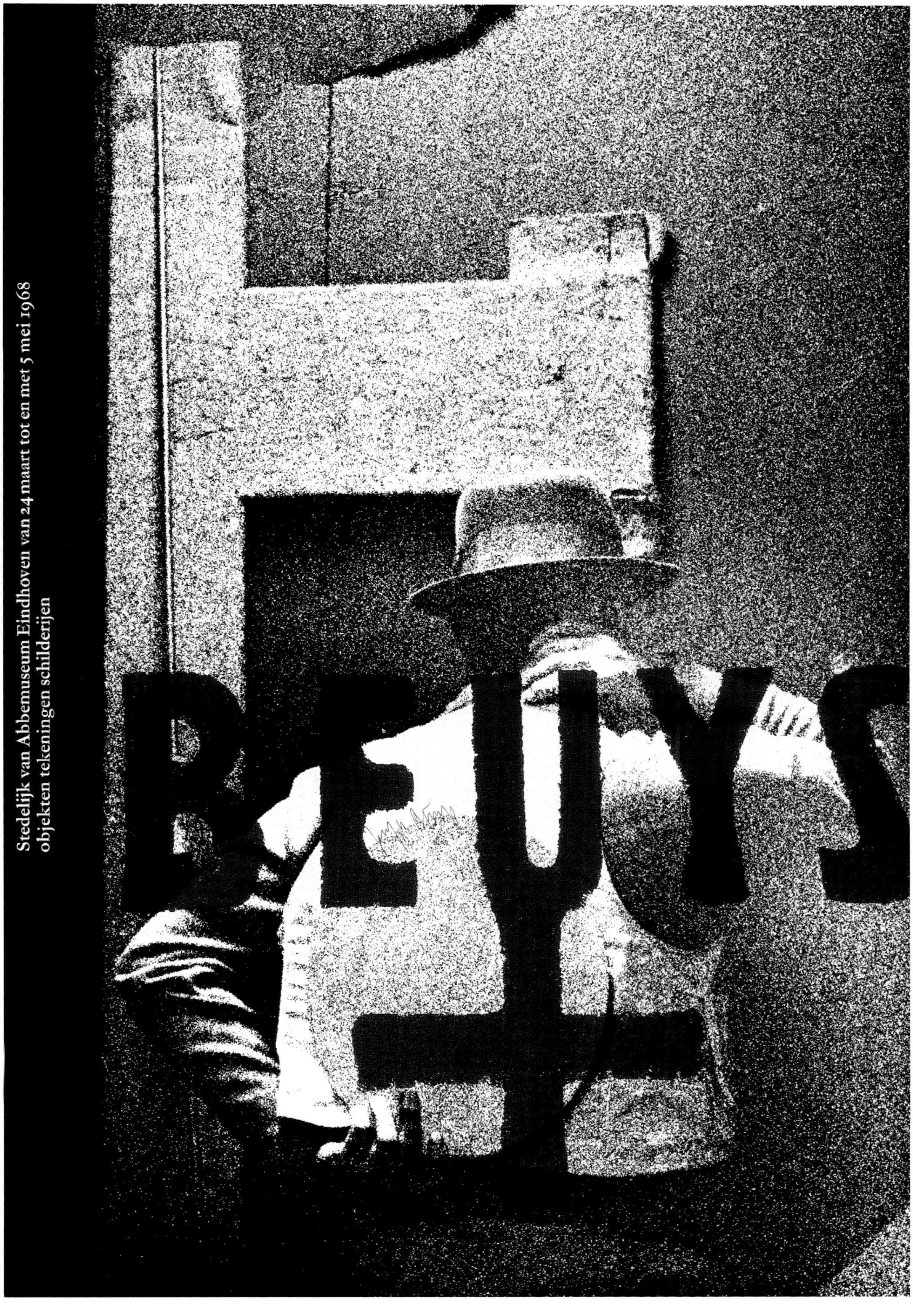

4 Beuys. Objecten, Tekeningen, Schilderijen cat. 6

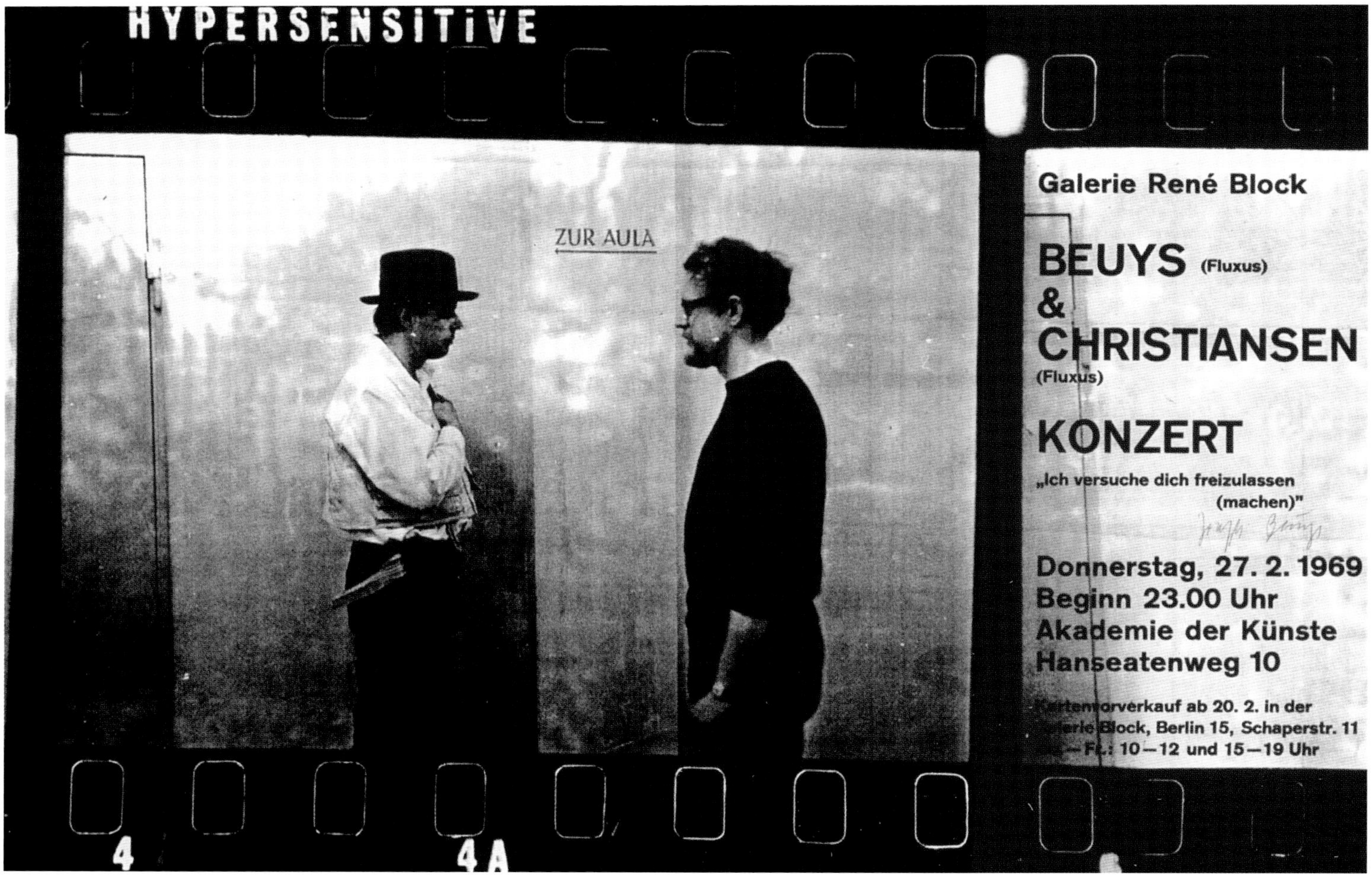

5 Beuys & Christiansen. Konzert cat. 7

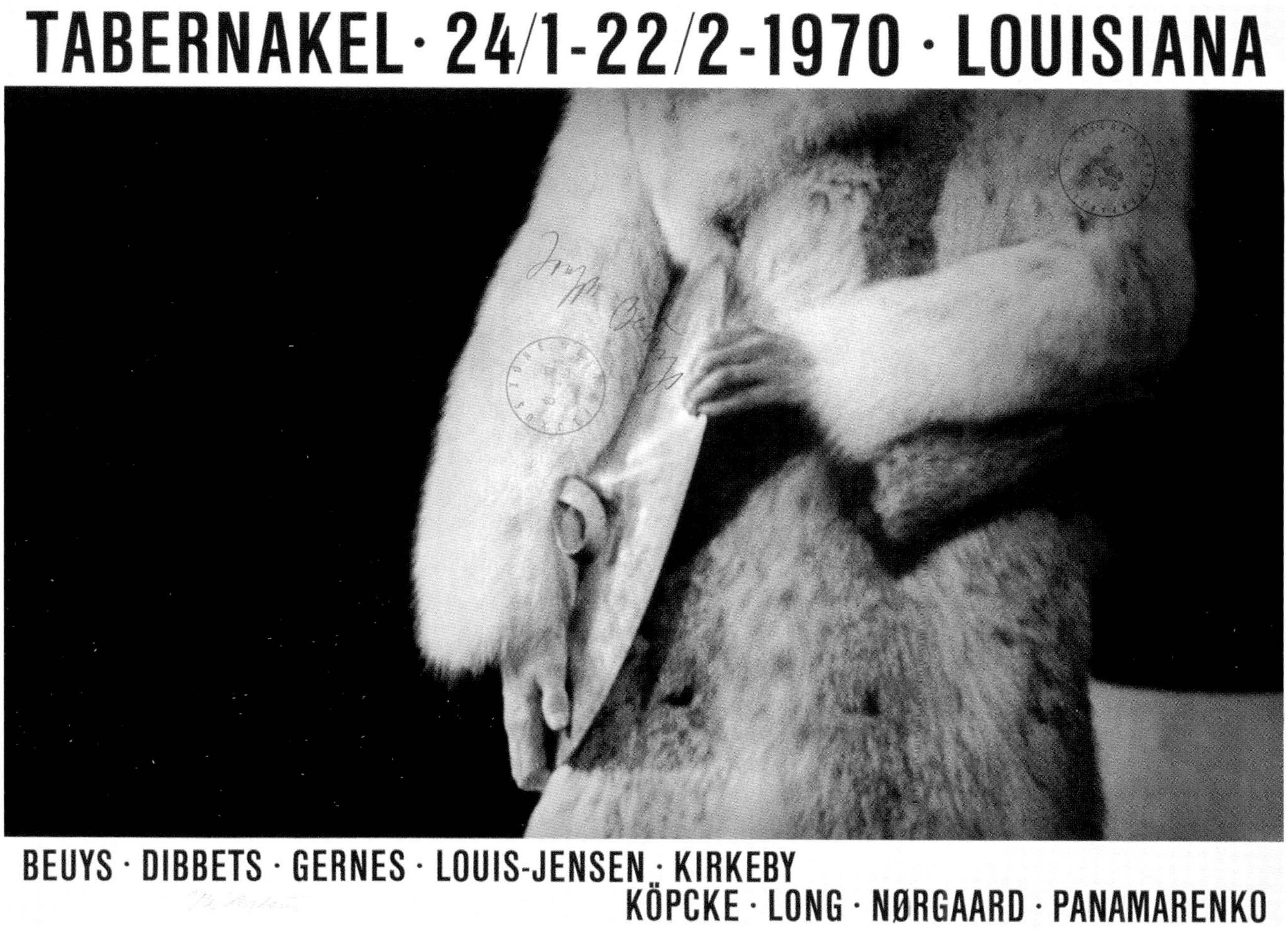

6 Tabernakel cat. 12

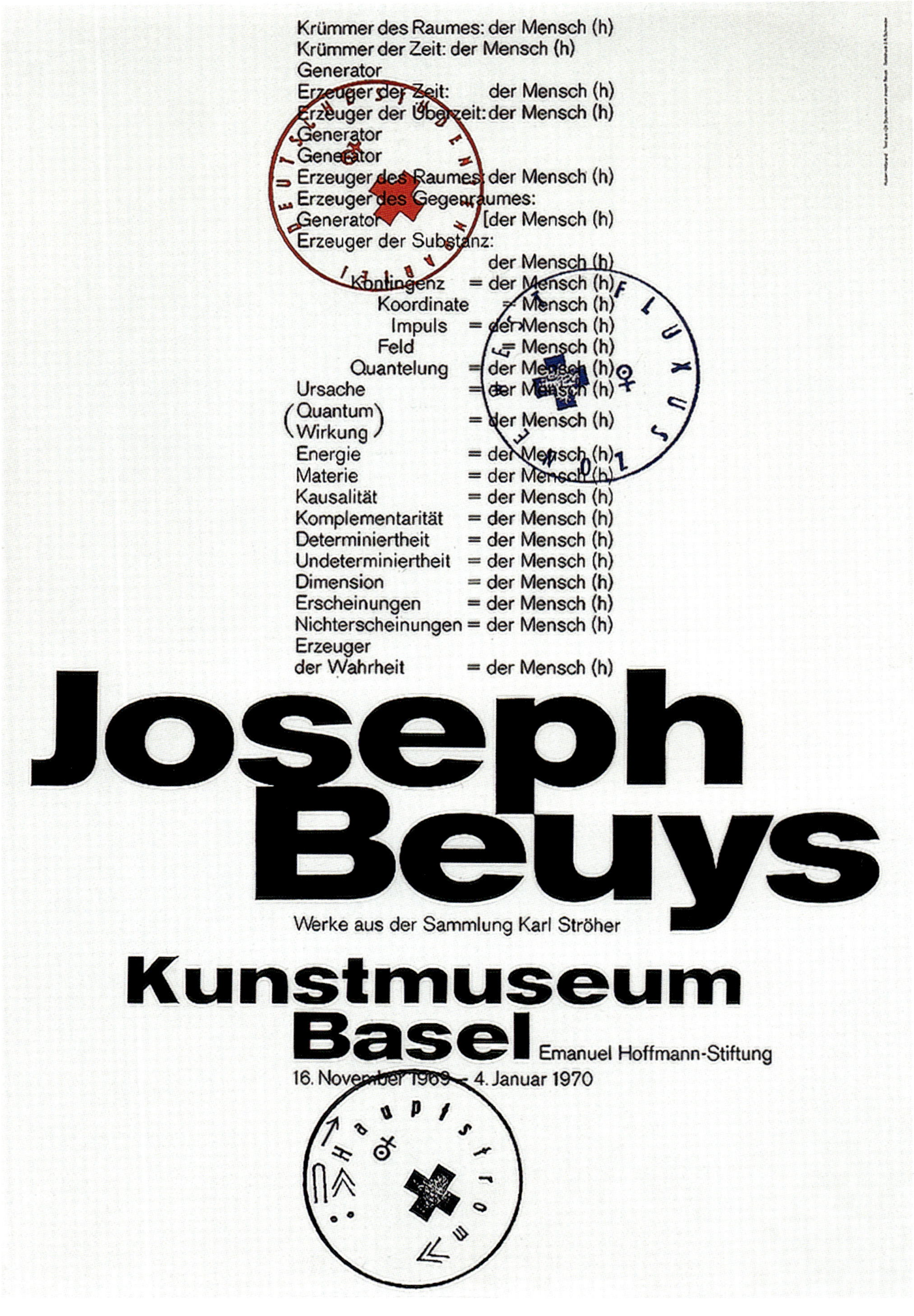

7 Joseph Beuys. Werke aus der Sammlung Karl Ströher cat. 11

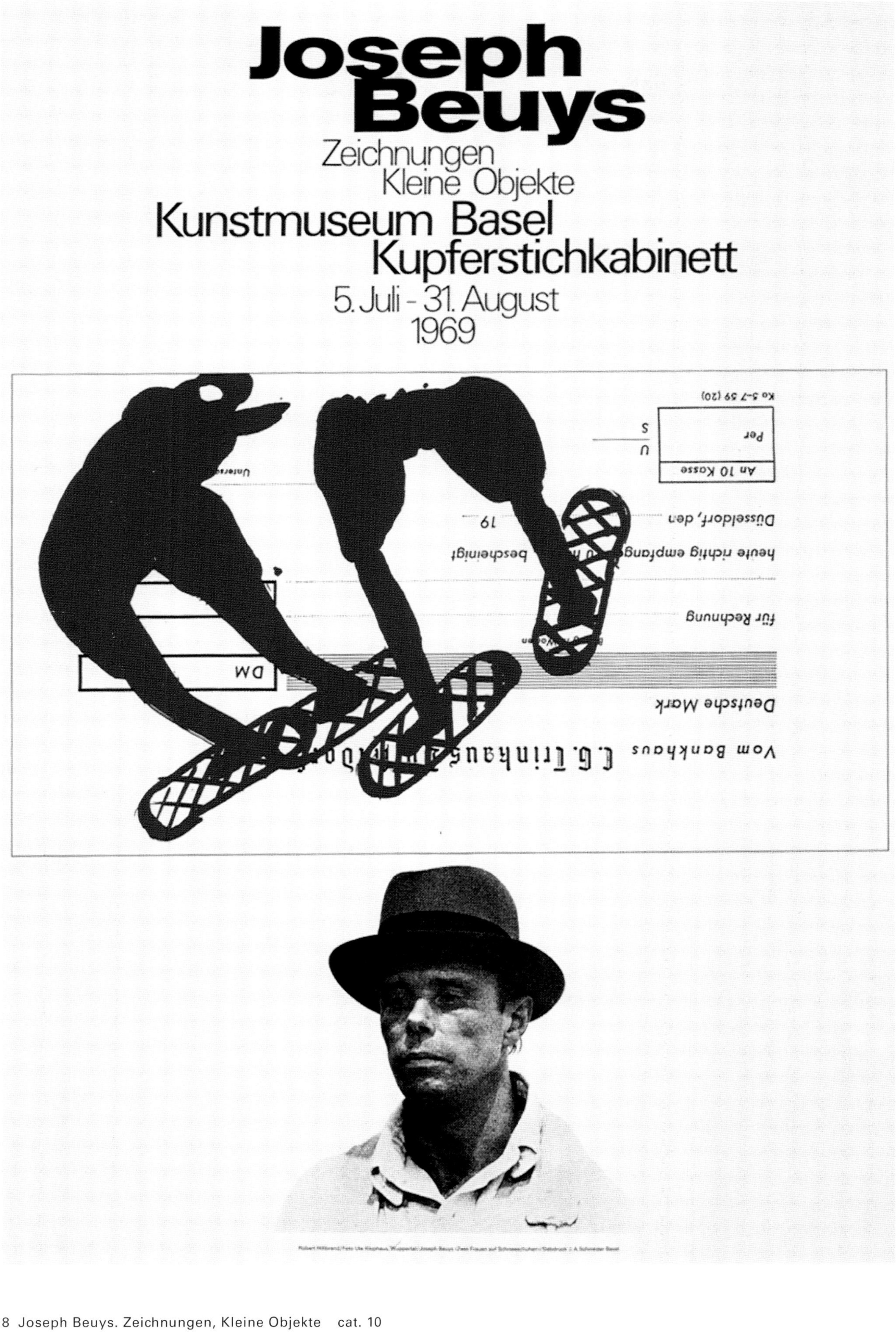

8 Joseph Beuys. Zeichnungen, Kleine Objekte cat. 10

Parteien - Wahlverweigerung

und Organisation der Verweigerer zu einer

nicht mehr an parteipolitischer Praxis interessierten Mehrheit zum **Zwecke freier Information**

Laßt euch nicht zum Stimmvieh machen

Macht Schluß mit der Scheindemokratie

Alle Staatsgewalt geht vom Volke aus Grundgesetz Art. 20/2

Stadtverwaltung Düsseldorf - Wahlamt
Wahllokal:
SCHULE,SALIERSTR.37,RAUM 7

Gebühr bezahlt
beim Postamt
4 Düsseldorf 1

Wahlbenachrichtigung für die Landtagswahl am 14. Juni 1970

Für die am 14. Juni 1970 in der Zeit von 8 bis 18 Uhr stattfindende Landtagswahl sind Sie in das Wählerverzeichnis der Stadt Düsseldorf eingetragen und können in dem obengenannten Wahllokal wählen. Über der Anschrift sind die Nr. des Wahlkreises, die Nr. des Stimmbezirks und die lfd. Nr. des Wählerverzeichnisses nacheinander angegeben. Ihre Eintragung in das Wählerverzeichnis brauchen Sie deshalb nicht mehr nachzuprüfen. **Bitte bringen Sie diese Wahlbenachrichtigung und Ihren Personalausweis zur Wahl mit.** Sie können Ihr Wahlrecht jedoch auch bei Verlust dieser Benachrichtigung ausüben.
Diese Wahlbenachrichtigung ist kein Wahlschein. Sie berechtigt nur zur Stimmabgabe in dem angeführten Wahllokal.

Der Oberstadtdirektor
(Just)

Bitte Rückseite beachten!

STADT DÜSSELDORF

Falls verzogen, nicht nachsenden! An Absender zurück.

46-0508-0485-1205921

Herrn/Frau/Fräulein
BEUYS, JOSEPH, PROF.

4 DÜSSELDORF
DRAKEPLATZ 4

auf die nächste Wahl vorbereiten

Gebt diese Wahlbenachrichtigung am Wahltage 14. 6. 1970 an unserer Arbeits- und Informationsstelle Düsseldorf, Andreasstraße 25 (Altstadt, gegenüber Kunsthalle) ab, um durch diesen Akt alle Menschen über die Möglichkeit **echter politischer Mitbestimmung jedes Einzelnen** zu informieren **(Selbstbestimmung des Volkes)**

Gebraucht endlich eure Macht, die ihr habt durch das Recht auf Selbstbestimmung des Volkes

fordert Volksabstimmung

über Grundrechte
Freiheitsrechte
Bildung
Rüstung
Eigentumsverhältnisse
Produktionsmittel
Grund und Boden
Wohnung
Alters- und Krankenversicherung
Aufhebung des Beamtenstandes
Gleichberechtigung von Männern und Frauen
Entgiftung von Erde, Wasser, Luft

nach vorheriger freier unzensierter Information

Direkte Demokratie

fordert gleichberechtigte unzensierte Information für die echte Opposition. Befreit die Massenmedien von ihrer Machtstruktur. Das ist die **Erfüllung des Grundgesetzes auf freie Information.**

laßt euch als Mehrheit nicht länger von einer Minderheit von Interessengruppen verregieren von Parteien, die von den in Wirklichkeit Herrschenden in Industrie und Wirtschaft finanziert werden

Wählt nie wieder Parteien als in dieser Weise Abhängige

Wählt nie wieder Parteien. Denn Parteien sind die Interessenhüter der wirtschaftlich Mächtigen Ausbeuter der Produktivkräfte der Mehrheit

der Staat seid ihr selbst Alle! Jeder!

Macht Gebrauch von eurer Macht, die ihr habt durch das Recht auf Selbstbestimmung

Volksabstimmung

Regiert euch selbst

Gewaltlosigkeit

Joseph Beuys Jonas Hafner Johannes Stüttgen

9 Parteien-Wahlverweigerung cat. 13 a, b

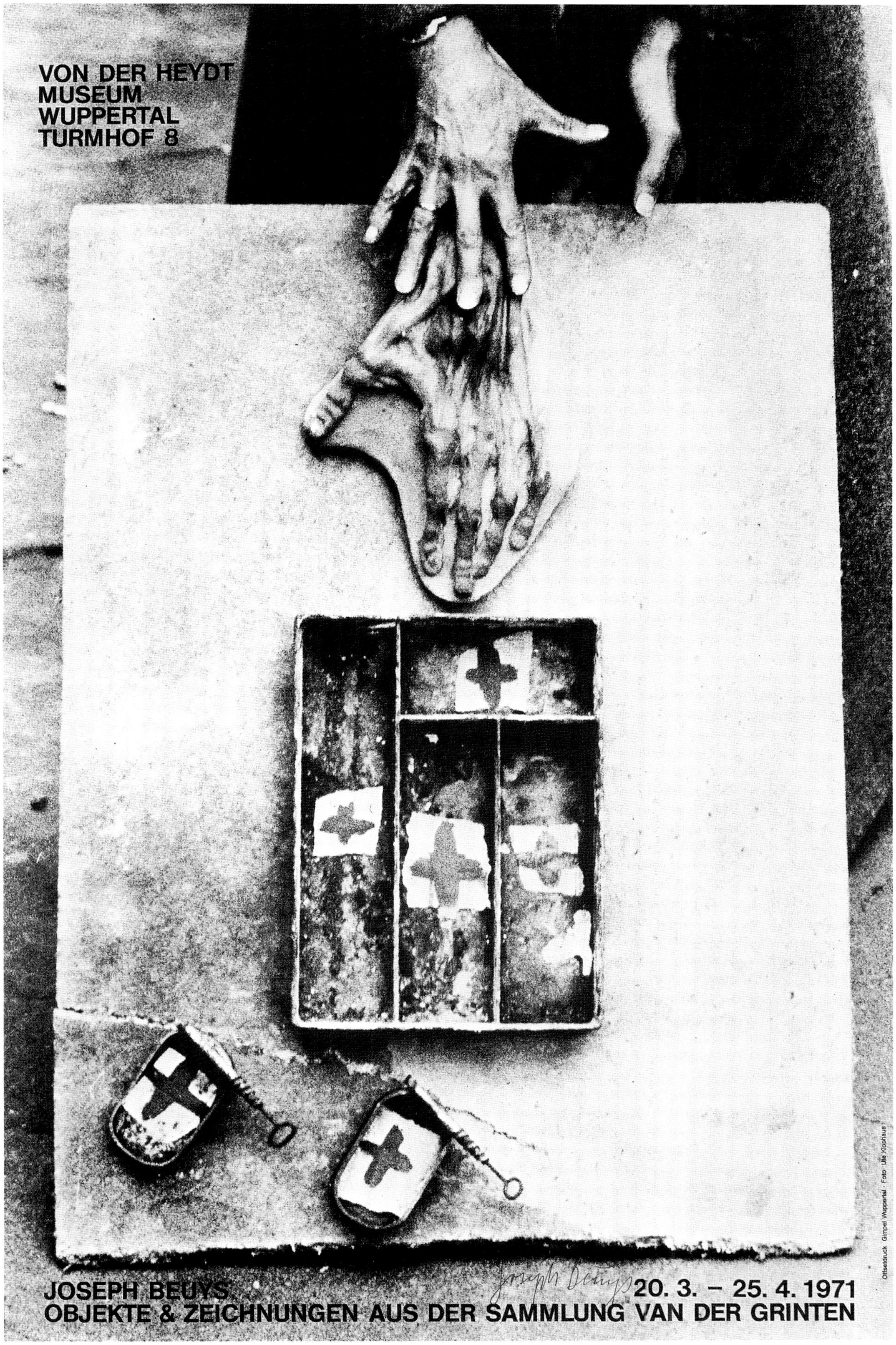

10 Joseph Beuys. Objekte & Zeichnungen aus der Sammlung van der Grinten   cat. 24

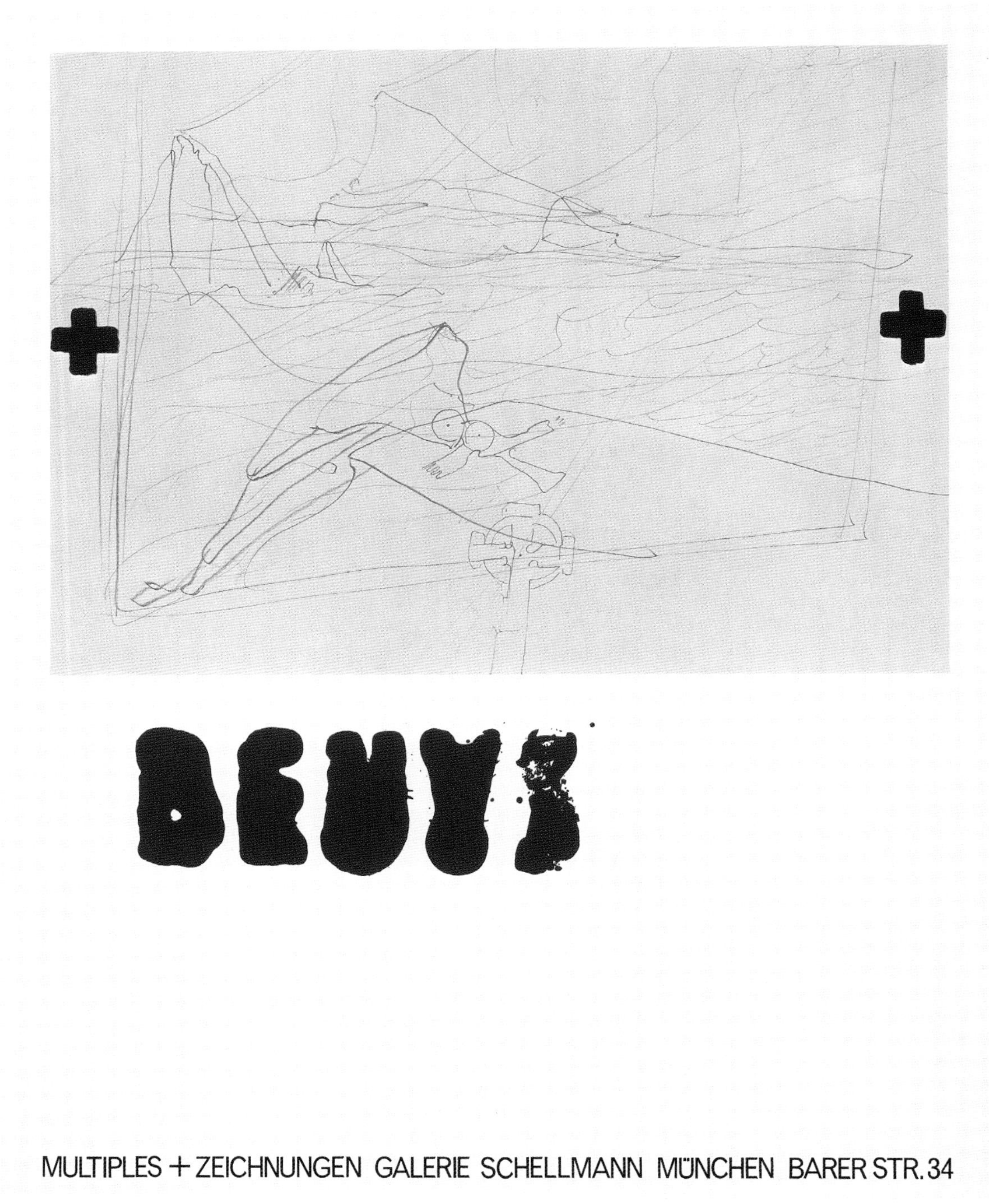

11 Beuys. Multiples + Zeichnungen cat. 22

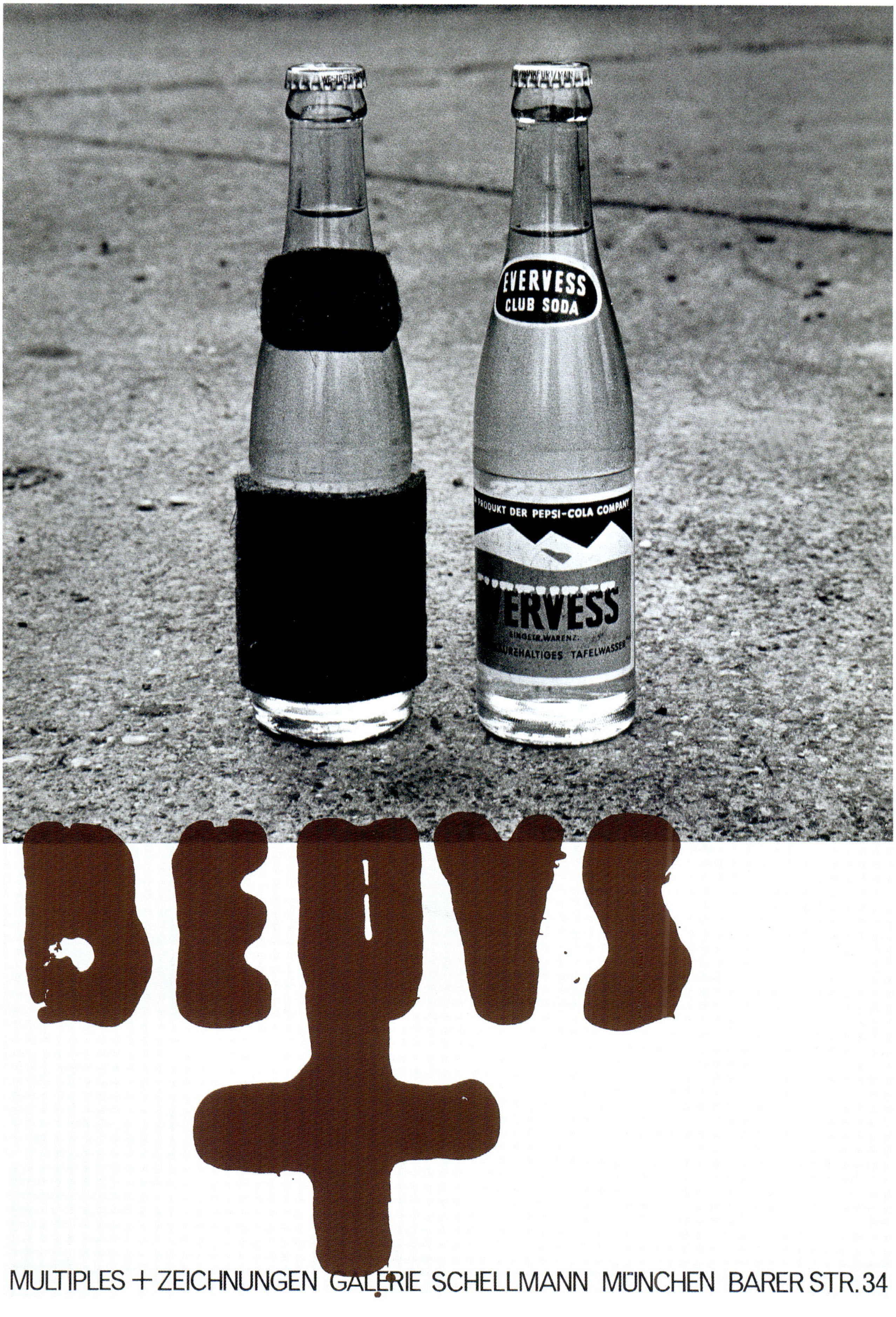

12 Beuys. Multiples + Zeichnungen cat. 21

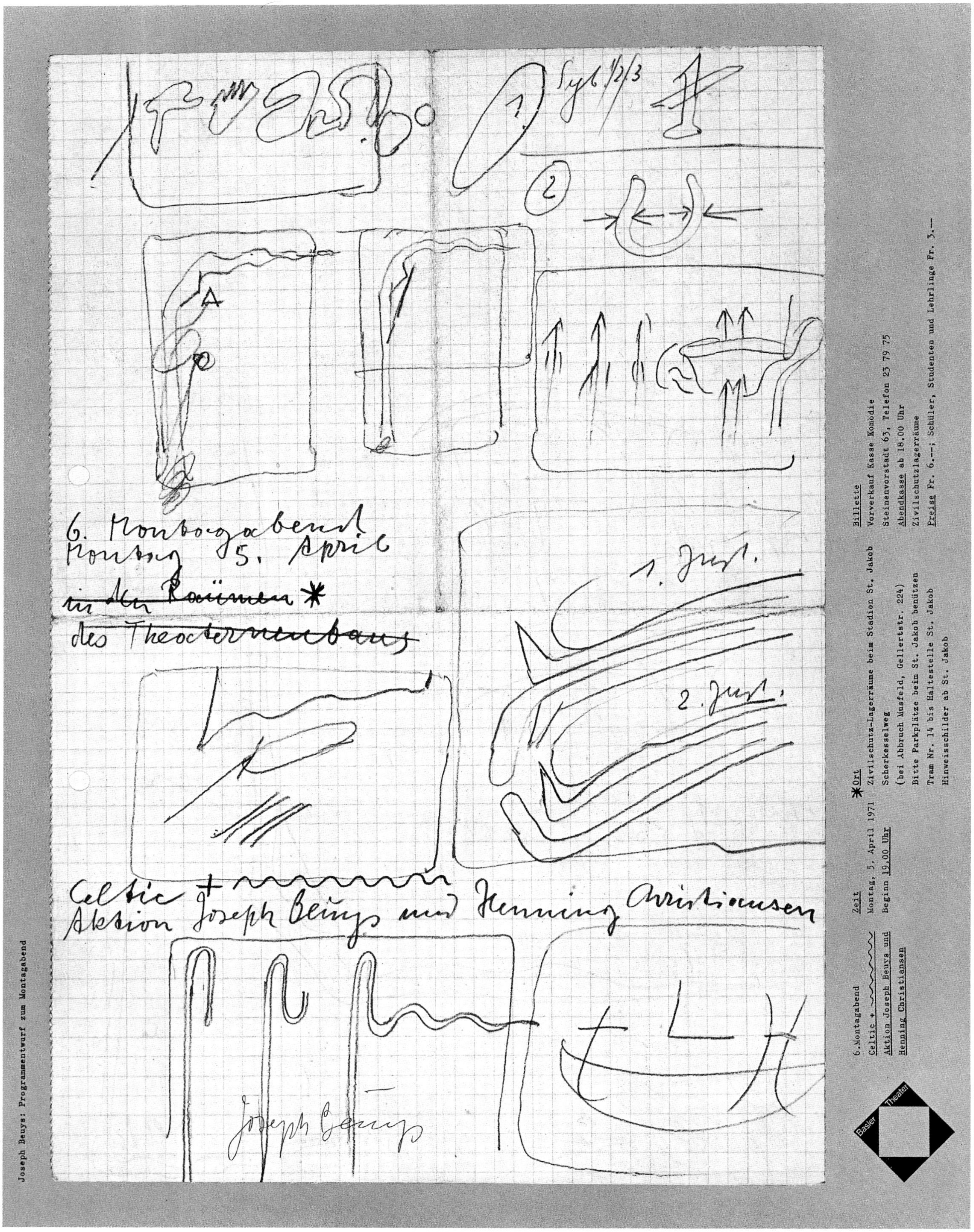

13 6. Montagabend, Celtic + ~~~ Aktion Joseph Beuys und Henning Christiansen cat. 25

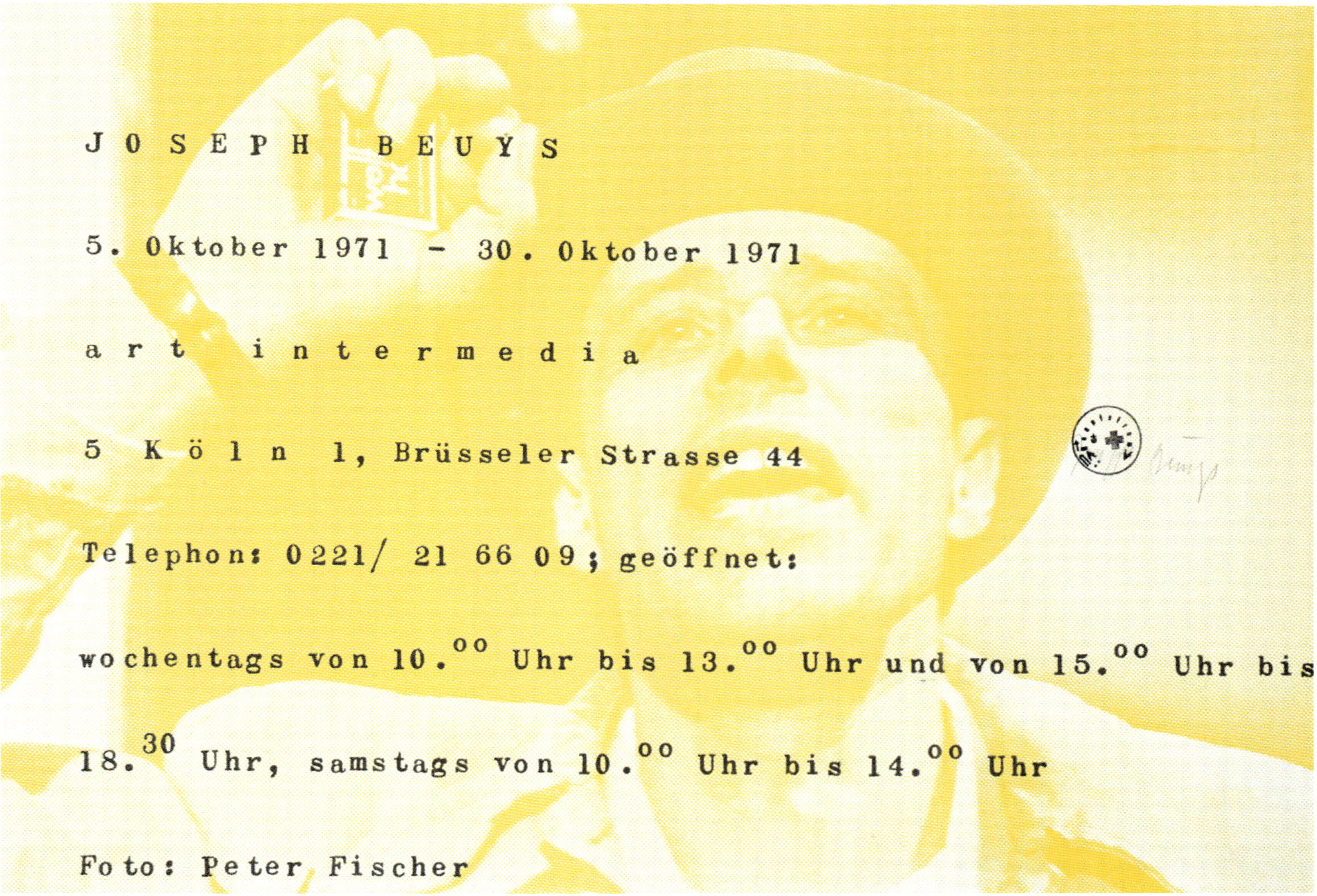

14 Joseph Beuys. (Galerie) art intermedia cat. 27

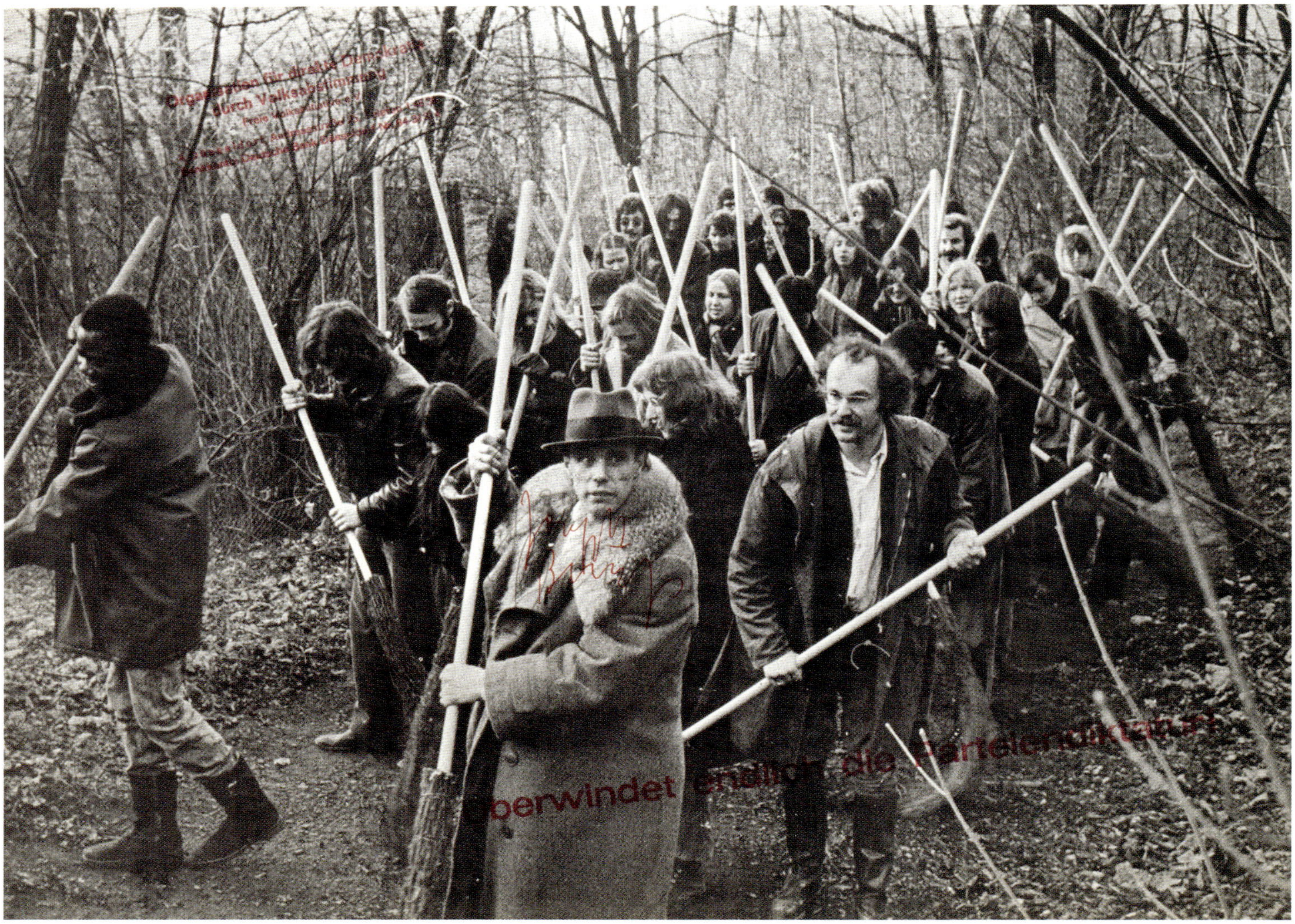

15 Überwindet endlich die Parteiendiktatur cat. 28

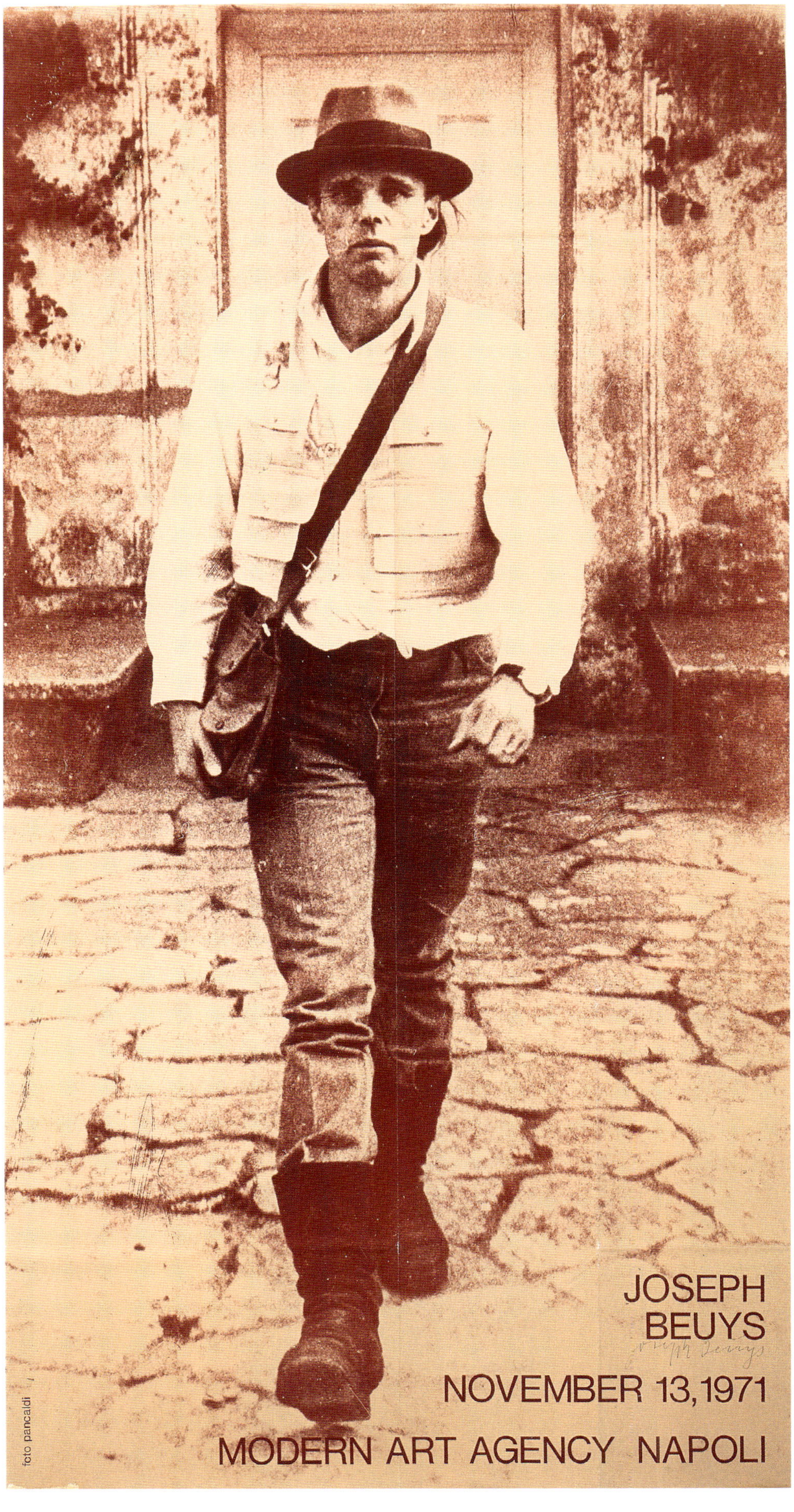

16 Joseph Beuys. November 13, 1971 cat. 29

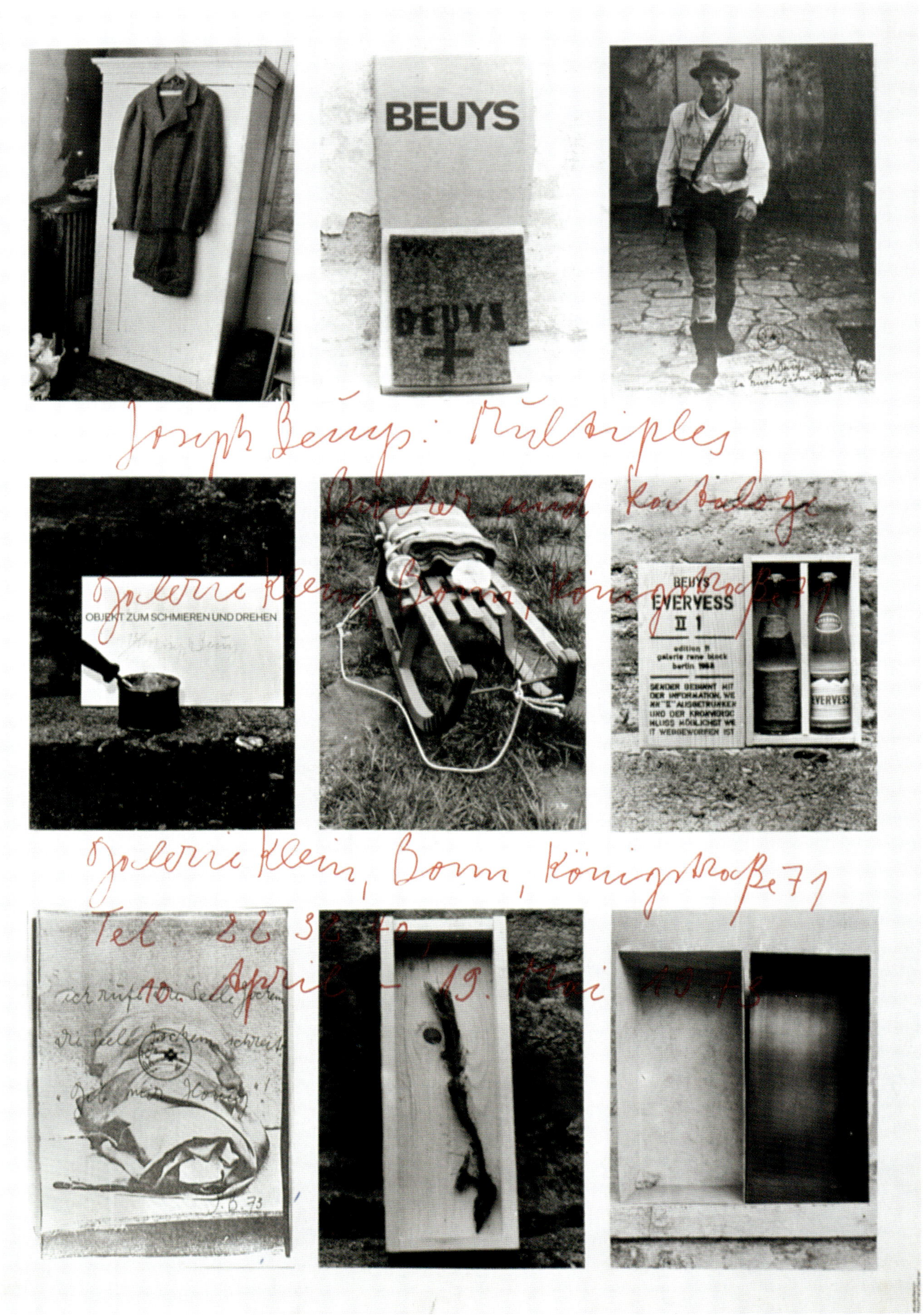

17 Joseph Beuys. Multiples, Bücher und Kataloge cat. 37

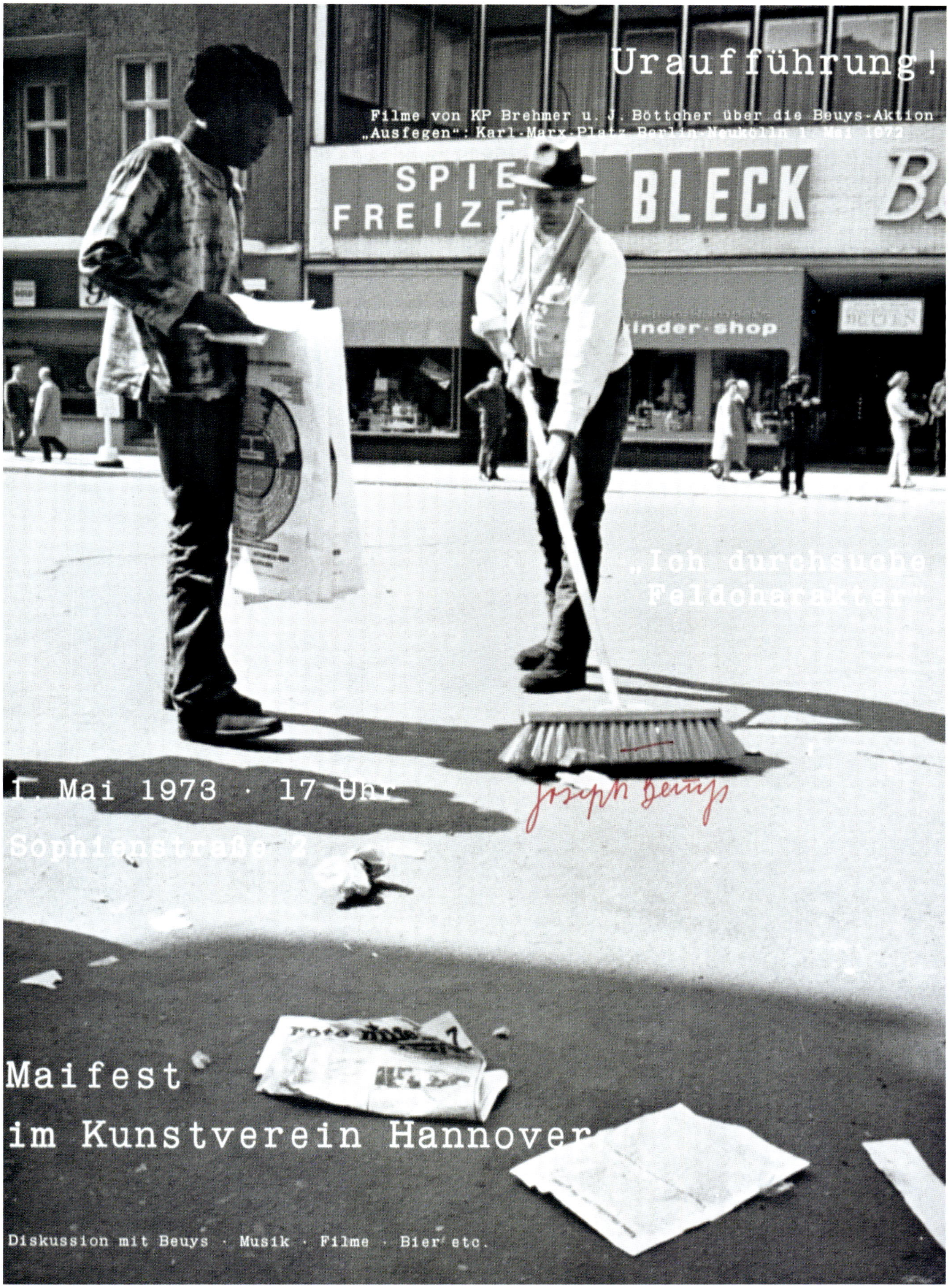

 Maifest im Kunstverein Hannover cat. 38

Daniel Spoerri presents Eat Art

Joseph Beuys Freitagsobjekt

eat art

Eröffnung Freitag 30. Oktober →
1970

limitierte Auflage 1/25
mit signiertem Certifikat
Preis DM 200

BETWEEN: between 20 bis 22 Uhr Dienstag, 10. 11. 1970
HORST BAUMANN between Weck- und Printenmännern

Im Showroom über der Galerie:
Eat Art Objekte von:
Richard Lindner, Dieter Rot, Daniel Spoerri
Nächste Ausstellung Freitag, den 20. November:
Bernhard Luginbühl
Öffnungszeiten: 10.30 Uhr bis 18.30 Uhr
Besichtigung: 18.30 Uhr bis 22.00 Uhr.
Von Samstag 14.00 Uhr bis Montag 14.00 Uhr geschlossen.

In the showroom above the gallery:
Eat Art objects from:
Richard Lindner, Dieter Rot, Daniel Spoerri
next show Friday, November 20th:
Bernhard Luginbühl
opening hours from ten to ten.
Closed from Saturday 2 p.m. till Monday 2 p.m.

Dans la salle d'exposition:
audessus de la Galerie:
objets Eat Art de:
Richard Lindner, Dieter Rot, Daniel Spoerri
Prochaine Exposition: Vendredi 20 novembre:
Bernhard Luginbühl
Heures d'ouverture de dix à dix heures.
Fermé de samedi 14 heures à lundi 14 heures.

EAT ART GALERIE
Burgplatz 19 Tel. 13328
Eingang Mühlenstrasse
D-4 DÜSSELDORF
HETE HÜNERMANN

EAT ART GALLERY
Burgplatz 19
Eingang Mühlenstrasse
D-4 DÜSSELDORF
Tel. 13328

EAT ART PRODUKTION
RESTAURANT SPOERRI
Burgplatz 19 Tel. 13327
D-4 DÜSSELDORF
CARLO SCHRÖTER

19 Joseph Beuys. Freitagsobjekt cat. 16

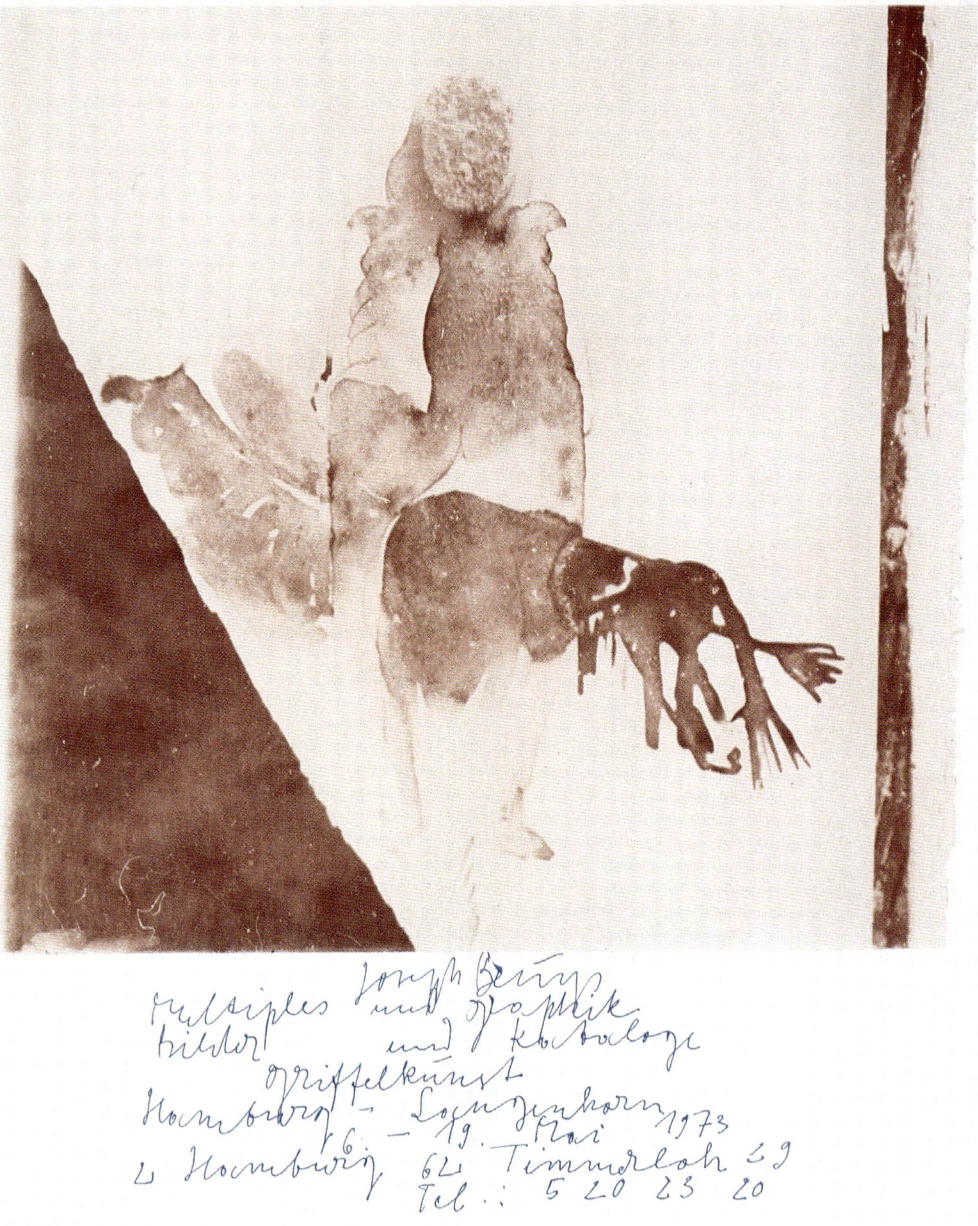

20 Joseph Beuys. Multiples und Graphik. Bilder und Kataloge cat. 40

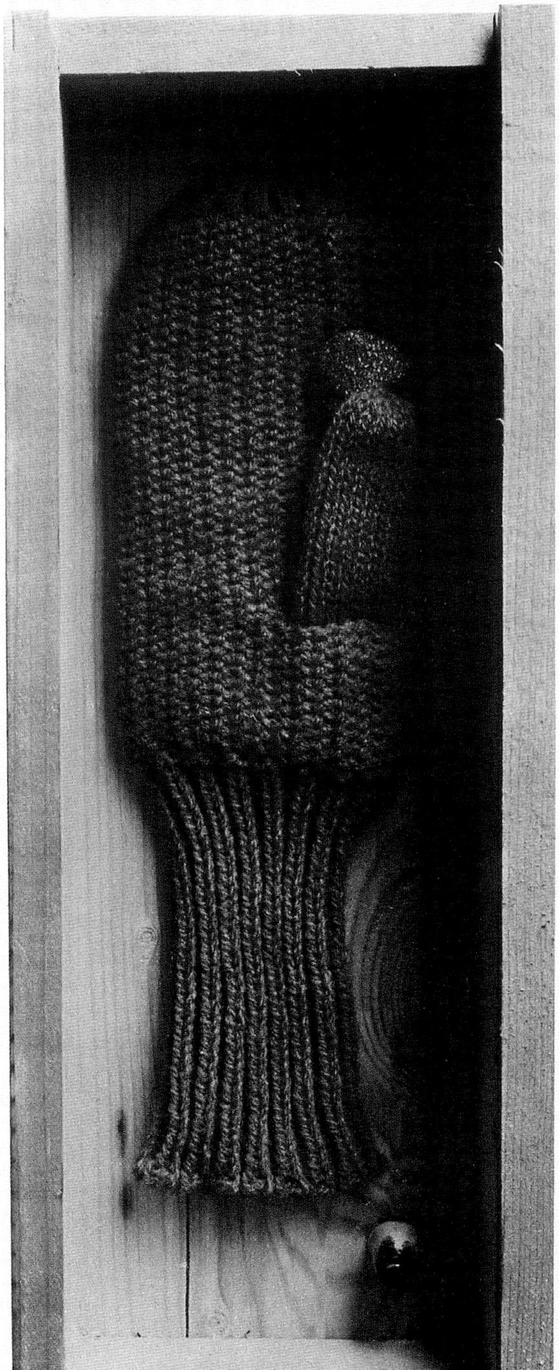

joseph beuys/disegni oggetti edizioni films/guido rota torino/via p. amedeo 40 tel. 830169/giovedì 18 dicembre 1975 ore 18,30

21 Joseph Beuys. disegni, oggetti, edizioni films cat. 73

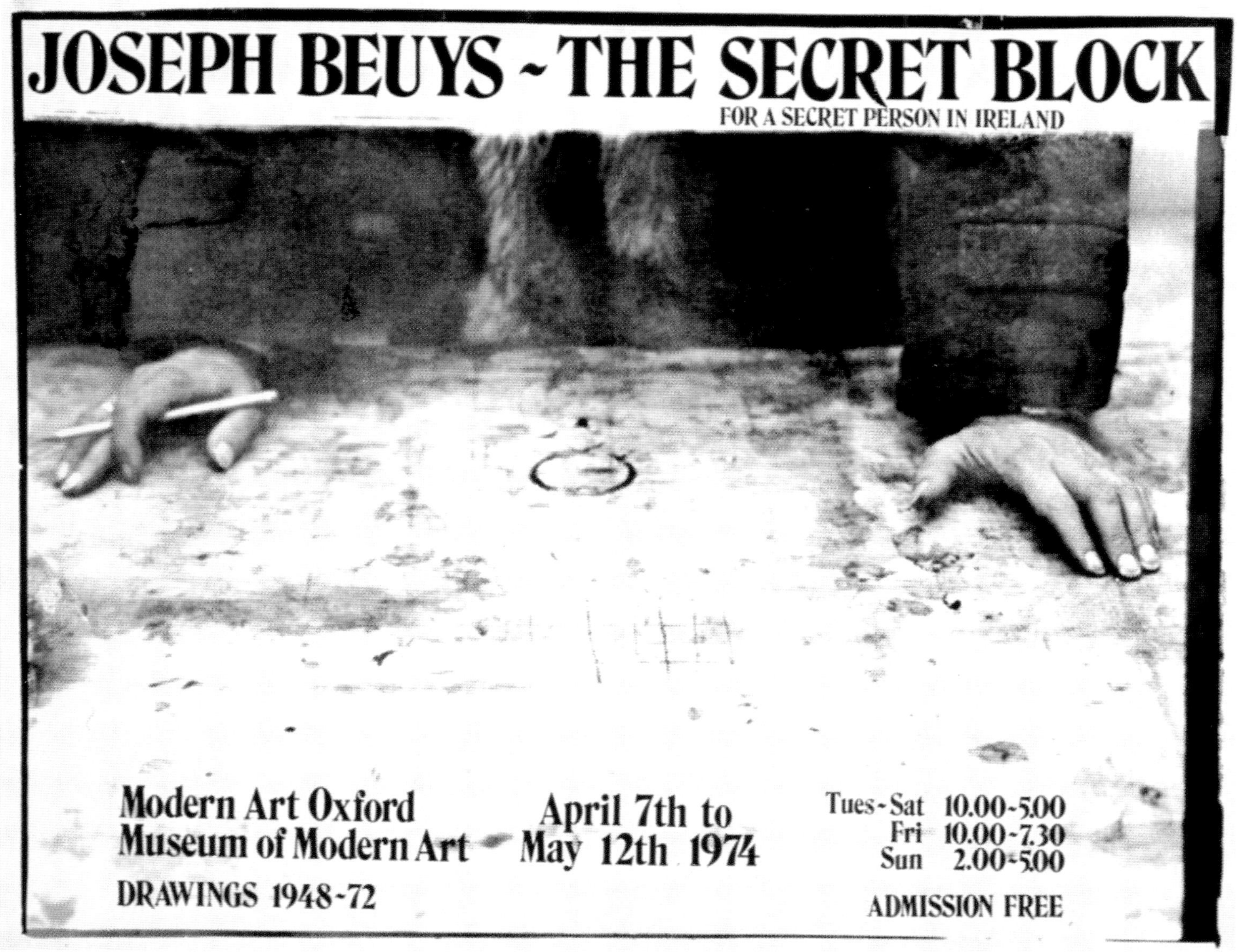

22 Joseph Beuys – The secret block for a secret person in Ireland cat. 50

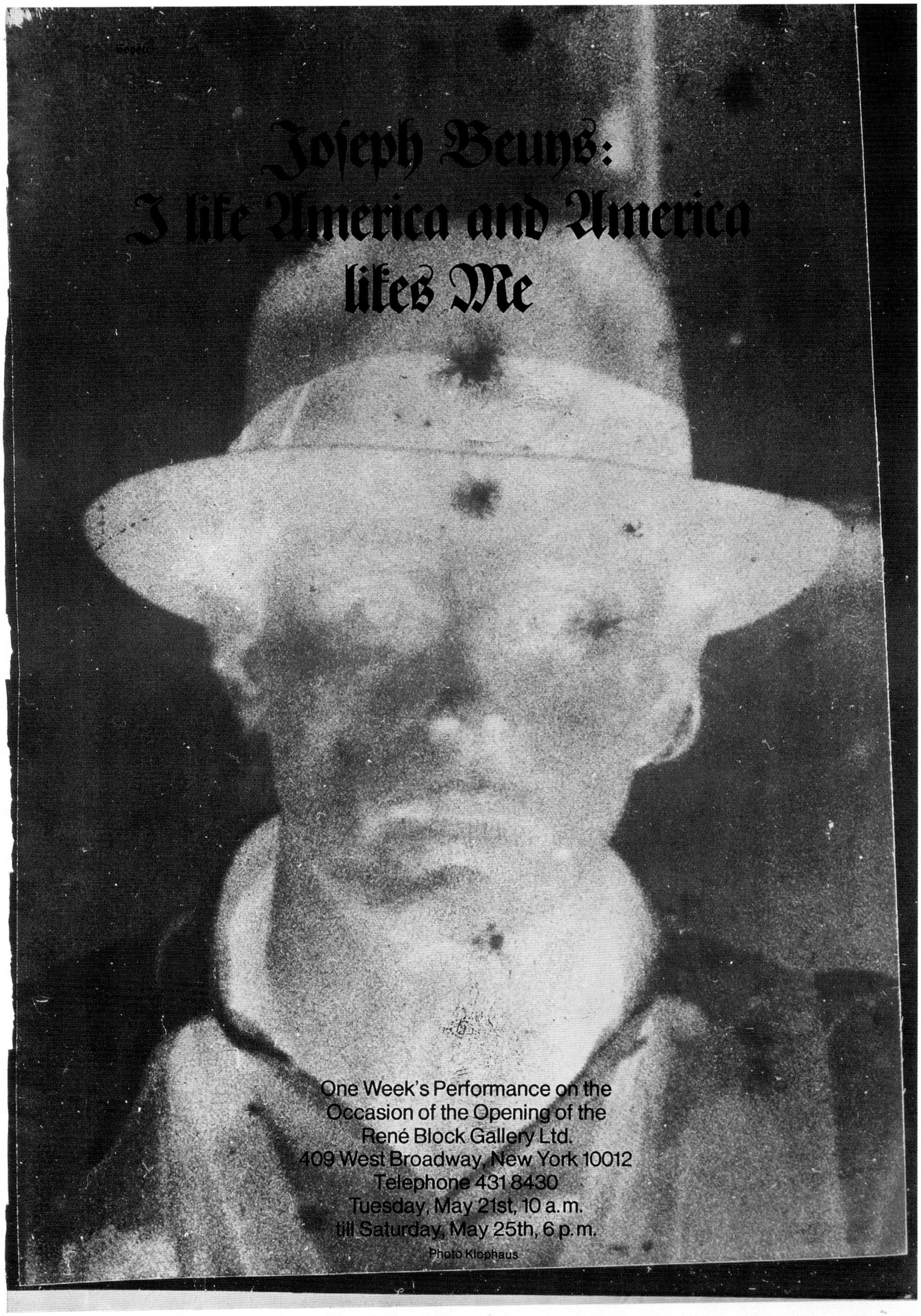

23 Joseph Beuys: I like America and America likes Me cat. 52

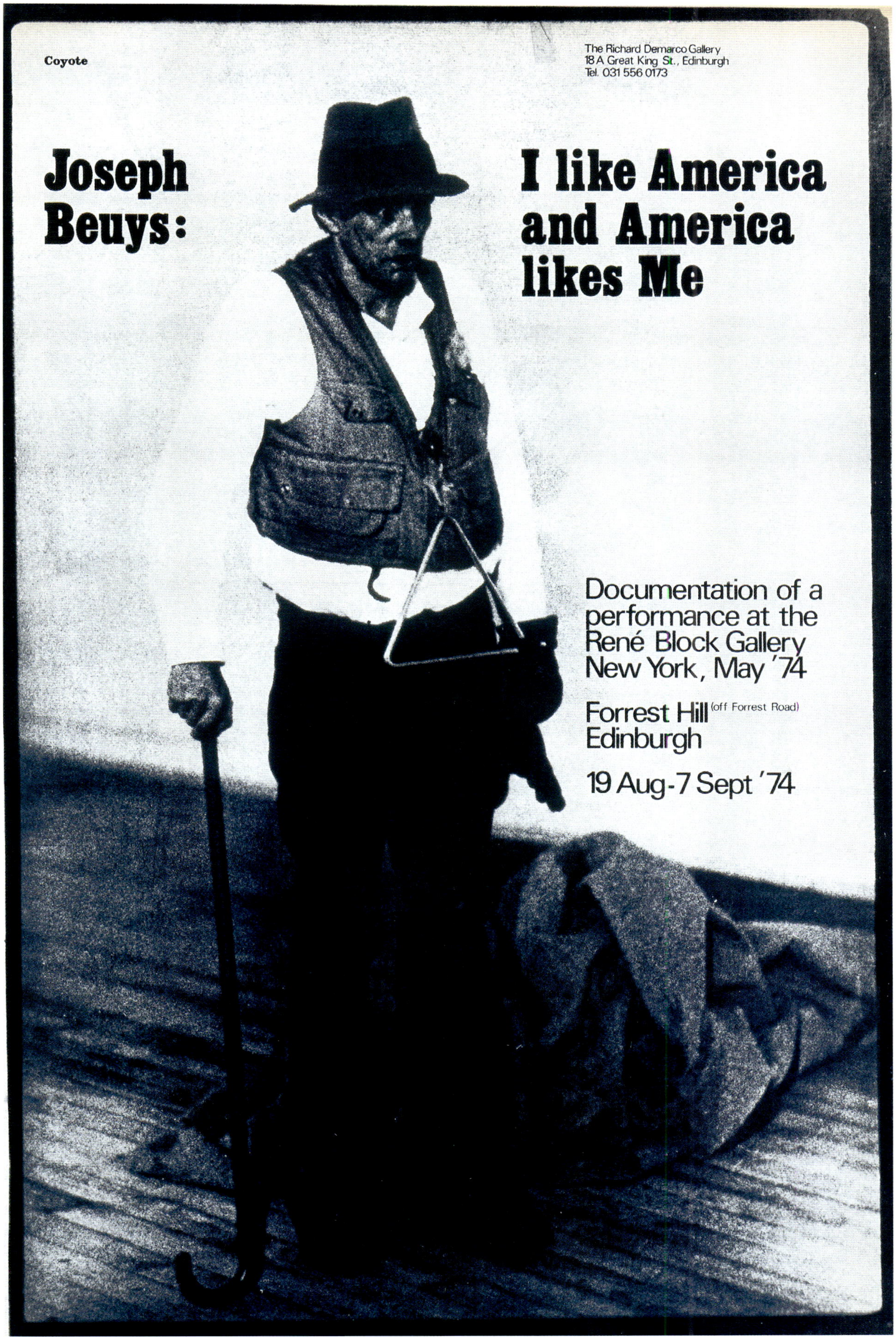

24 Coyote – Joseph Beuys: I like America and America likes Me cat. 54

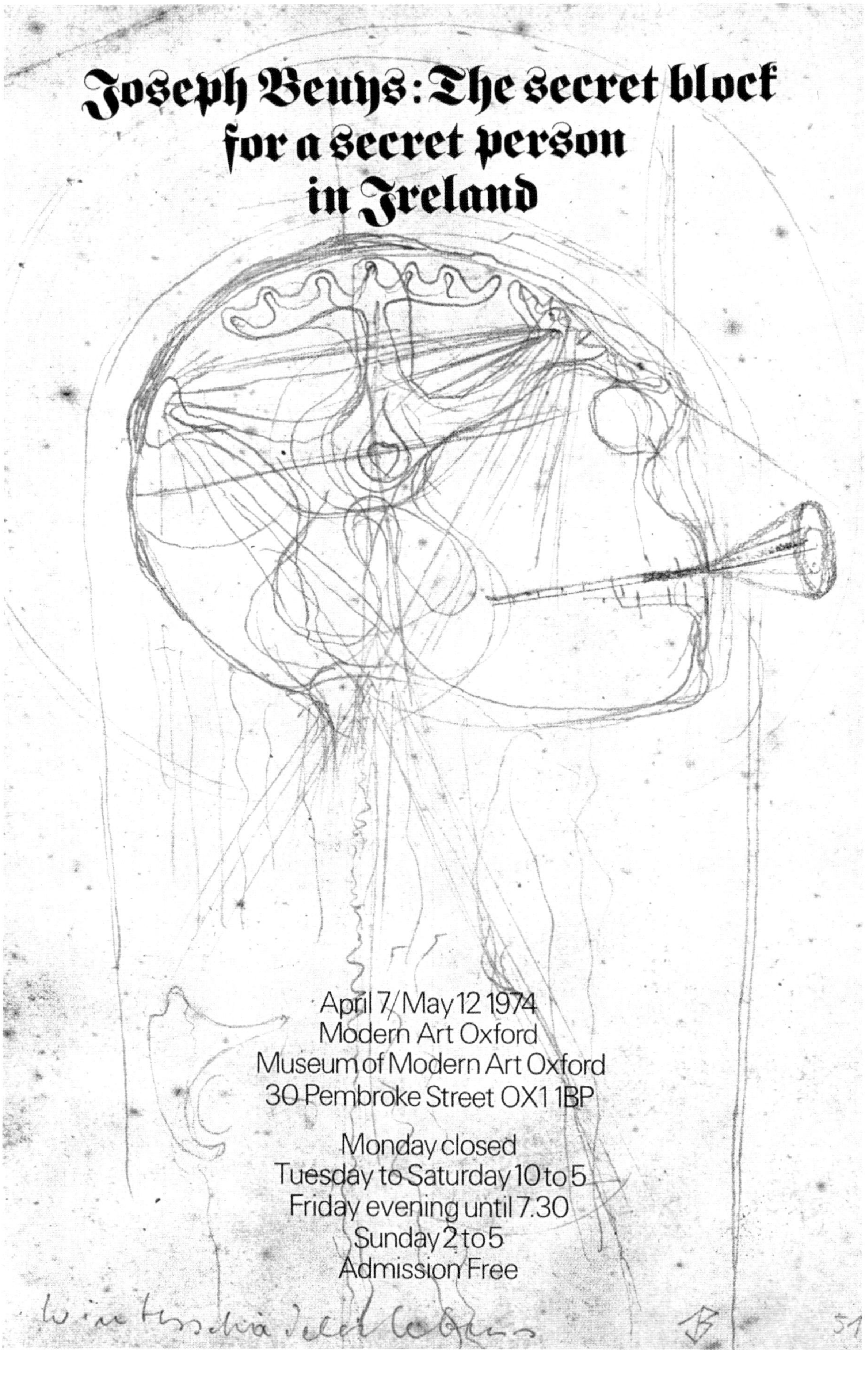

25 Joseph Beuys: The secret block for a secret person in Ireland cat. 55

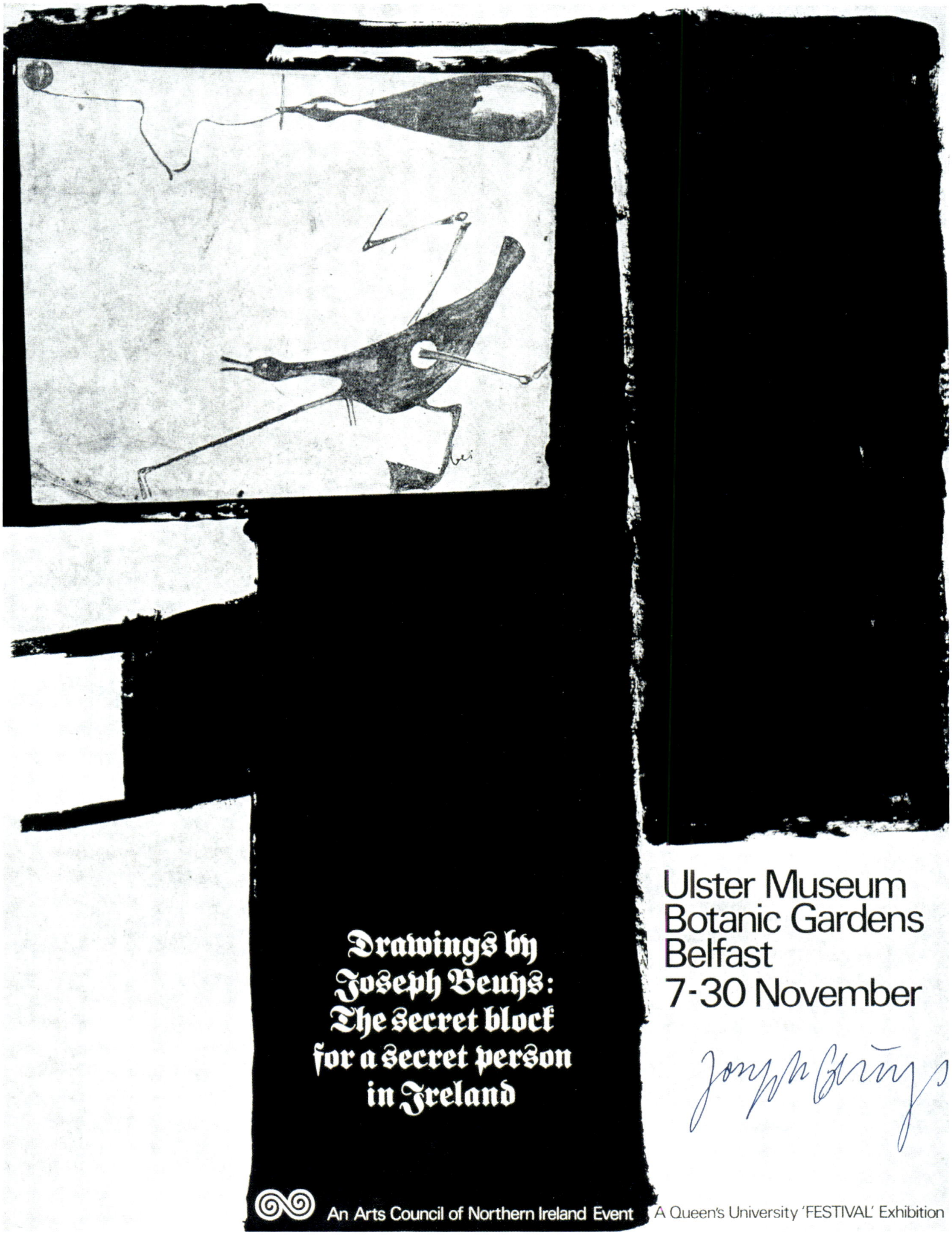

26 Drawings by Joseph Beuys: The secret block for a secret person in Ireland cat. 58

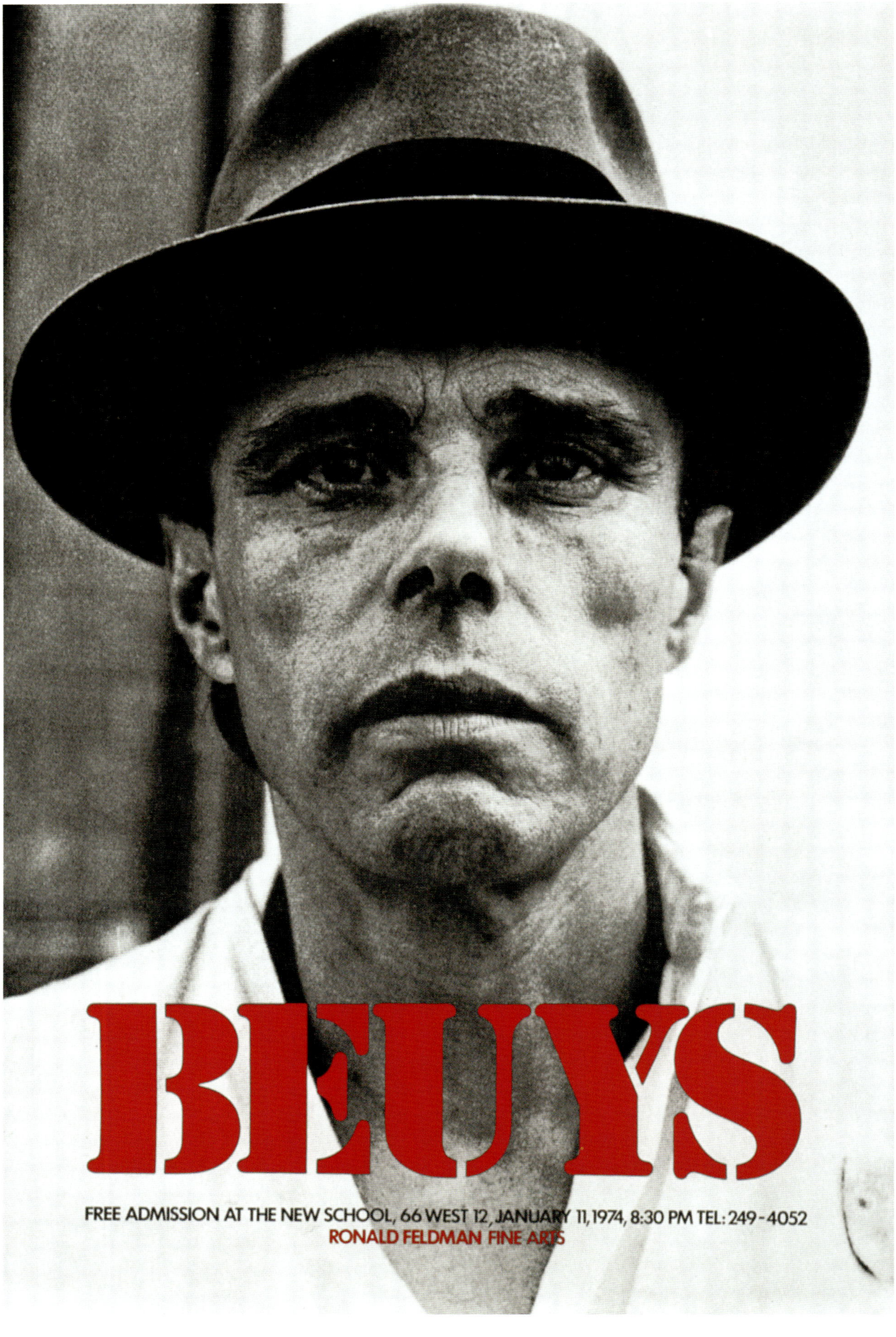

27 Beuys. The New School und Ronald Feldman Fine Arts cat. 46

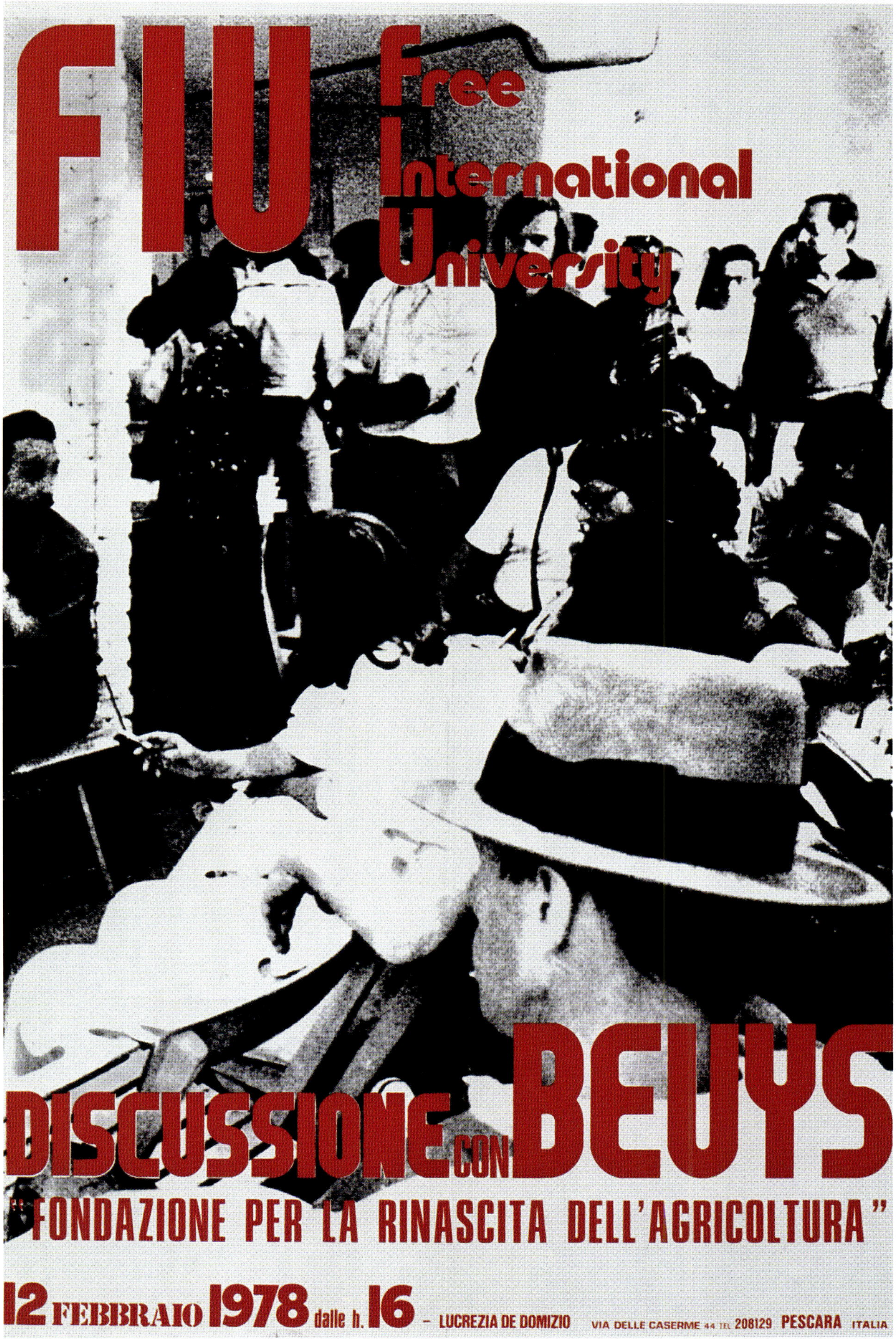

28 Discussione con Beuys cat. 98

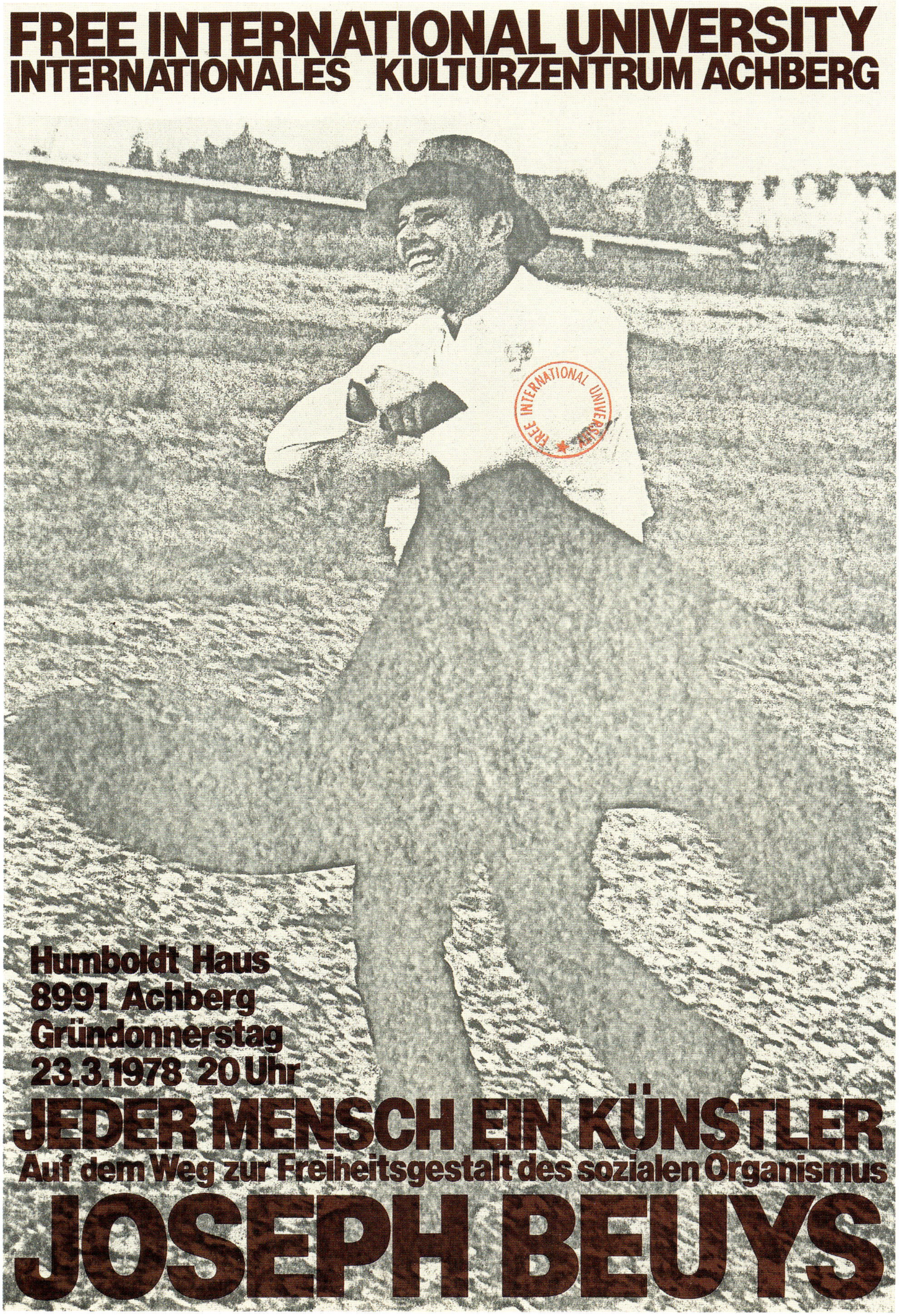

29 Joseph Beuys. Jeder Mensch ein Künstler cat. 100

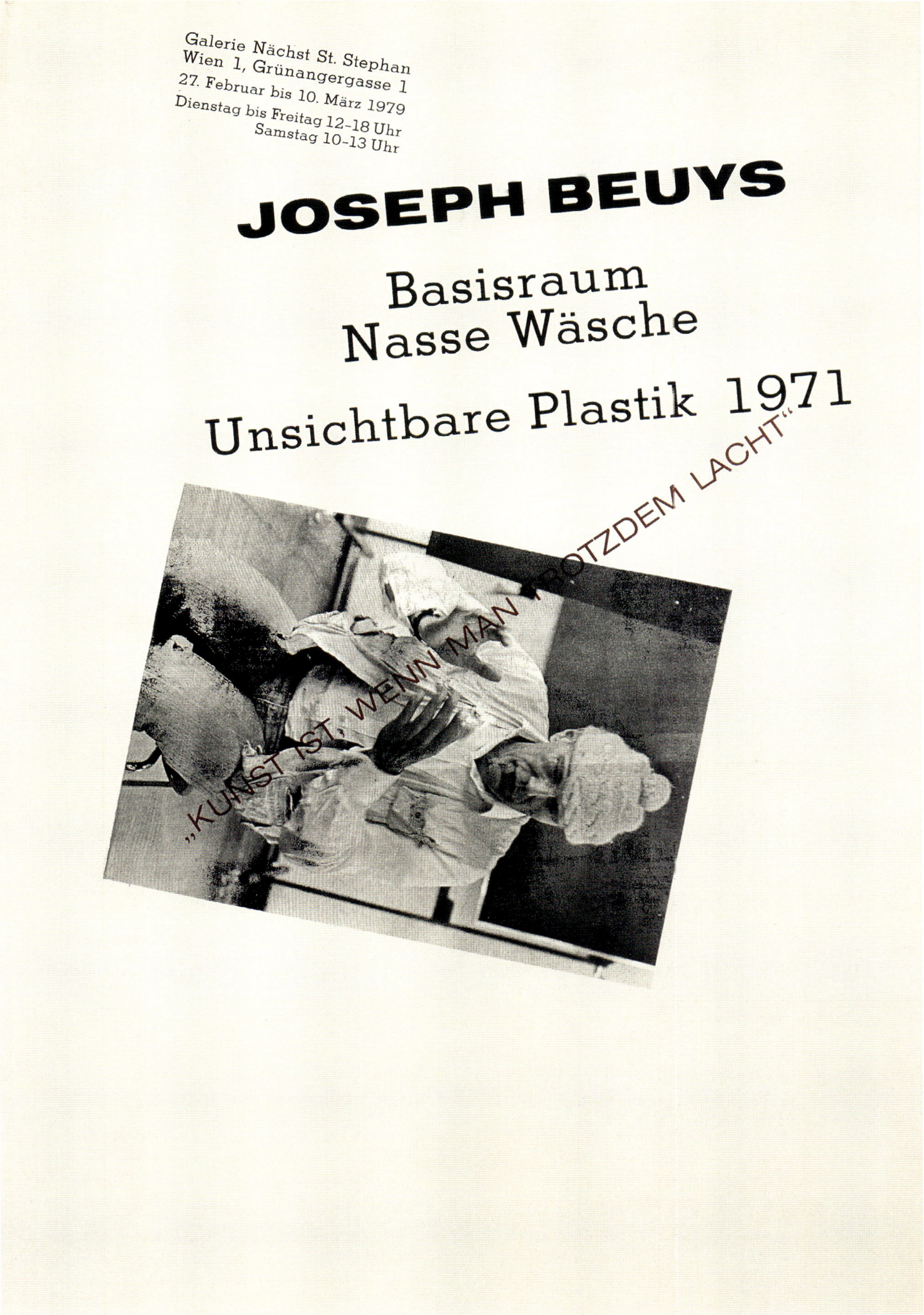

30 Joseph Beuys. Basisraum Nasse Wäsche. Unsichtbare Plastik cat. 115

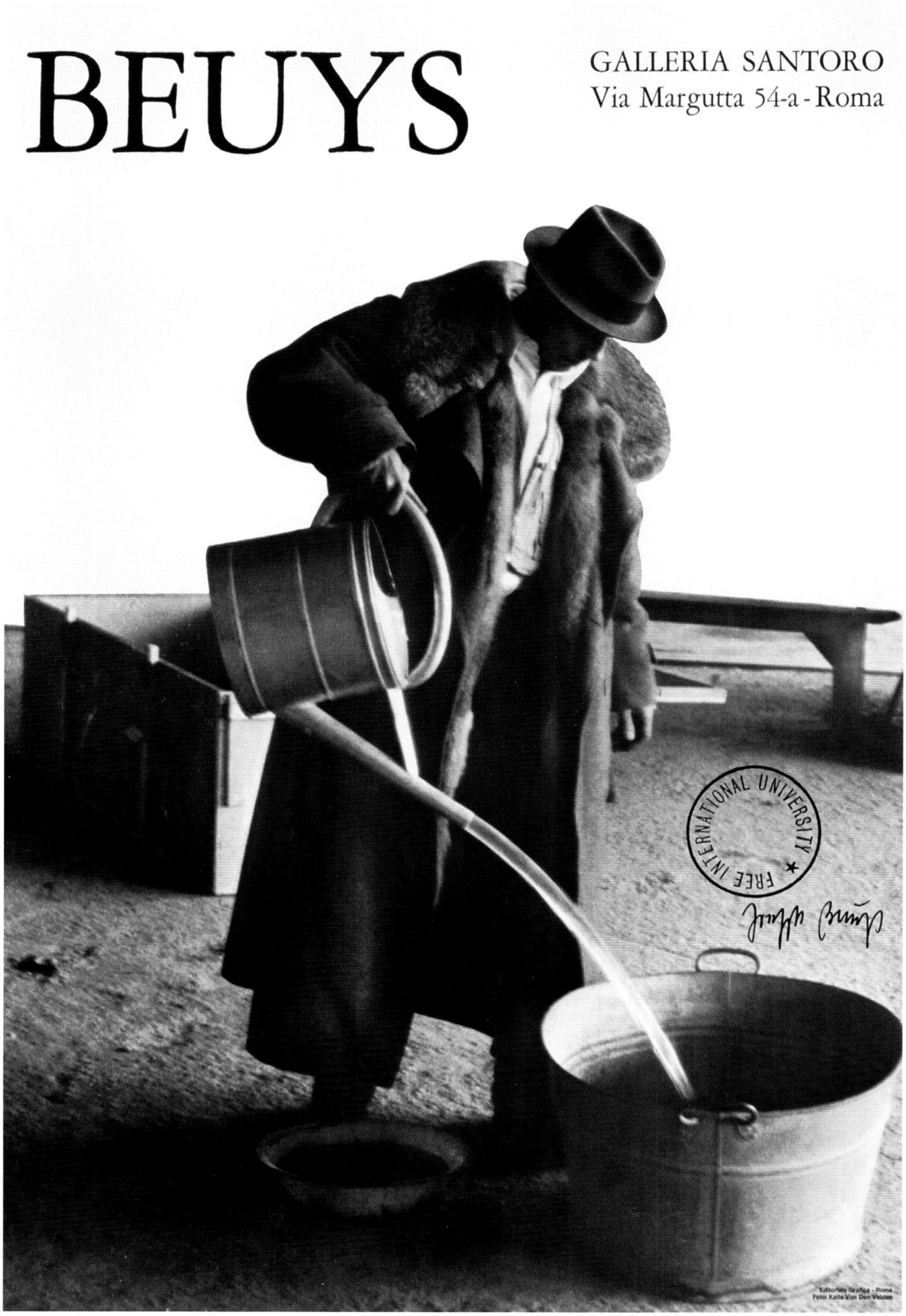

31 Beuys. Galleria Santoro cat. 107 a, b

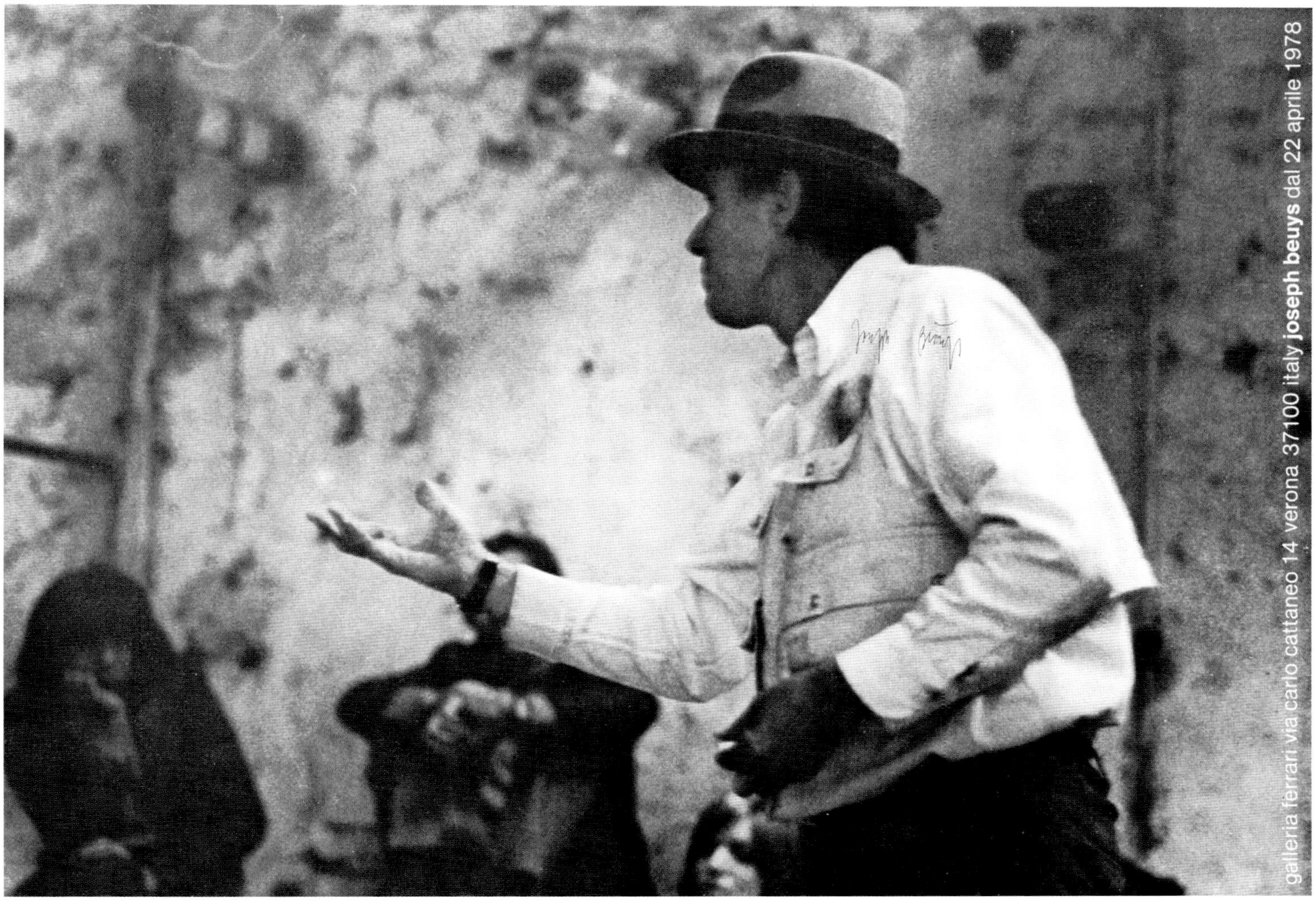

32 Joseph Beuys. Galleria Ferrari cat. 102

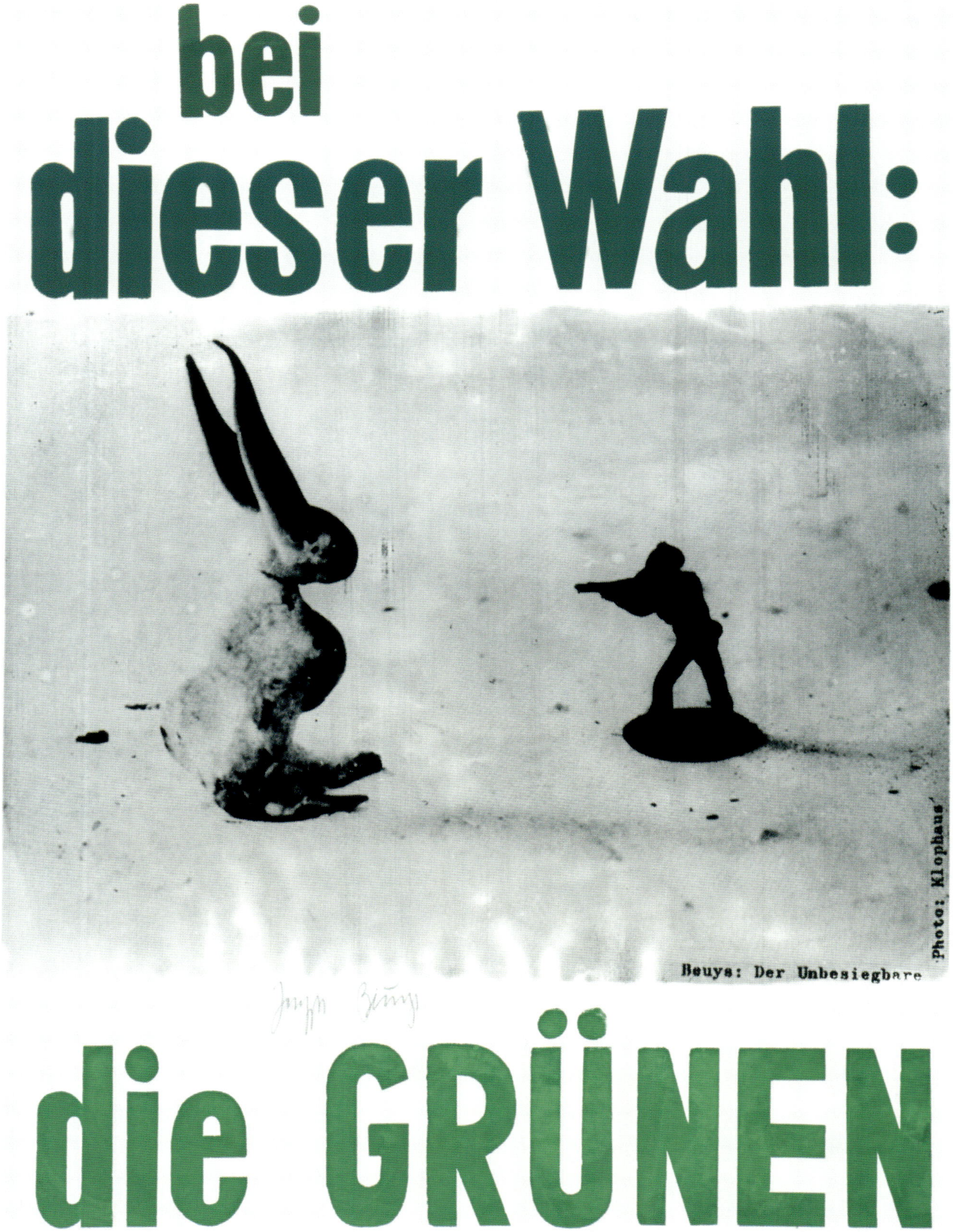

33 bei dieser Wahl: die Grünen cat. 126

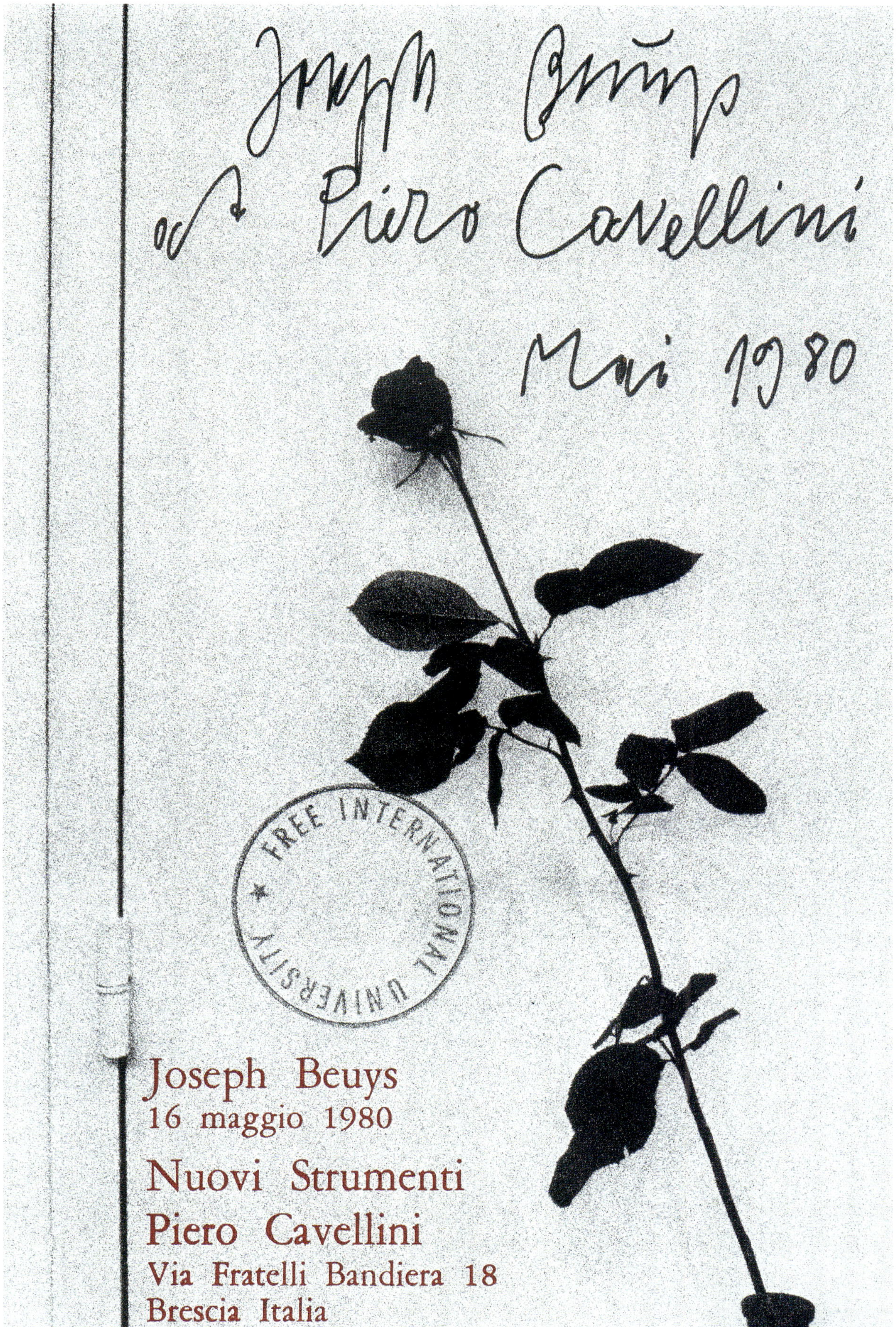

34 Joseph Beuys at Piero Cavellini cat. 152

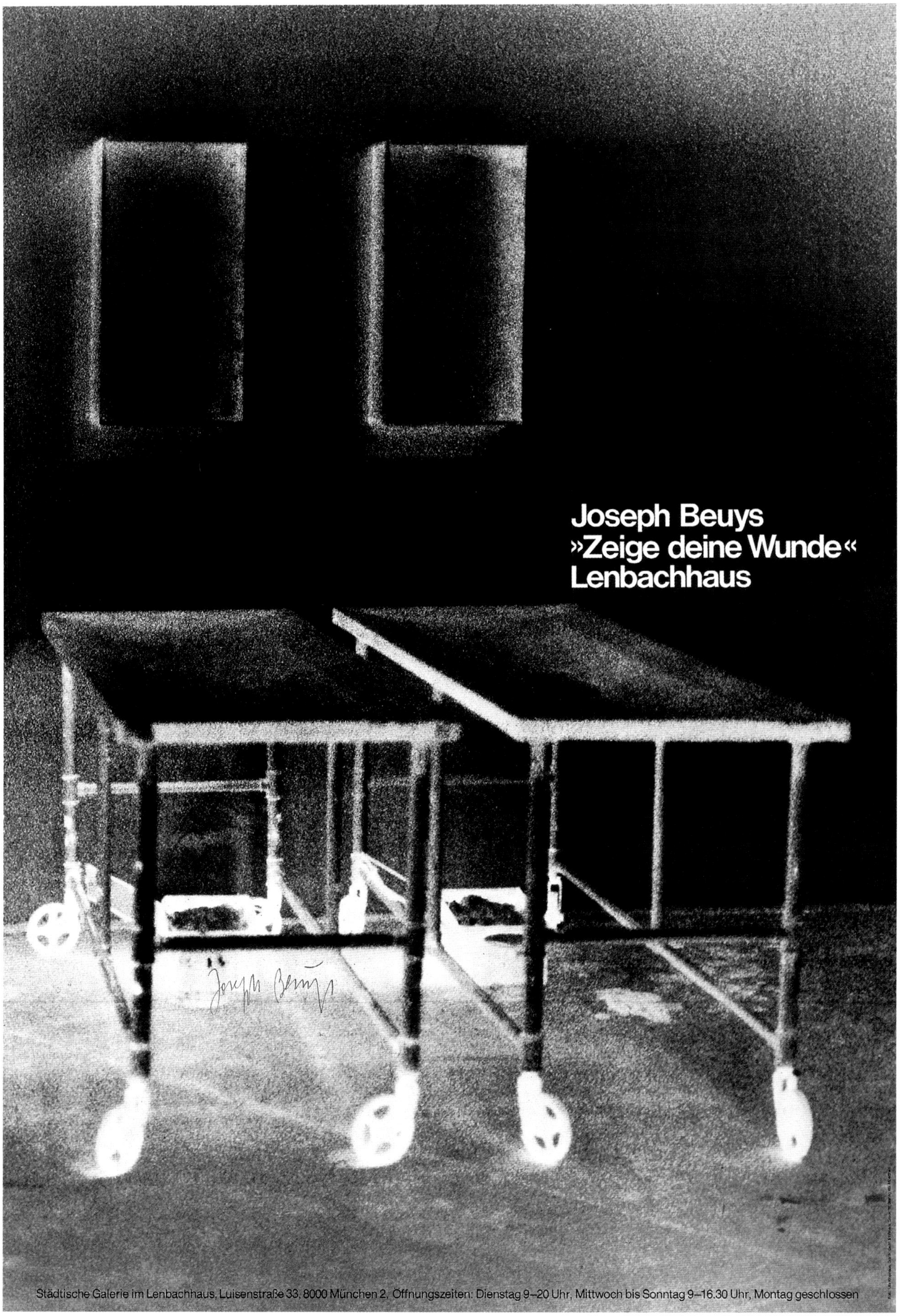

35 Joseph Beuys. Zeige deine Wunde cat. 141

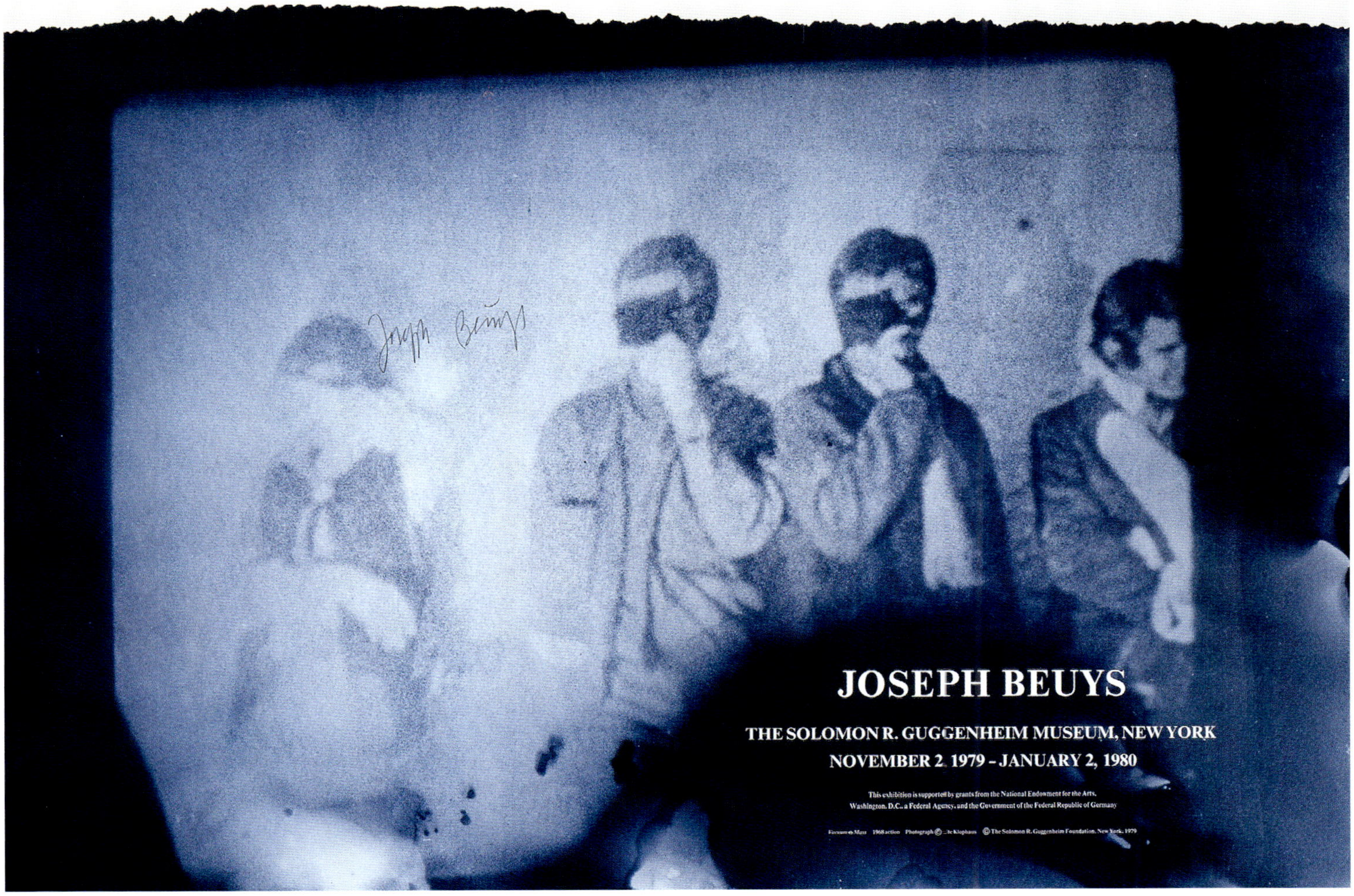

36 Joseph Beuys. The Solomon R. Guggenheim Museum, New York cat. 133

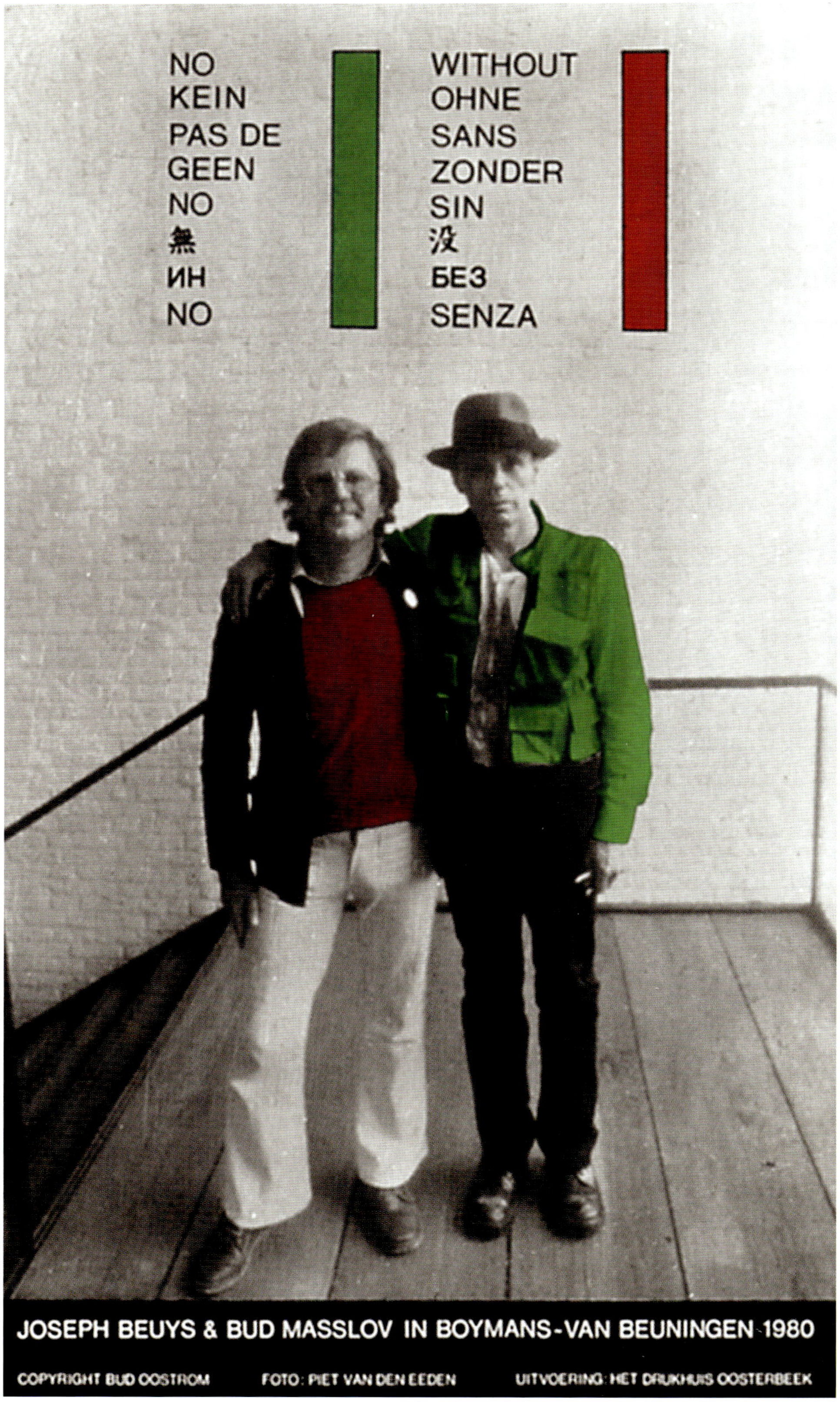

37 Joseph Beuys & Bud Masslov cat. 148

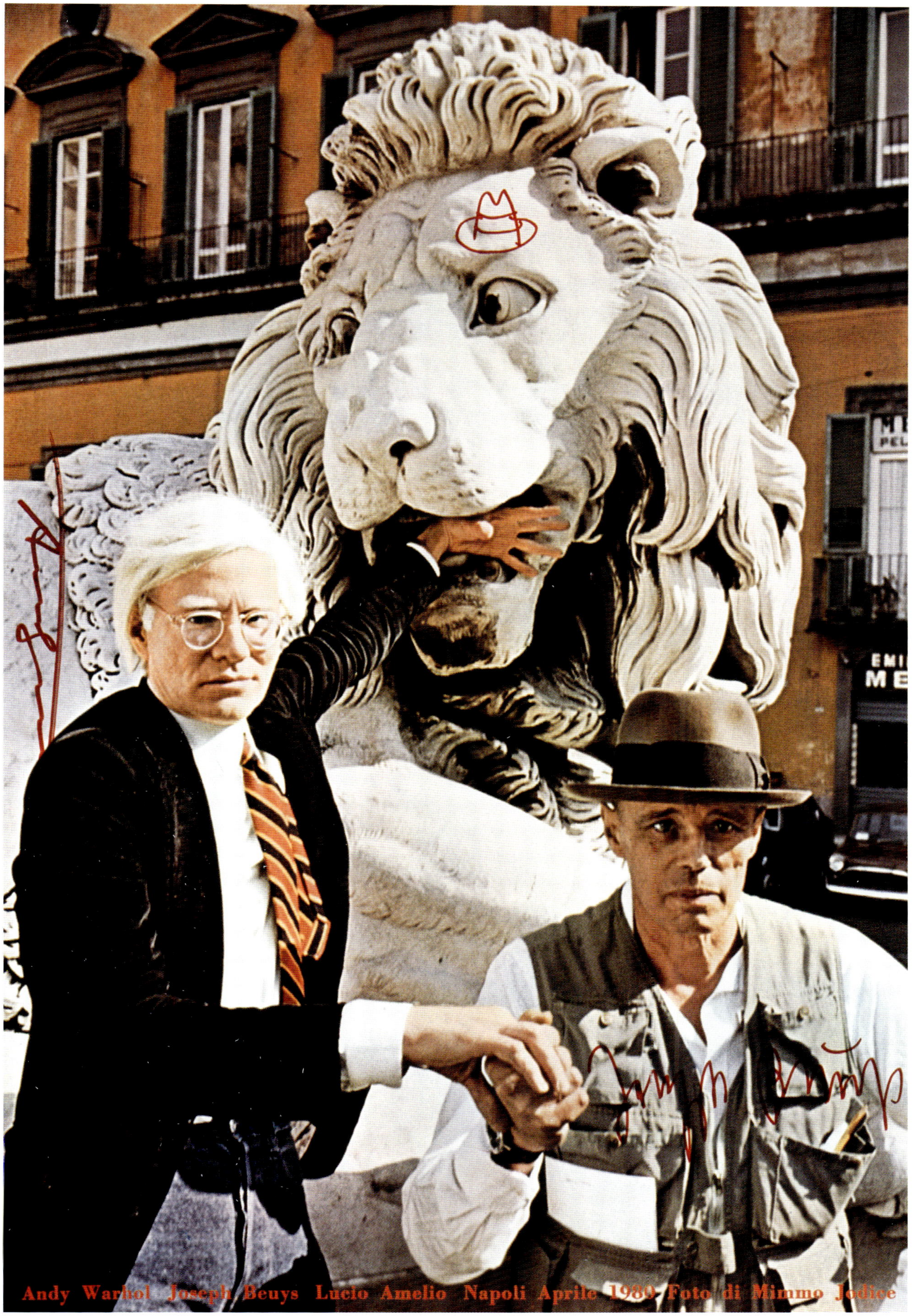

38 Andy Warhol & Joseph Beuys cat. 146

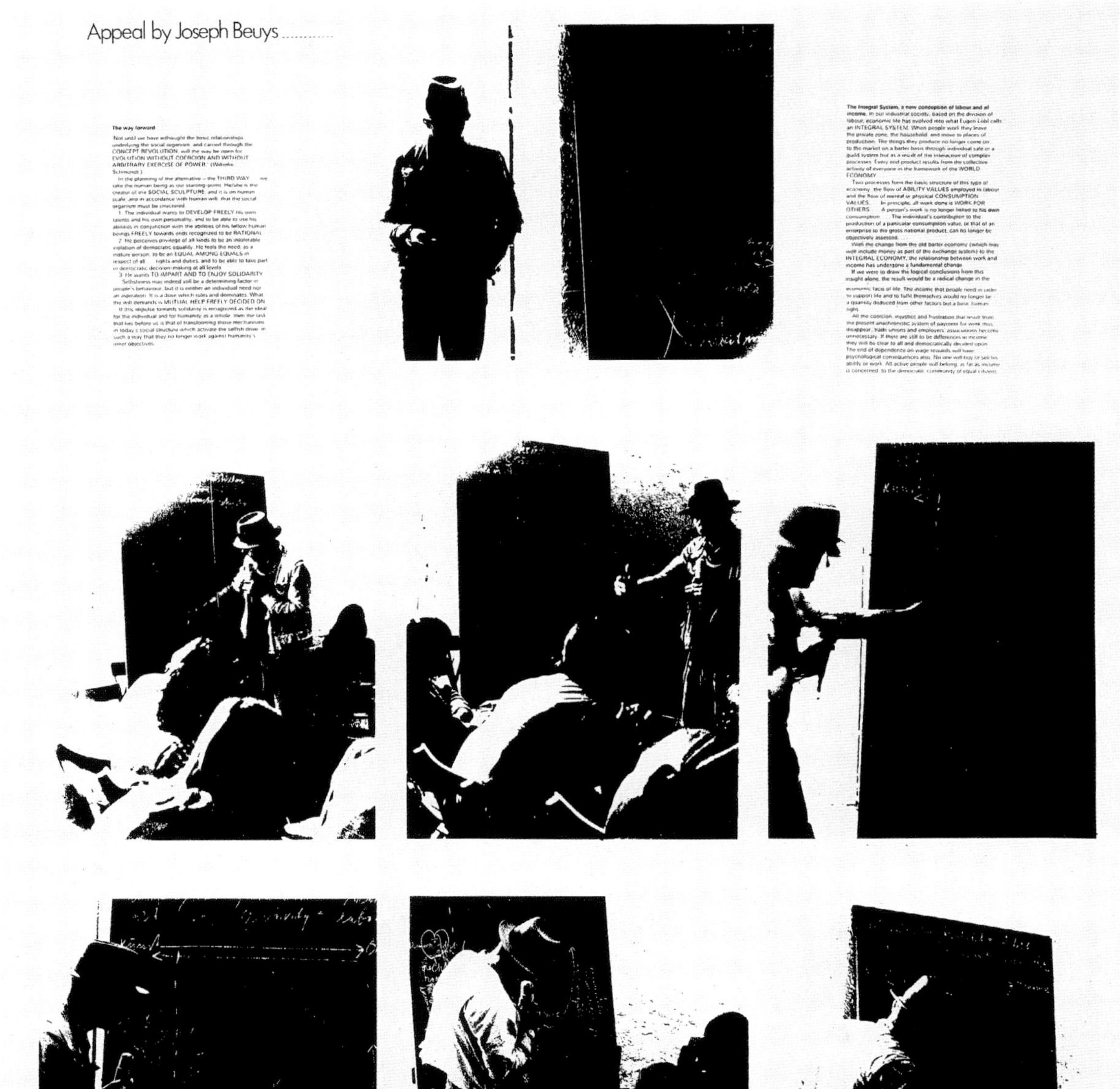

39 Appeal by Joseph Beuys. Edinburgh International Festival cat. 160

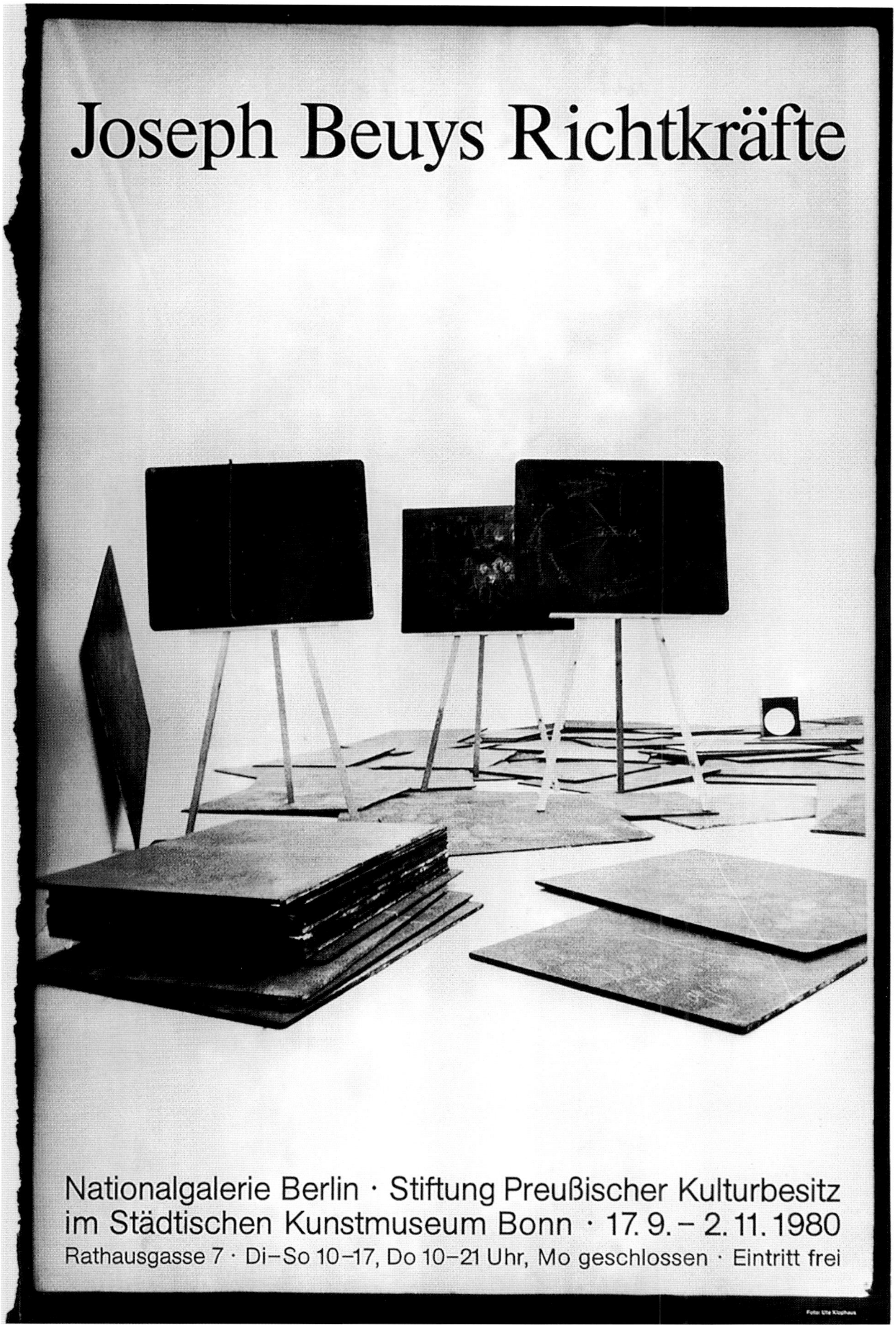

40 Joseph Beuys. Richtkräfte cat. 166

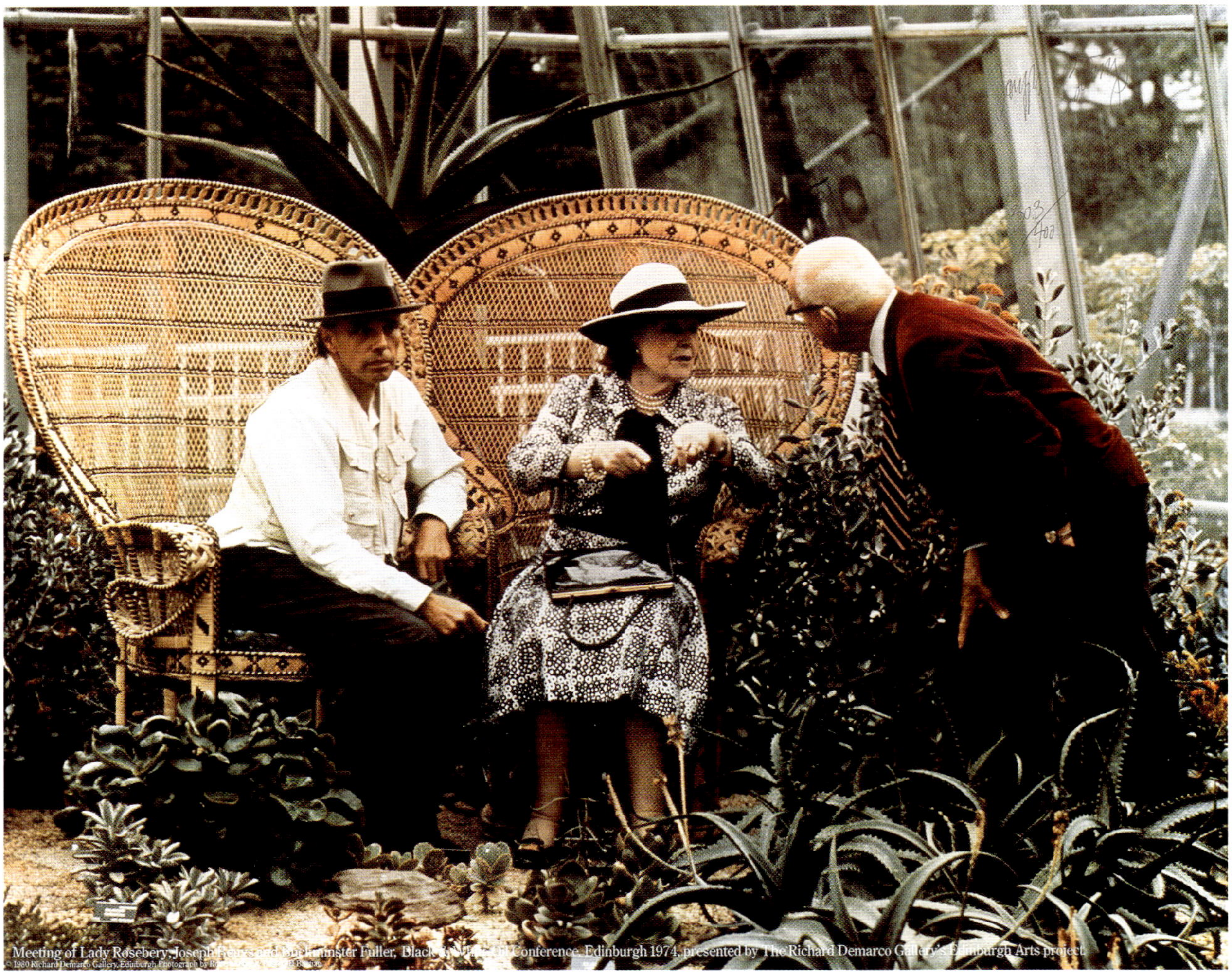

41 Meeting of Lady Rosebery, Joseph Beuys and Buckminster Fuller cat. 164

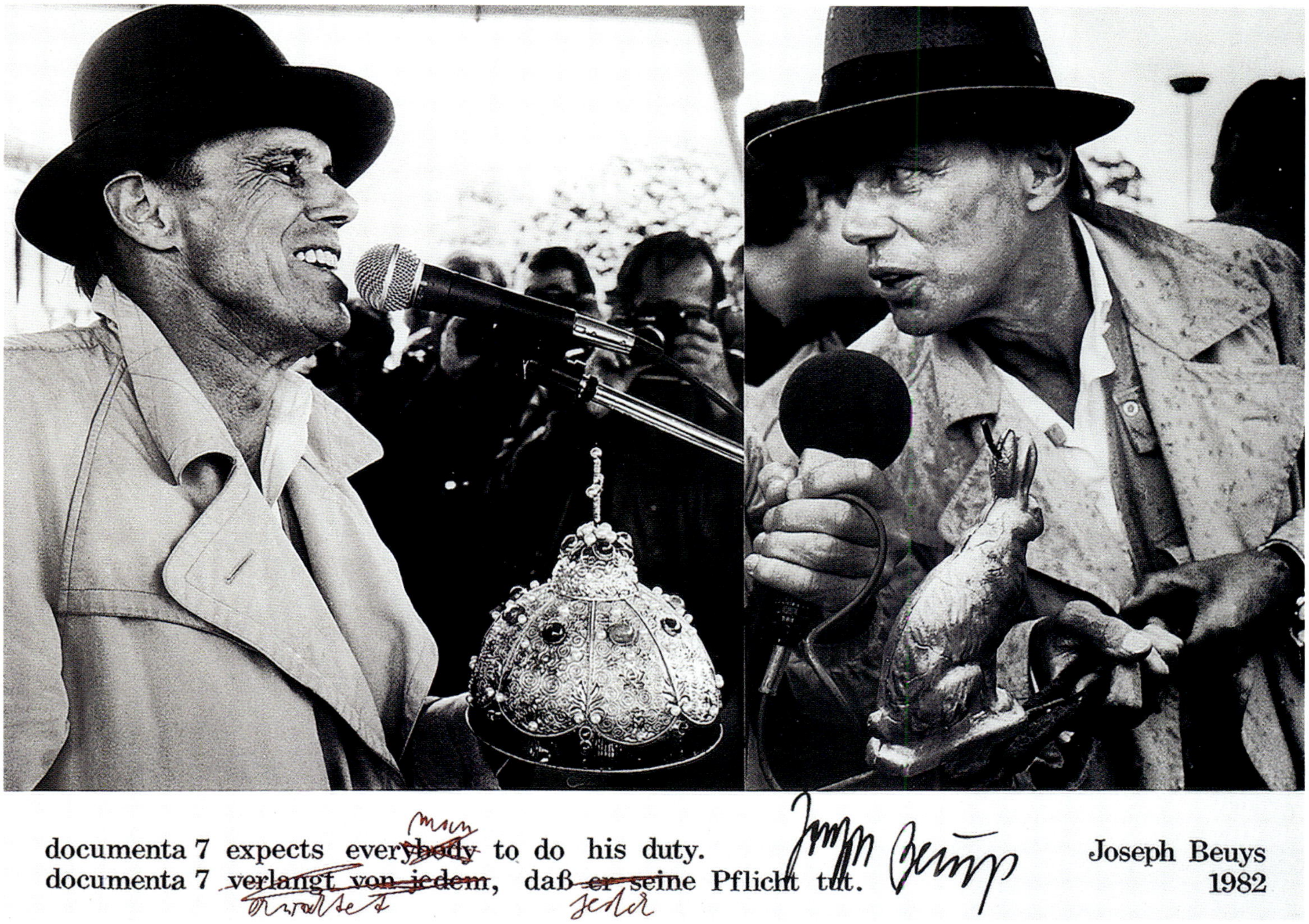

42 documenta 7 expects every man to do his duty cat. 197

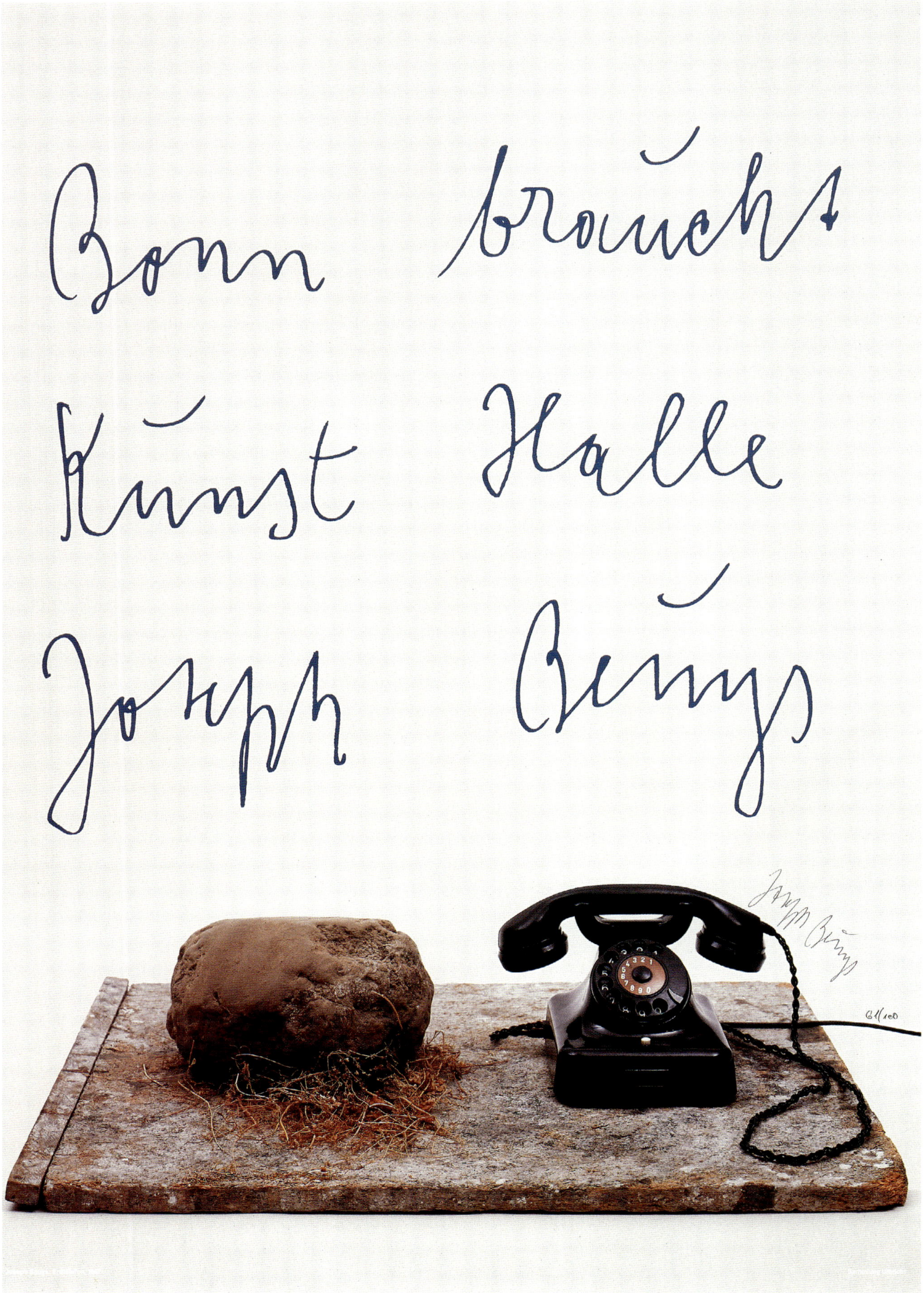

43 Joseph Beuys. Bonn braucht Kunst Halle cat. 211

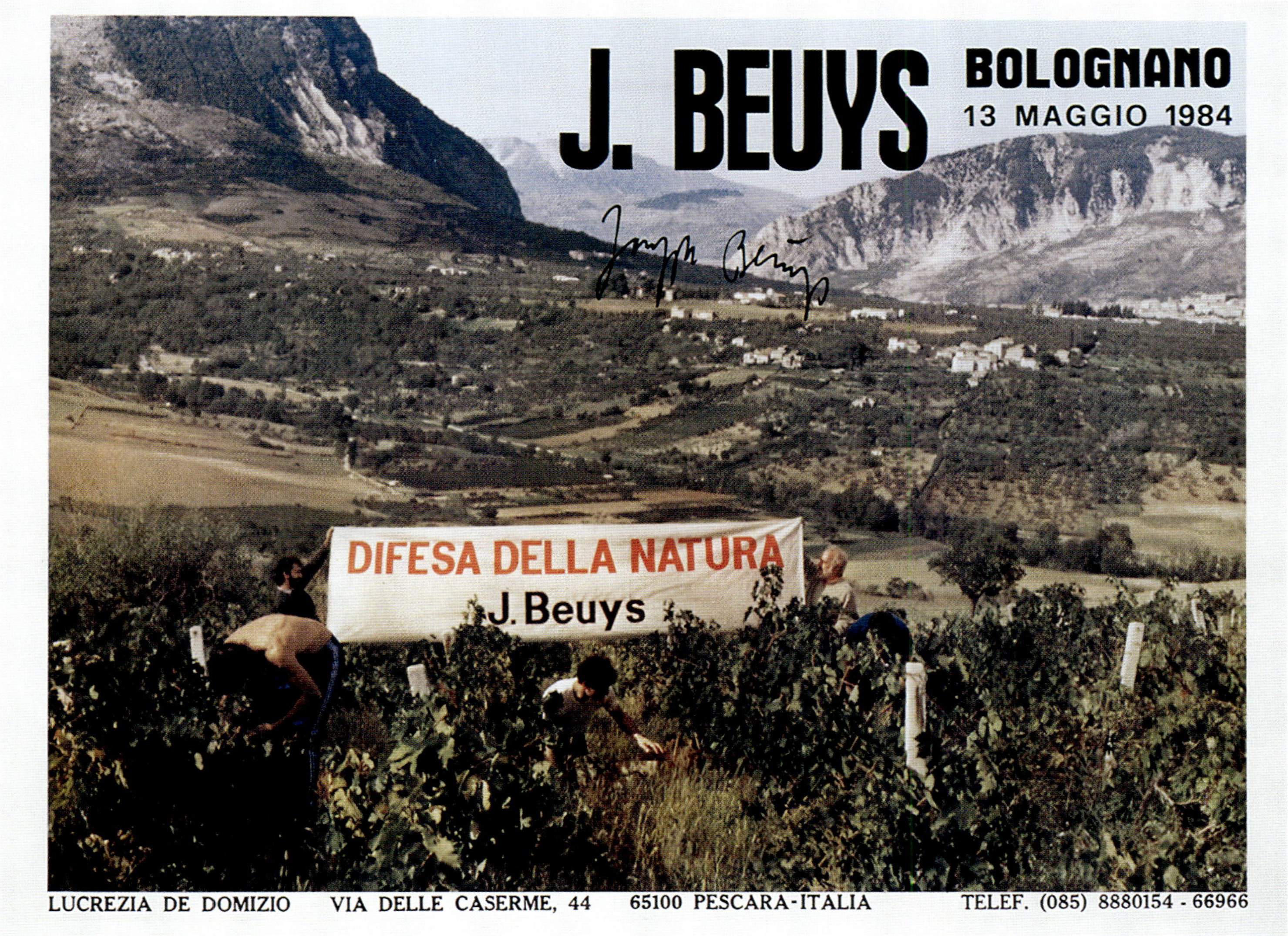

44 J. Beuys. Difesa Della Natura cat. 233

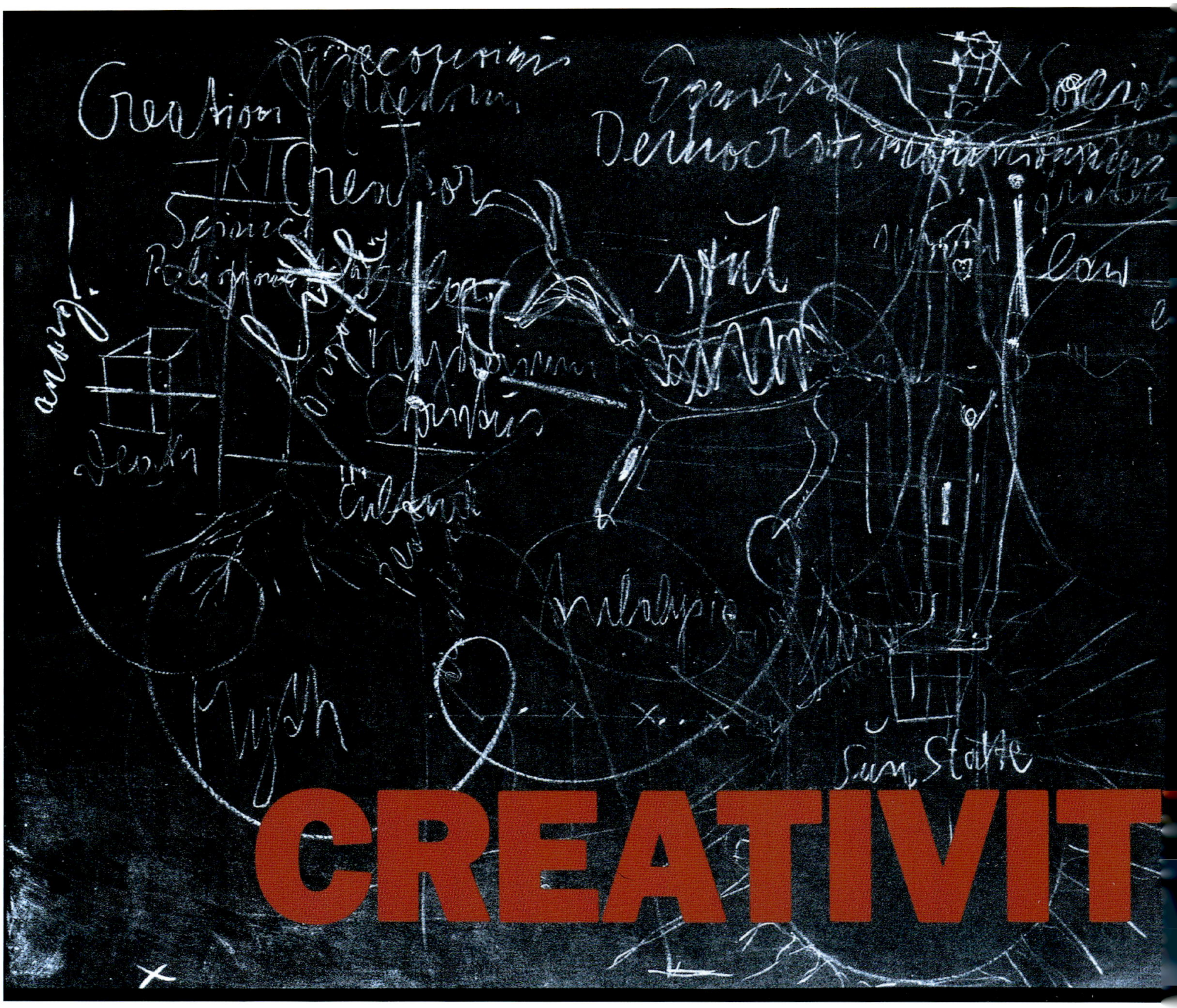

45 Creativity = Capital cat. 220

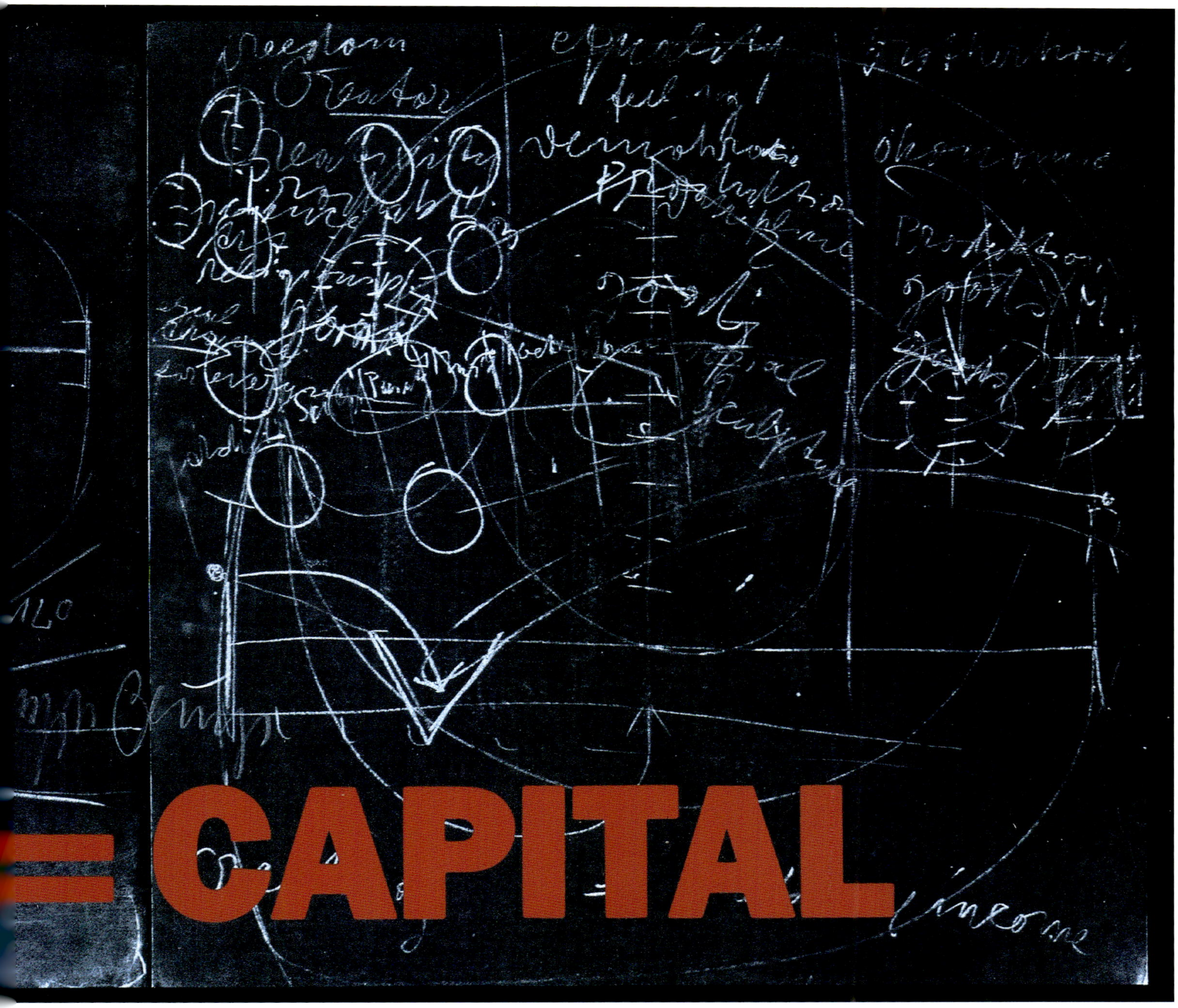
=CAPITAL

Verzeichnis der Plakate / Index of Posters

Claus von der Osten

Zitierte Werkverzeichnisse und Überblicksdarstellungen sind wie folgt abgekürzt:

W/B:
Peter Weiß, Florian Britsch, *Joseph Beuys, Plakate*, Verlag Schneider Henn, München 1991

WVZ A:
Uwe M. Schneede, *Joseph Beuys. Die Aktionen. Kommentiertes Werkverzeichnis mit fotografischen Dokumentationen,* Verlag Gerd Hatje, Ostfildern-Ruit 1994

WVZ M:
Jörg Schellmann, *Die Multiples. Werkverzeichnis der Auflagenobjekte und Druckgrafik 1965-1986*, bearbeitet und hrsg. von Jörg Schellmann, 7. neu bearbeitete Auflage, Edition Schellmann München/New York und Verlag Schirmer/Mosel, München 1992

Gold u.a. 1998:
»Wer nicht denken will fliegt raus. Joseph Beuys« Postkarten, Sammlung Neuhaus, hrsg. von Helmut Gold, Margarete Baumann und Doris Hentsch. Museumsstiftung Post und Telekommunikation, Edition Braus, Heidelberg 1998

1 Joseph Beuys. Plastik, Graphik *Tafel 1*
Haus van der Grinten, Kranenburg 1953
Holzschnitt und Lithografie, 61,3 x 84,5 cm
Entwurf: Hans van der Grinten
W/B 1

2 Joseph Beuys. Fluxusausstellung *Tafel 2*
Haus van der Grinten, Kranenburg 1963
Holzschnitt, 83,8 x 63 cm
Entwurf: Franz Josef van der Grinten

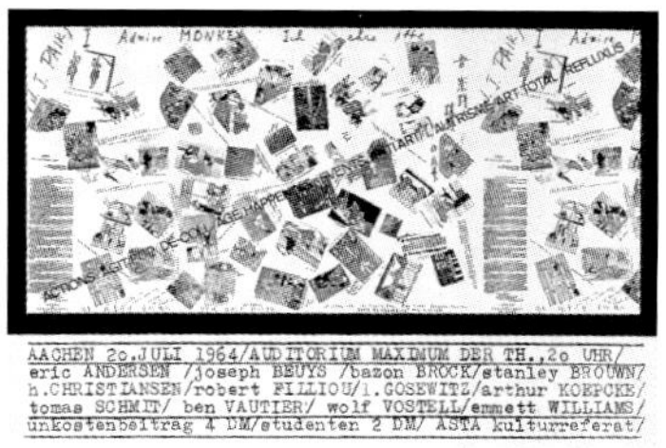

3 Aachen 20. Juli 1964
Auditorium Maximum der TH Aachen 1964
Offset, 59 x 85 cm
Entwurf: Nam June Paik
Bei dieser Fluxus-Veranstaltung, einem ›Festival der neuen Kunst‹, hatte Beuys seinen ersten größeren öffentlichen Auftritt.
Seine Aktion wurde als Skandal empfunden, er gab ihr den Titel *Kukei, Akopee – Nein!*
WVZ A 4, S. 42f.

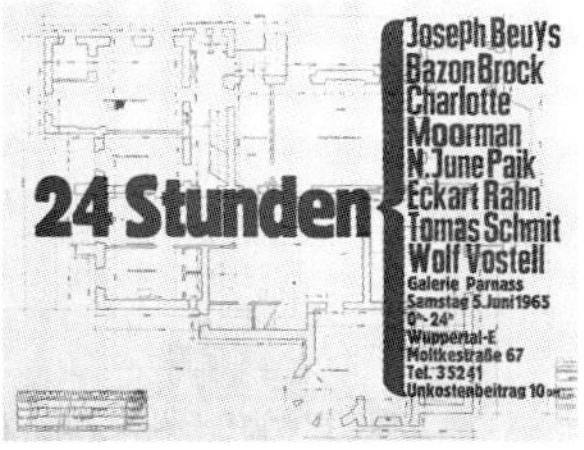

4 24 Stunden
Galerie Parnass, Wuppertal 1965
Offset, 50,6 x 65 cm
Signiertes Exemplar
Der Beitrag von Beuys war die Aktion *und in uns ... unter uns ... Land unter.*
W/B 2
WVZ A 7, S. 84f.

5 Joseph Beuys und Henning Christiansen. Eurasienstab *Tafel 3*
Wide White Space, Antwerpen 1968
Offset, 47 x 58 cm
Fotografie: Ute Klophaus
Das Foto entstand im Anschluss an die Aktion *Sibirische Symphonie 1963*, Berlin 1966.
WVZ A 11, S. 126f.
WVZ A 14, S. 186f.

6 Beuys. Objecten, Tekeningen, Schilderijn *Tafel 4*
Stedelijk van Abbemuseum, Eindhoven 1968
Offset, 87,7 x 61,5 cm
Fotografie: Ute Klophaus
Signiertes Exemplar
Für das Plakat wurde ein Foto der Aktion *Manresa*, Düsseldorf 1966, verwendet.
WVZ A 12, S. 146f.
WVZ M 5, S. 43

7 Beuys & Christiansen. Konzert *Tafel 5*
Akademie der Künste, Berlin 1969
Siebdruck, 113,5 x 72,1 cm
Fotografie: Ute Klophaus
Signiertes Exemplar
WVZ A 18, S. 224f.

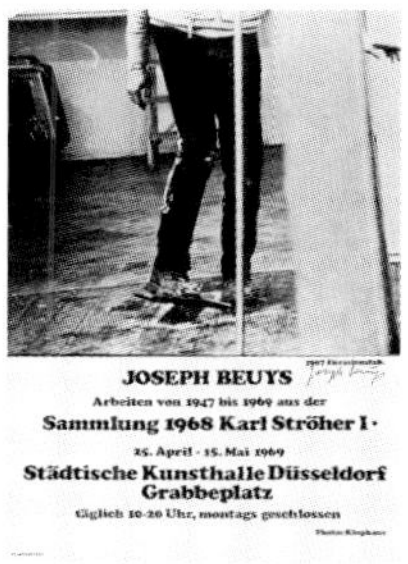

8 Joseph Beuys. Sammlung 1968 Karl Ströher I.
Städtische Kunsthalle Düsseldorf 1969
Offset, 84 x 59 cm
Fotografie: Ute Klophaus
Druck: Alfried Holle, Düsseldorf
Signiertes Exemplar
Das Foto zeigt Beuys in der Aktion *Eurasienstab,* Antwerpen 1968.
W/B 3
WVZ A 14, S.186f.

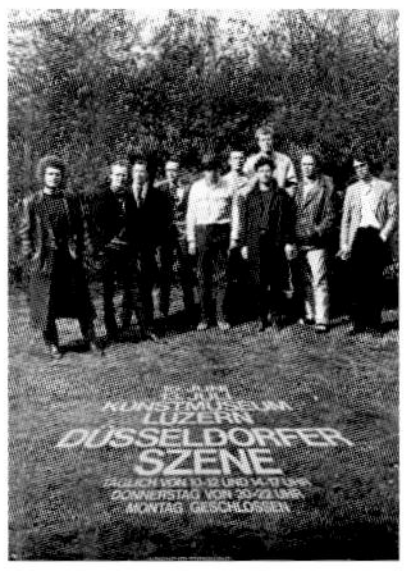

9 Düsseldorfer Szene
Kunstmuseum Luzern 1969
Siebdruck, 127,5 x 90 cm
Entwurf: Irene Hiltpold
Foto: Peter Dibke, Düsseldorf
Druck: P. Fischer, Luzern
Die ›Düsseldorfer Szene‹ wurde von 12 Künstlern repräsentiert: Rinke, Polke, Palermo, Richter, Beuys, Reinicke, Immendorff, Böhmler, Weseler, Knoebel, Giese, Ruthenbeck.
Die Rückseite eines Teils der Auflage ist bedruckt mit einer Ausstellungszeitung, die einen Text von Jean-Christophe Amman, einen Katalog mit Ausstellungslisten, Künstlerbiografien und Anzeigen enthält.

10 Joseph Beuys. Zeichnungen, kleine Objekte *Tafel 8*
Kunstmuseum Basel, Kupferstichkabinett 1969
Siebdruck, 90,7 x 64 cm
Entwurf: Robert Hiltbrandt
Fotografie: Ute Klophaus
Druck: J. A. Schneider, Basel
Über dem Foto ist die Deckfarbenzeichnung *2 Frauen auf Schneeschuhen* von 1956/62 wiedergegeben.
W/B 4

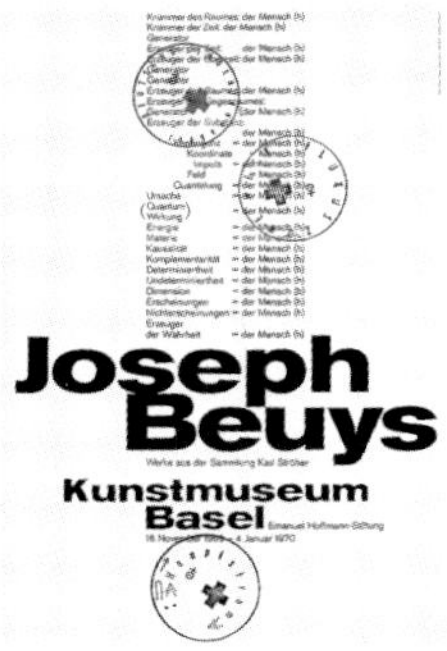

11 Joseph Beuys. Werke aus der Sammlung Karl Ströher *Tafel 7*
Kunstmuseum Basel 1969
Siebdruck, 128 x 90 cm
Entwurf: Robert Hiltbrandt
Druck: J. A. Schneider
Wiedergegeben ist ein Text von Beuys aus *24 Stunden* von 1965. Das Plakat ist mit folgender Widmung versehen: »Dieses nautische Besteck gebe ich in Liebe dem ›Küchentheater‹ und der Kunst A.G. Fluxus Zone West Joseph Beuys Mai 1978.«
W/B 5
WVZ A 7, S. 84f.
Gold u.a. 1998, 241, S. 146

12 Tabernakel *Tafel 6*
Louisiana Museum, Humlebaek 1970
Offset, 62 x 84,8 cm
Fotografie: Ute Klophaus
Von Beuys und Klophaus signiertes Exemplar sowie gestempelt »Hauptstrom«, »Fluxuszone West«, »Deutsche Studentenpartei«.
Die Fotografie zeigt Beuys mit Luchsmantel und Orchesterbecken und dokumentiert die Aktion *Iphigenie / Titus Andronicus*, *F. a. M.* 1969.
W/B 7
WVZ A 20, S. 240f.

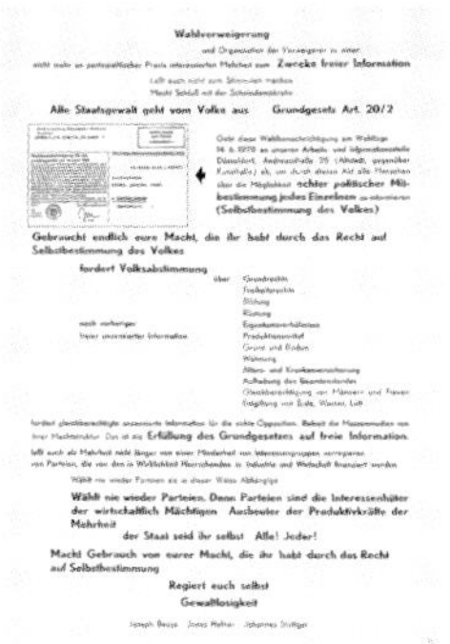

13 a,b Parteien-Wahlverweigerung *Tafel 9*
Düsseldorf 1970
Offset, 61,2 x 43 cm
Entwurf: Joseph Beuys, Jonas Hafner, Johannes Stüttgen
Dieses Textplakat ist zusätzlich mit grünem Überdruck erschienen.
W/B 8

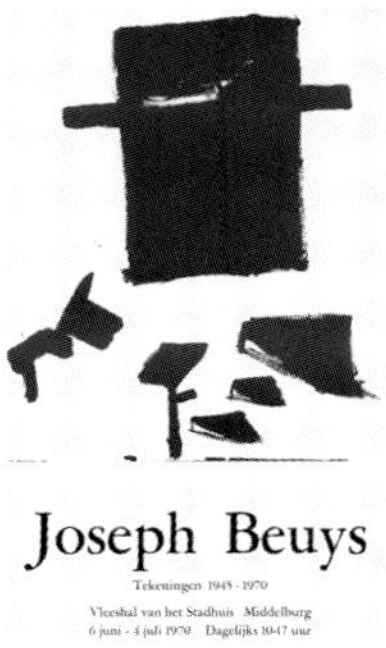

14 Joseph Beuys. Tekeningen 1945–1970
Vleeshal van het Stadhuis, Middelburg 1970
Offset, 71,5 x 42,6 cm
Wiedergegeben ist die Zeichnung für: *Braunräume* von 1964.
W/B 9

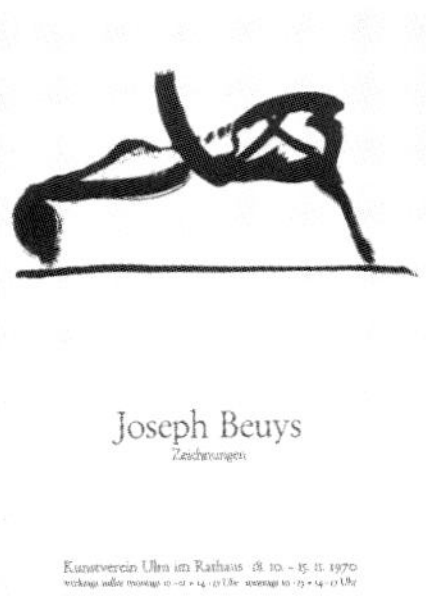

15 Joseph Beuys. Zeichnungen
Kunstverein Ulm im Rathaus, Ulm 1970
Offset, 58,7 x 41,8 cm
Wiedergegeben ist die Zeichnung *Tier (Tiersein)*, 1955/60.
W/B 10

16 Joseph Beuys. Freitagsobjekt *Tafel 19*
Eat Art Gallery, Düsseldorf 1970
Offset, 41,9 x 29,5 cm
Die auf dem Plakat angekündigte Edition ist als *Freitagsobjekt 1a gebratene Fischgräte (Hering)* 1970 erschienen.
W/B 11
WVZ A 24, S. 300f.
WVZ M 29

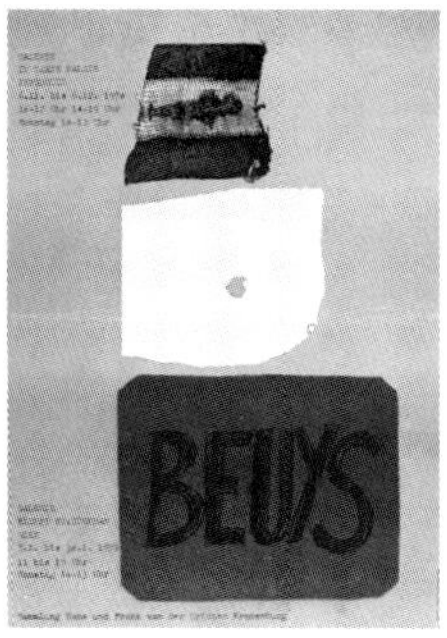

17 Beuys. Sammlung Hans und Franz van der Grinten, Kranenburg
Galerie im Taxispalais, Innsbruck und Galerie Nächst St. Stephan, Wien 1970
Offset, 84 x 59 cm
Entwurf: Oswald Oberhuber
Druck: Brüder Rosenbaum, Wien
W/B 12

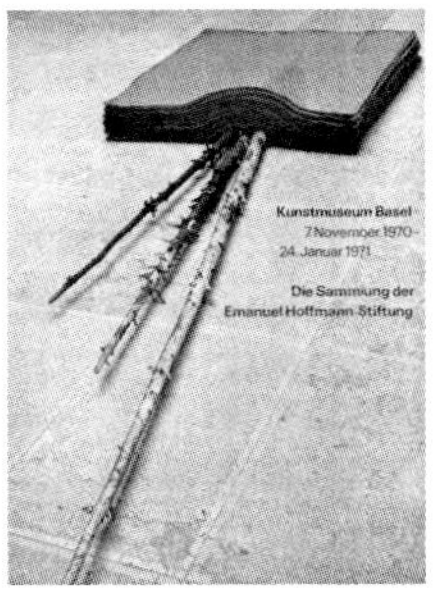

18 Die Sammlung der Emanuel Hoffmann-Stiftung
Kunstmuseum Basel 1970
Offset, 64,5 x 46,5 cm
Entwurf: Robert Hiltbrandt
Fotografie: Ute Klophaus
Signiertes Exemplar
Abgebildet ist die Installation *Schneefall* von 1965, die die Emanuel Hoffmann-Stiftung 1970 ankaufte.
W/B 13

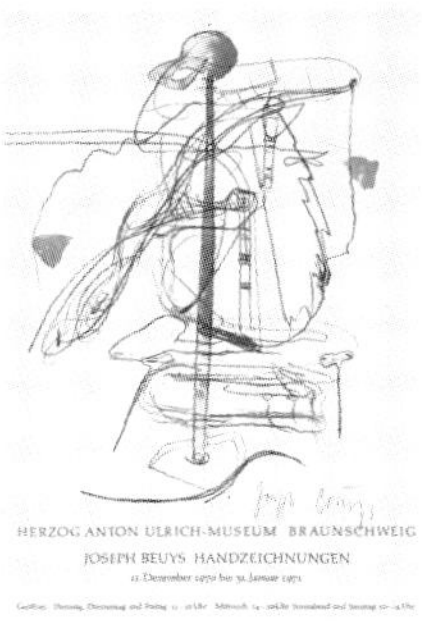

19 Joseph Beuys. Handzeichnungen
Herzog Anton Ulrich-Museum, Braunschweig 1970
Offset, 67,8 x 45 cm
Signiertes Exemplar

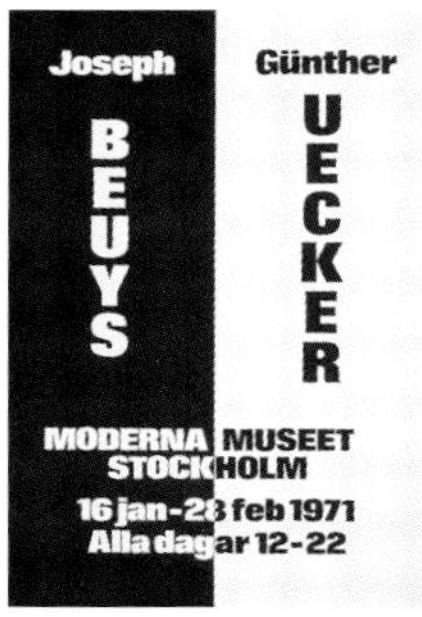

20 Joseph Beuys. Günther Uecker
Moderna Museet, Stockholm 1971
Offset, 100 x 70 cm
W/B 17

21 Beuys. Multiples + Zeichnungen *Tafel 12*
Galerie Schellmann, München 1971
Offset und Siebdruck, 75,7 x 52,2 cm
Entwurf: Jörg Schellmann
Foto: Katja van den Velden
Das Plakat bildet das Multiple *Evervess II 1* von 1968 ab.
W/B 16
WVZ M 6, S. 44

22 Beuys. Multiples + Zeichnungen *Tafel 11*
Galerie Schellmann, München 1971
Offset und Siebdruck, 74,8 x 61,9 cm
Entwurf: Jörg Schellmann
Abgebildet ist die Zeichnung *o.T.* von 1954 (aus: mit Braunkreuz).
W/B 15

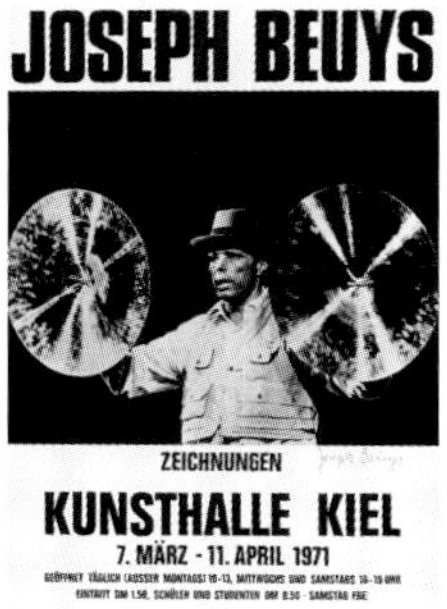

23 Joseph Beuys. Zeichnungen
Kunsthalle Kiel 1971
Offset, 84 x 59,2 cm
Signiertes Exemplar
Das Foto ist im Mai 1969 bei der Aktion *Titus / Iphigenie* im Theater am Turm in Frankfurt entstanden.
WVZ A 20 S. 240
Gold u.a. 1998, 315, S. 159

24 Joseph Beuys. Objekte & Zeichnungen aus der Sammlung van der Grinten *Tafel 10*
Von der Heydt Museum, Wuppertal 1971
Offset, 82,3 x 54,1 cm
Druck: Gimpel, Wuppertal
Fotografie: Ute Klophaus
Signiertes Exemplar
W/B 18

25 6. Montagabend, Celtic + ~~~. *Tafel 13*
Aktion Joseph Beuys und Henning Christiansen.
Basler Theater – Zivilschutz Lagerräume, Basel 1971
Offset, 53,4 x 42 cm
Signiertes Exemplar
W/B 19
WVZ A 23, S. 274f.

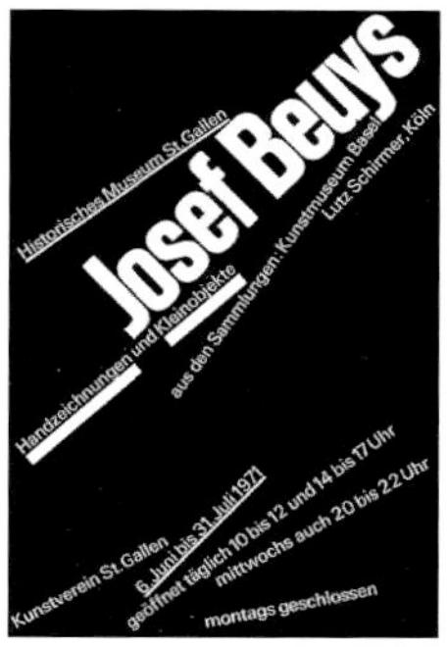

26 Joseph Beuys. Handzeichnungen und Kleinobjekte
Historisches Museum und Kunstverein St. Gallen 1971
Offset, 74,8 x 50 cm

27 Joseph Beuys *Tafel 14*
(Galerie) art intermedia, Köln 1971
Offset, 57,5 x 83,8 cm
Foto: Peter Fischer
Signiertes Exemplar mit Hauptstromstempel
Das unterlegte Foto zeigt J. Beuys, wie er an die Glastüren des Kölner Kunstmarktes klopft und Einlass verlangt.
W/B 20

28 Überwindet endlich die Parteiendiktatur *Tafel 15*
Freie Volksinitiative e.V. Düsseldorf 1971
Offset, 29,3 x 41 cm
Foto: Jürgen Retzlaff
Fotografie aus der Umweltschutzaktion *Überwindet endlich die Parteiendiktatur* am 14.12.1971 in Düsseldorf.
WVZ A A6, S. 381
WVZ M 45, S. 83 (in größerem Format)

29 Joseph Beuys. November 13, 1971 *Tafel 16*
Modern Art Agency, Neapel 1971
Lichtpause, 190,8 x 100,3 cm
Foto: Giancarlo Pancaldi
Signiertes Exemplar
Das Ausstellungsplakat ist mehrfach gefaltet. Das Motiv ist 1972 als Lichtpause auf Polyesterfolie mit handschriftlichem Text und gestempelt als Edition erschienen.
W/B 14a
WVZ M 49, S. 85
Gold u.a. 1998, 12, 13, 264, 362, S. 143

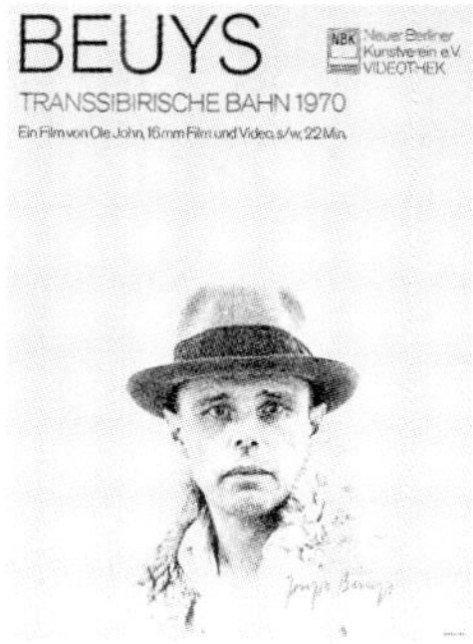

30 Beuys. Transsibirische Bahn 1970. Ein Film von Ole John.
Neuer Berliner Kunstverein e.V., Berlin 1972
Offset, 80 x 58 cm
Entwurf: Jörn Merkert
Fotografie: Ute Klophaus
Druck: Gedatdruck, Berlin
Signiertes Exemplar
Zur Eröffnung der Videothek Berlin 1972 ist eine Katalogmappe mit gefalteten Plakaten erschienen. Diese Plakate sind rückseitig mit Texten und Abbildungen bedruckt.
W/B 6

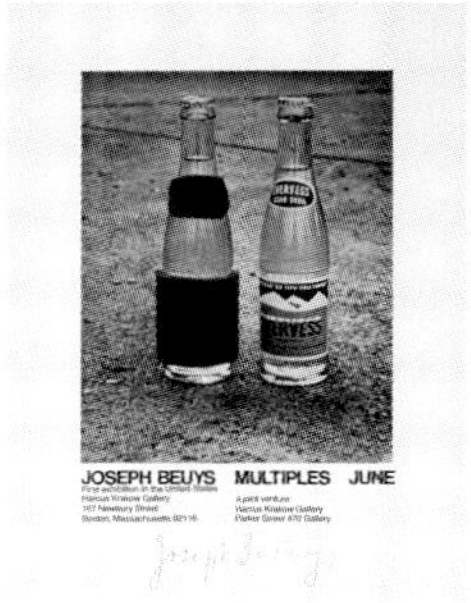

31 Joseph Beuys. Multiples
Harcus Krakow Gallery, Boston 1972
Offset, 38,2 x 28,7 cm
Foto: Katja van den Velden
Signiertes Exemplar
Das Plakat bildet das Multiple *Evervess II 1*, 1968 ab.
WVZ M 6, S. 44

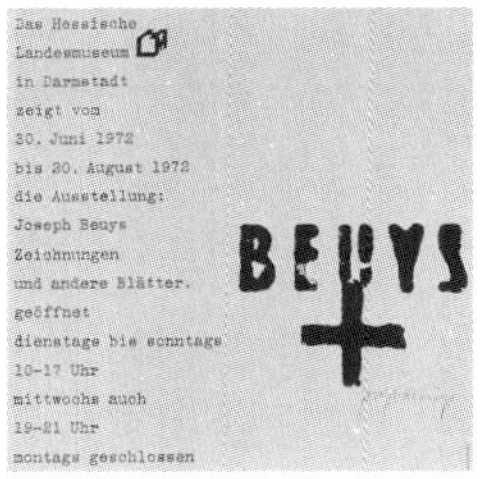

32 Joseph Beuys. Zeichnungen und andere Blätter
Hessisches Landesmuseum Darmstadt 1972
Offset, 60 x 60 cm
Druck: Roetherdruck, Darmstadt
Signiertes Exemplar
W/B 23

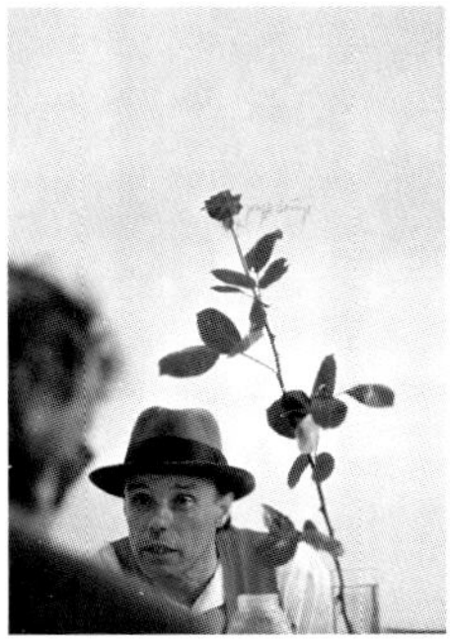

33 Ohne die Rose tun wir's nicht
Kassel 1972
Offset, 80 x 55,8 cm
Foto: Wilfried Bauer
Exemplar mit Bleistiftsignatur
Das Multiple *Ohne die Rose tun wir's nicht* ist mit handschriftlichem Zusatz in der Edition Staeck, Heidelberg, erschienen; zusätzlich gibt es eine unlimitierte ›Plakat‹-Auflage auf dünnerem Papier, zum Teil signiert
WVZ M 61, S. 93
Gold u.a. 1998, 417, S. 166

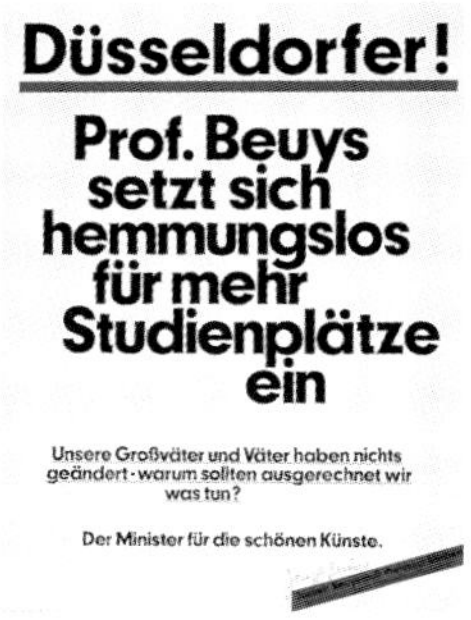

34 Düsseldorfer! Prof. Beuys setzt sich hemmungslos für mehr Studienplätze ein
Edition Staeck, Heidelberg 1972
Offset, 80,5 x 60,2 cm
Entwurf: Klaus Staeck
Signiertes Exemplar
W/B 21

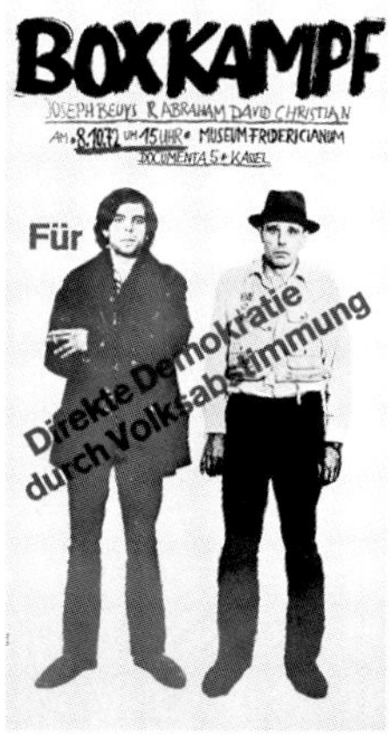

35 Boxkampf für Direkte Demokratie
Museum Fridericanum (documenta 5), Kassel 8. 10. 1972
Offset auf Zeitungspapier, 121 x 63,3 cm
Entwurf: Abraham David Christian
Foto: Puls
Das Plakat ist in einer Auflage von 100 Exemplaren bei der Edition Staeck, Heidelberg, erschienen.
WVZ A 10, S. 383
WVZ M 58, S. 92
Gold u.a. 1998, 10, S. 166

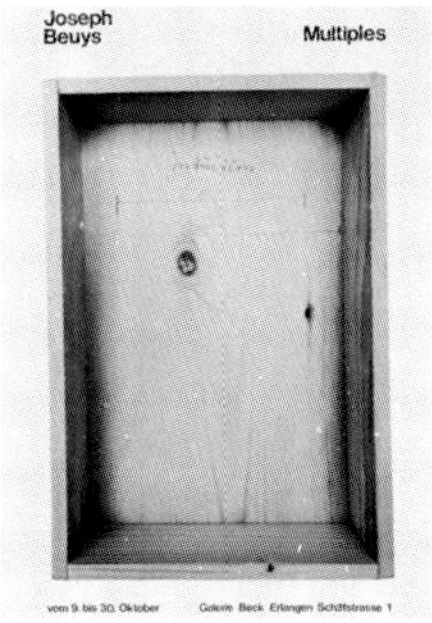

36 Joseph Beuys. Multiples
Galerie Beck, Erlangen 1972
Siebdruck in 100 Exemplaren, 100 x 70 cm
Abgebildet ist das Multiple *Intuition* von 1968.
W/B 24
WVZ M 7, S. 46

37 Joseph Beuys. Multiples, Bücher und Kataloge. *Tafel 17*
Galerie Klein, Bonn 1973
Siebdruck, 86,2 x 61,2 cm
Foto: Franz Fischer
W/B 25

38 Maifest im Kunstverein Hannover 1973 *Tafel 18*
Offset, 87 x 59,5 cm
Foto: Jürgen Müller-Schneck
Druck: Theodor Schäfer, Hannover
Signiertes Exemplar
W/B 27
WVZ A A 8, S. 382

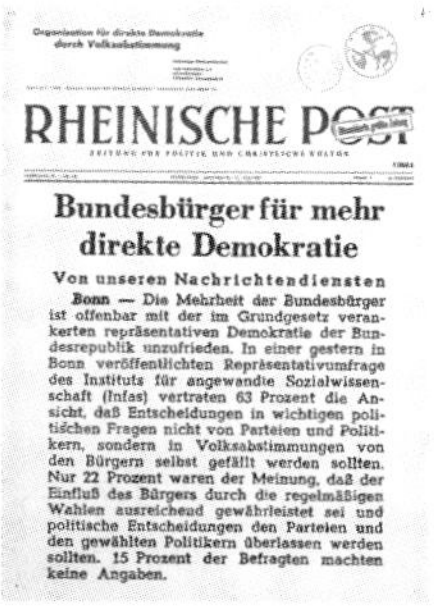
RHEINISCHE POST

Bundesbürger für mehr direkte Demokratie

Von unseren Nachrichtendiensten

Bonn — Die Mehrheit der Bundesbürger ist offenbar mit der im Grundgesetz verankerten repräsentativen Demokratie der Bundesrepublik unzufrieden. In einer gestern in Bonn veröffentlichten Repräsentativumfrage des Instituts für angewandte Sozialwissenschaft (Infas) vertraten 63 Prozent die Ansicht, daß Entscheidungen in wichtigen politischen Fragen nicht von Parteien und Politikern, sondern in Volksabstimmungen von den Bürgern selbst gefällt werden sollten. Nur 22 Prozent waren der Meinung, daß der Einfluß des Bürgers durch die regelmäßigen Wahlen ausreichend gewährleistet sei und politische Entscheidungen den Parteien und den gewählten Politikern überlassen werden sollten. 15 Prozent der Befragten machten keine Angaben.

39 Rheinische Post: Bundesbürger für mehr direkte Demokratie
Freie Volksinitiative e.V., Düsseldorf 1973
Offset, 58 x 42 cm
Mit »Hauptstrom-« und »Weitersagen«-Stempel

40 Joseph Beuys. Multiples und Graphik. *Tafel 20*
Bilder und Kataloge
Griffelkunst Hamburg 1973
Offset, 59,2 x 41,8 cm
W/B 28

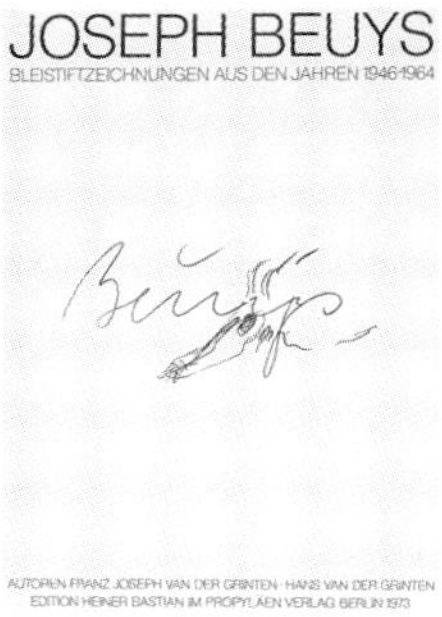

41 Joseph Beuys. Bleistiftzeichnungen aus den Jahren 1946–1964.
Edition Heiner Bastian, Berlin 1973
Siebdruck, 69,8 x 50 cm
W/B 26
Gold u.a. 1998, 25, 26, S. 142

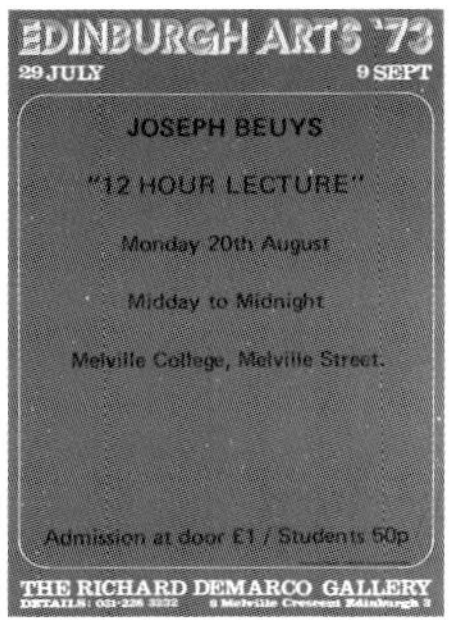

42 Joseph Beuys. 12 hours lecture
Melville College und R. Demarco Gallery, Edinburgh, 20. 8. 1973
Offset, 41,5 x 29,6 cm
Signiertes Exemplar

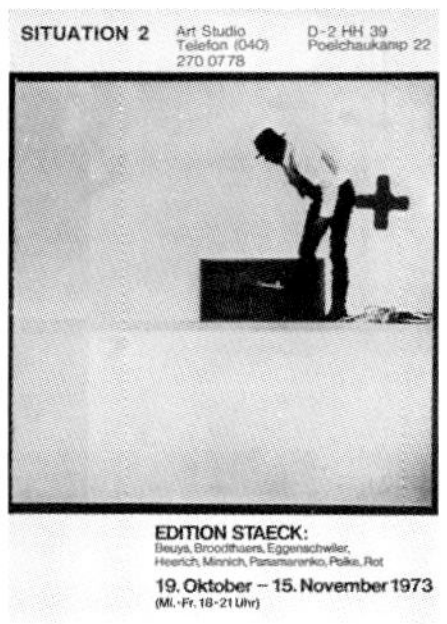

43 Situation 2. Artstudio Hamburg 1973
Edition Staeck, Heidelberg
Offset, 63,8 x 44,5 cm
Foto: Lothar Wolleh
Das Plakat bildet einen Siebdruck aus der 3-Tonnen-Edition 1973–85 ab.
W/B 29
WVZ M 74a, S. 107

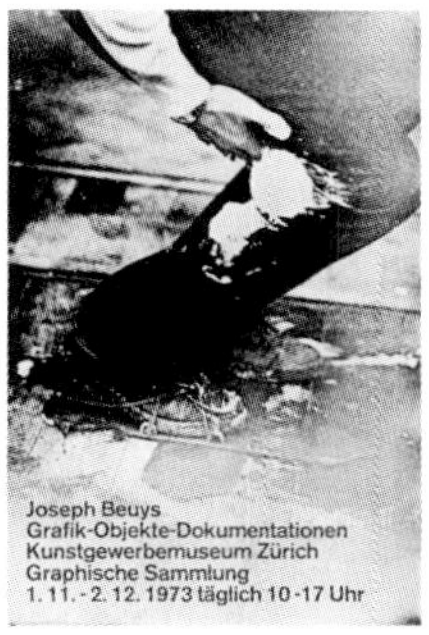

44 Joseph Beuys. Graphik – Objekte – Dokumentationen
Kunstgewerbemuseum Zürich 1973
Siebdruck, 83,7 x 56,5 cm
Fotografie: Ute Klophaus
Dieses Fotomotiv ist auch als Edition *aus Eurasienstab* in der Edition Staeck erschienen.
W/B 30
WVZ A 14, S. 186f.
WVZ M 75, S. 112

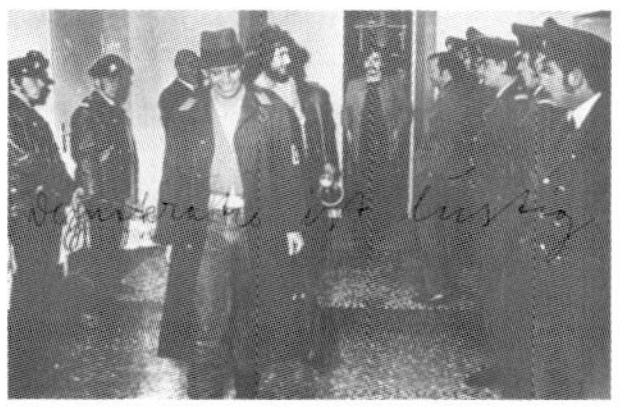

45 Demokratie ist lustig
Edition Staeck, Heidelberg 1973
Siebdruck, 75 x 114 cm
Fotografie: Bernd Nanninga
Der Siebdruck ist mit zusätzlichem handschriftlichen Text als Edition erschienen.
WVZ M 68, S. 101
Gold u.a. 1998, 14, S. 114

46 Beuys *Tafel 27*
The New School und Ronald Feldman Fine Arts, New York 1974
Siebdruck, 142,2 x 96,6 cm
Signiertes Exemplar
W/B 32

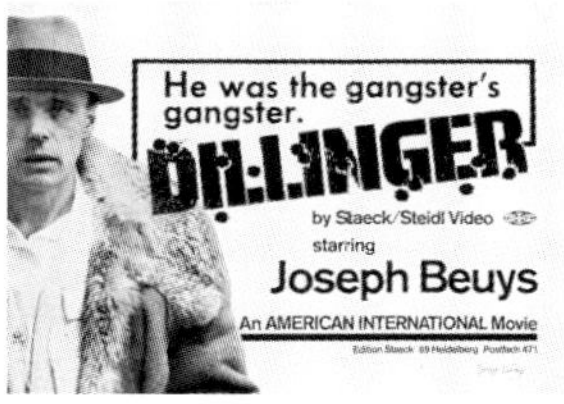

47 Dillinger. He was the gangster's gangster
Edition Staeck, Heidelberg 1974
Siebdruck, 86 x 121,8 cm
Fotografie: Klaus Staeck
Entwurf: Klaus Staeck und Gerhard Steidl
Signiertes Exemplar
Vergleiche das Multiple *Dillinger* von 1974.
W/B 31

WVZ A 28, S. 324
WVZ M 139/140, S. 156/157

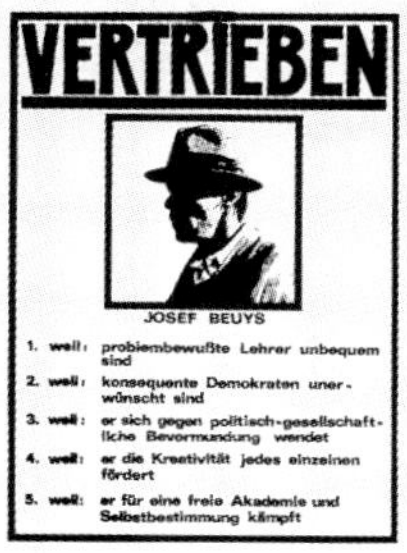

48 Vertrieben
Düsseldorf 1974
Siebdruck, 40 x 30 cm

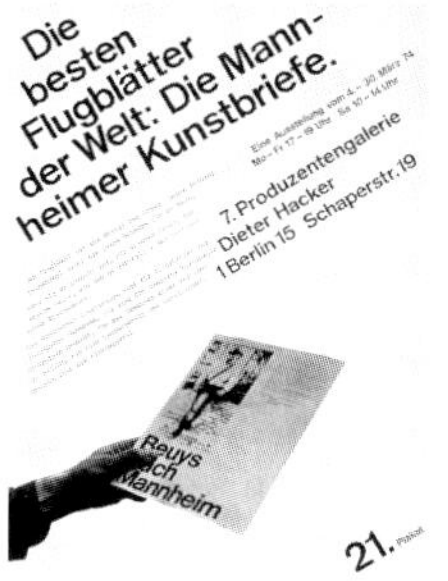

49 Beuys nach Mannheim
7. Produzenten-Galerie, Berlin 1974
Offset, 61,5 x 44 cm

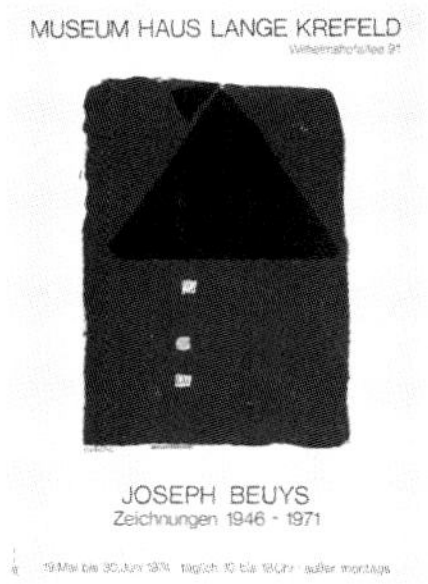

50 Joseph Beuys – The secret block for a secret person in Ireland *Tafel 22*
Museum of Modern Art, Oxford 1974
Offset, 49,8 x 62,5 cm
W/B 34

51 Joseph Beuys. Zeichnungen 1946 – 1971
Museum Haus Lange, Krefeld 1974
Siebdruck, 84 x 60 cm
Druck: H. Meder, Krefeld

52 Joseph Beuys: I like America and America likes Me *Tafel 23*
René Block Gallery Ltd., New York 1974
Offset, 80,5 x 57,1 cm
Fotografie: Ute Klophaus
W/B 38
WVZ A 29, S. 330f.

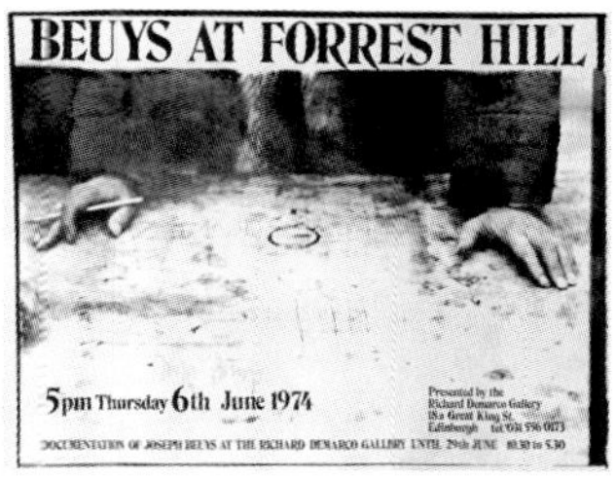

53 Beuys at Forrest Hill
Richard Demarco Gallery, Edinburgh 1974
Siebdruck, 48,4 x 63,2 cm
Signiertes Exemplar

54 Coyote – Joseph Beuys: I like America and America likes Me Documentation *Tafel 24*
Forrest Hill, Edinburgh, 1974
Lichtpause, 80,1 x 54 cm
Foto: Caroline Tisdall
W/B 39
WVZ A 29, S. 330f.

55 Joseph Beuys: The secret block for a secret person in Ireland *Tafel 25*
Museum of Modern Art, Oxford, 1974
Offset, 59 x 37,3 cm
Das Plakat gibt die Zeichnung *Winterschädelerlebnis* von 1949/51 wieder und ist auch für die Municipal Gallery of Modern Art, Dublin, erschienen.
W/B 34
Gold u.a. 1998, 376. S. 102

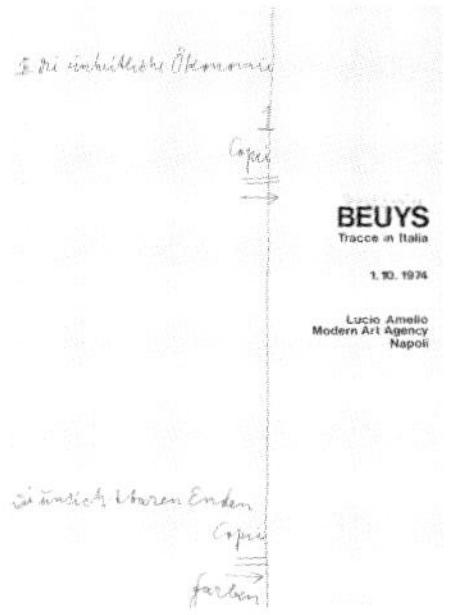

56 Beuys. Tracce in Italia
Lucio Amelio Modern Art Agency, Neapel 1974
Offset, 80 x 56,5 cm
Signiertes Exemplar
Die handschriftliche Zeichnung ist als Edition *Pass für Eintritt in die Zukunft* erschienen.
W/B 40
WVZ M 126, S. 149
Gold u.a. 1998, 293, S. 162

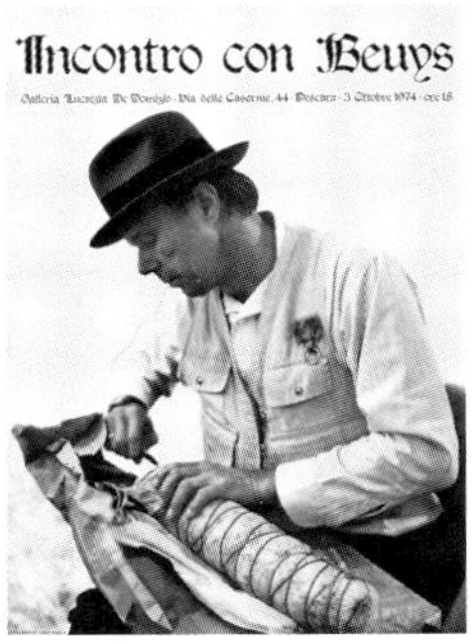

57 Incontro con Beuys
Galleria Lucrezia de Domizio, Pescara, 1974
Offset, 94 x 67,6 cm
Druck: A. Taranto, Pescara
Foto: Bubi Durini
Das Plakat ist ohne Texteindruck als Edition erschienen.
W/B 41
WVZ M 138, S. 156
Gold u.a. 1998, 302, S. 162

58 Drawings by Joseph Beuys: *Tafel 26*
The secret block for a secret person in Ireland
Ulster Museum Botanic Gardens, Belfast 1974
Offset, 54,6 x 41,8 cm
Signiertes Exemplar

59 Joseph Beuys. The secret block for a secret person in Ireland
Ulster Museum Botanic Gardens, Belfast 1974
Siebdruck, 48,4 x 63,2 cm
W/B 35
(ohne Abbildung)

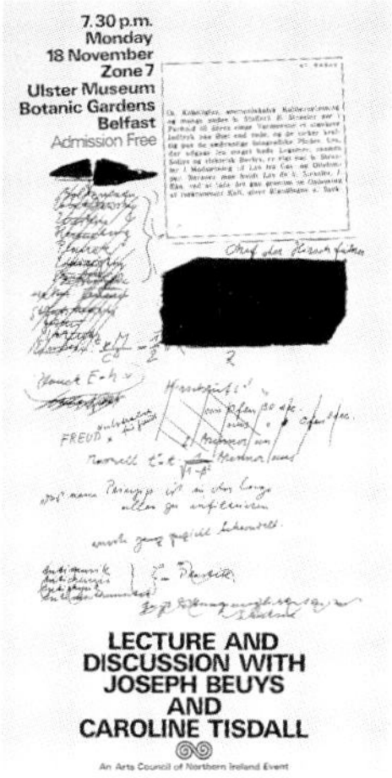

60 Lecture and Discussion with Joseph Beuys and Caroline Tisdall
Ulster Museum Botanic Gardens, Belfast 1974
Offset 50,2 x 25,1 cm
W/B 36

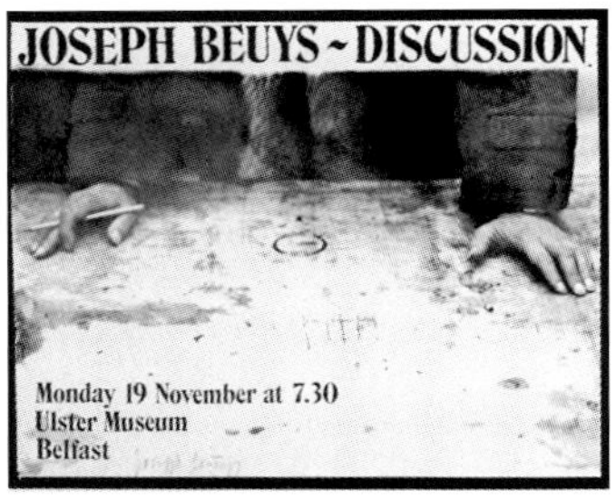

61 Joseph Beuys – Discussion
Ulster Museum, Belfast 1974
Siebdruck, 49,8 x 62,5 cm
Signiertes Exemplar

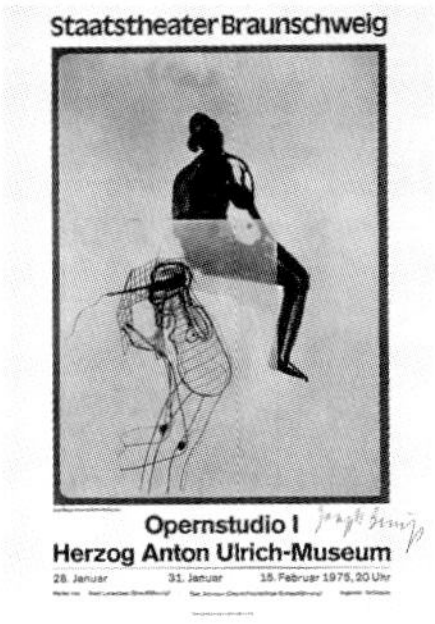

62 Opernstudio I
Herzog Anton Ulrich-Museum
Staatstheater Braunschweig 1975
Offset, 61 x 42,8 cm
Druck: Waisenhaus-Buchdruckerei Braunschweig
Signiertes Exemplar
Für das Plakat wurde die Arbeit *zwei weibliche Sitzfiguren* von Beuys gewählt: eine Collage aus zwei Zeichnungen.
W/B 42

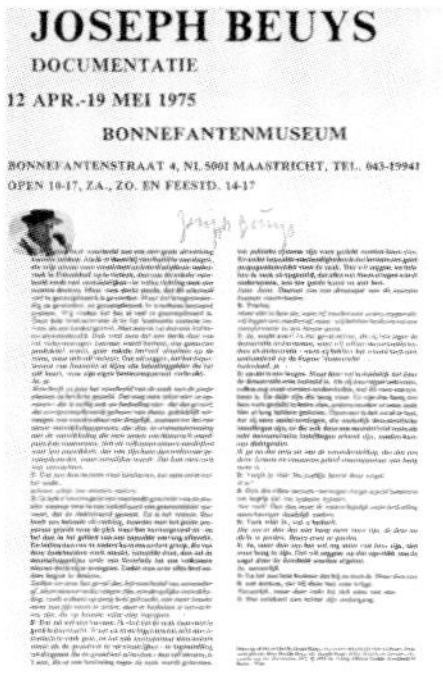

63 Joseph Beuys, DOCUMENTATIE
Bonnefantenmuseum, Maastricht 1975
Offset, 57,7 x 37,3 cm
Signiertes Exemplar
W/B 43

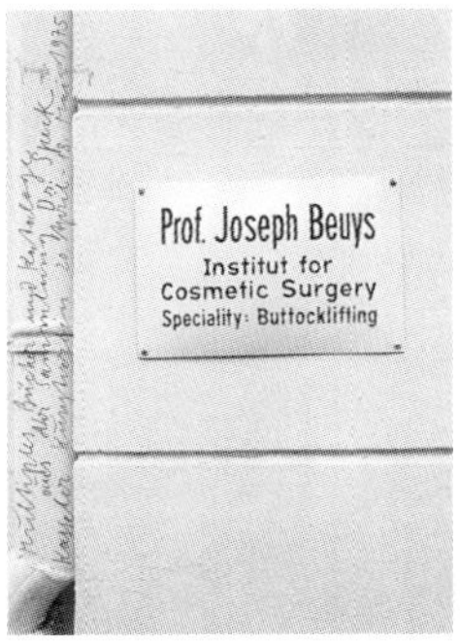

64 Multiples, Bücher und Kataloge aus der Sammlung Dr. Speck
Kasseler Kunstverein, Kassel 1975
Offset, 84 x 59,2 cm
Foto: Friedrich Rosenstiel
Signiertes Exemplar
100 Exemplare auf Karton sind als *Dr. Speck Multiple* erschienen.
W/B 44
WVZ M 150, S. 164
Gold u.a. 1998, 359, S. 132

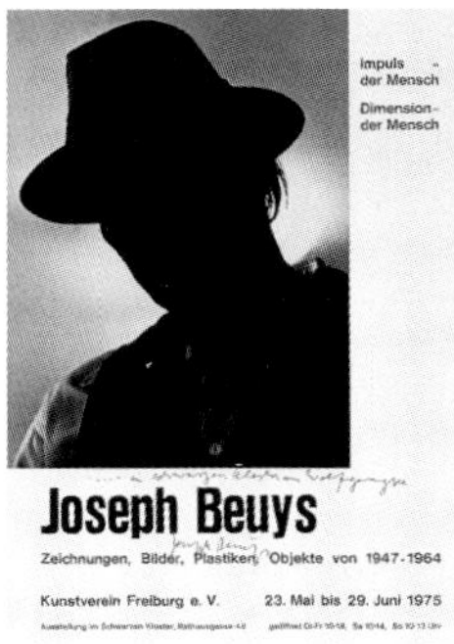

65 Joseph Beuys, Zeichnungen, Bilder, Plastiken, Objekte von 1947 – 1964
Kunstverein Freiburg e. V., Freiburg 1975
Offset, 61,5 x 43 cm
Signiertes Exemplar mit handschriftlichem Zusatz: »...im schwarzen Kloster am Wolfgangsee...«
W/B 45

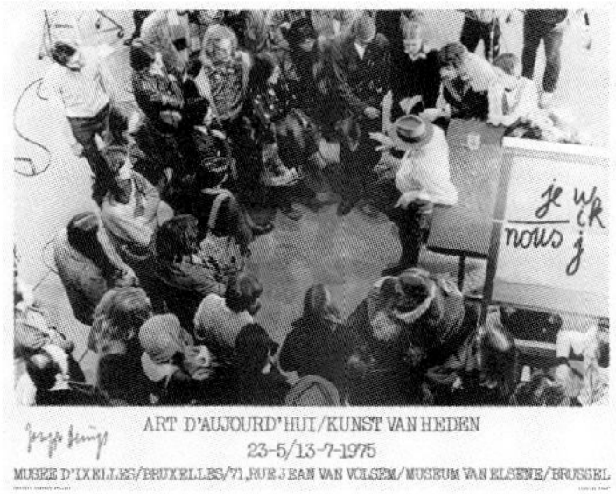

66 Art d'aujourd'hui / Kunst van heden
Musée d'Ixelles, Brüssel 1975
Offset, 43,6 x 55,1 cm
Druck: Imprimerie communale d'Ixelles
Signiertes Exemplar
W/B 46

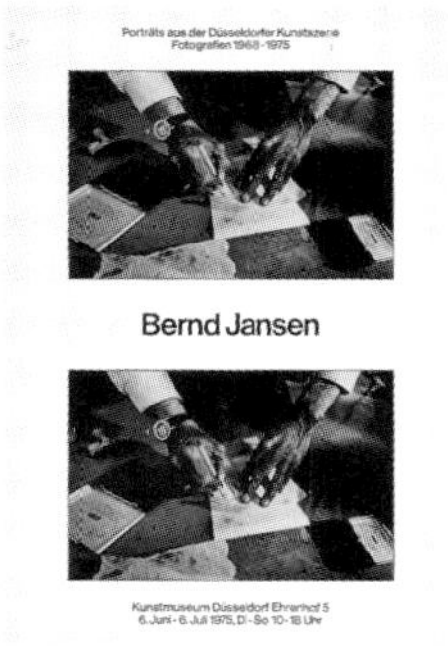

67 Bernd Jansen, Düsseldorfer Kunstszene 1968 – 75
Kunstmuseum Düsseldorf 1975
Offset, 59,4 x 41,5 cm
Fotografie: Bernd Jansen
Das Plakat zeigt ein Foto aus dem Atelier von Beuys: die Hände des Künstlers bei der Arbeit an einer Stempelzeichnung.
Gold u.a. 1998, 346, S. 142

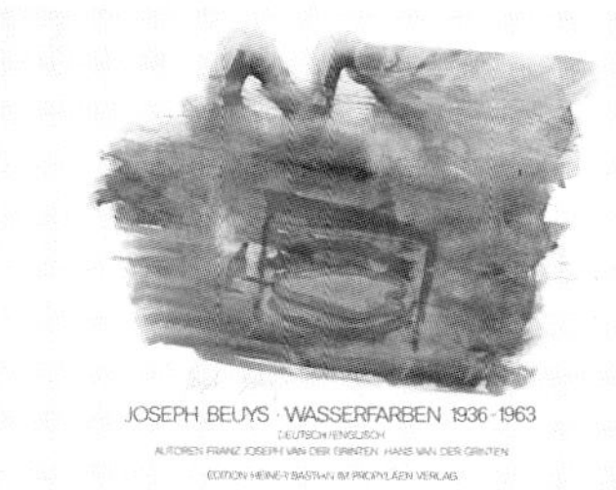

68 Joseph Beuys, Wasserfarben 1936 – 1963
Edition Heiner Bastian im Propyläen Verlag, Berlin 1975
Offset, 60 x 80,2 cm
Signiertes Exemplar
Die Abbildung zeigt das Aquarell *Ziegentotem* von 1954
W/B 47

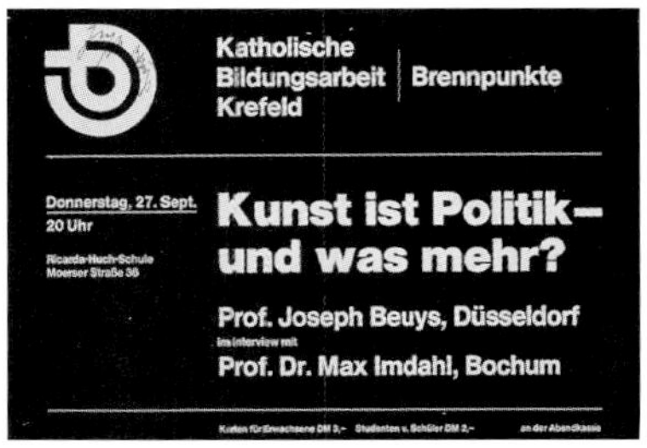

69 Kunst ist Politik – und was mehr?
Katholische Bildungsarbeit Krefeld, ca. 1975
Offset, 30 x 43,2 cm
Signiertes Exemplar
Diskussion von Joseph Beuys und Max Imdahl.

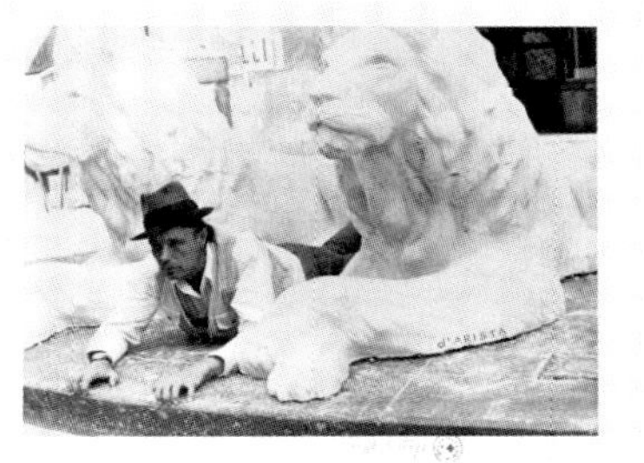

70 (Plakat ohne Textaufdruck)
Edition Staeck, Heidelberg 1975
Siebdruck, 70 x 100 cm
Fotografie: Klaus Staeck (entstanden auf der Piazza dei Martiri, Neapel)
Signiertes Exemplar mit »Hauptstrom«-Stempel
Der Siebdruck ist auch als Edition *Löwe* 1975 erschienen.
WVZ M 148, S. 164

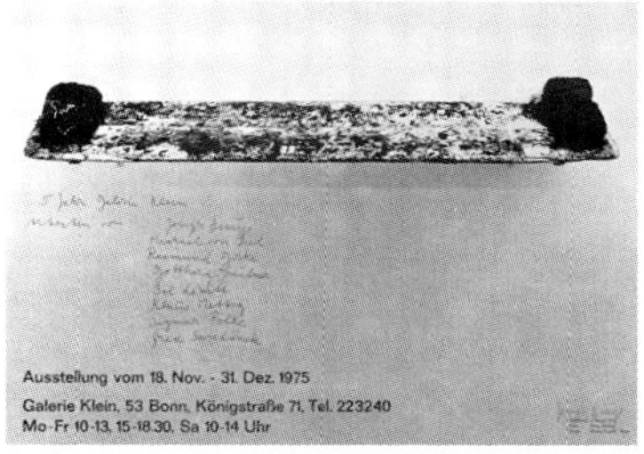

71 5 Jahre Galerie Klein
Bonn 1975
Offset, 49,5 x 70 cm
Fotografie: Franz Fischer
Druck: Gotzky, Bonn
Signiertes Exemplar
Abgebildet ist *o.T. (Bäckerbrett)* 1973
W/B 48
Gold u.a. 1998, 248, S. 197

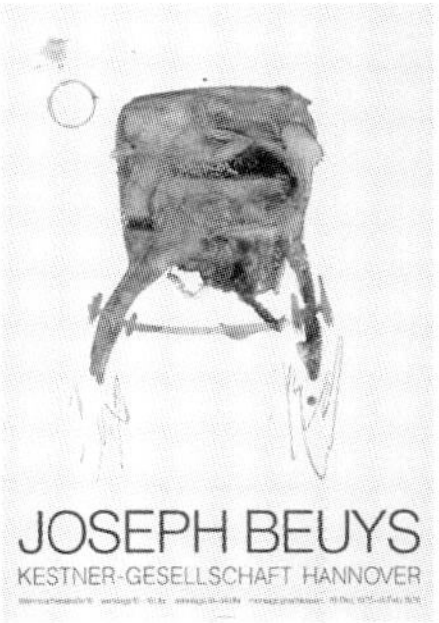

72 Joseph Beuys
Kestnergesellschaft, Hannover 1975
Offset, 84 x 59,3 cm
Druck: Theodor Schäfer, Hannover
Abgebildet ist die Gouache *UFO* von 1958.
W/B 49

73 Joseph Beuys.
disegni, oggetti, edizioni films
Galleria Guido Rota, Turin 1975
Offset, 69 x 35,4 cm
Signiertes Exemplar

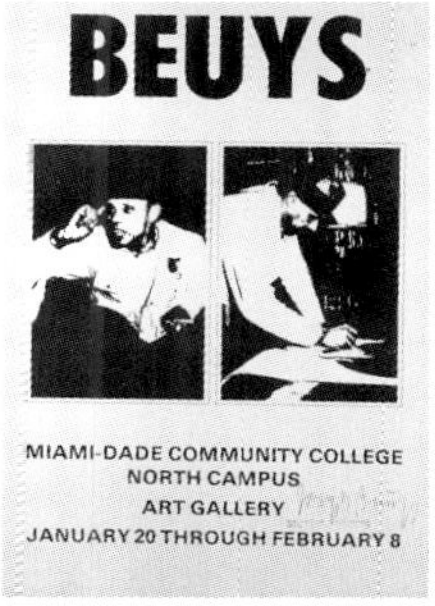

74 Beuys. Miami-Dade Community College North Campus Art Gallery Miami, ca. 1976
Offset, 42 x 29,7 cm
Signiertes Exemplar

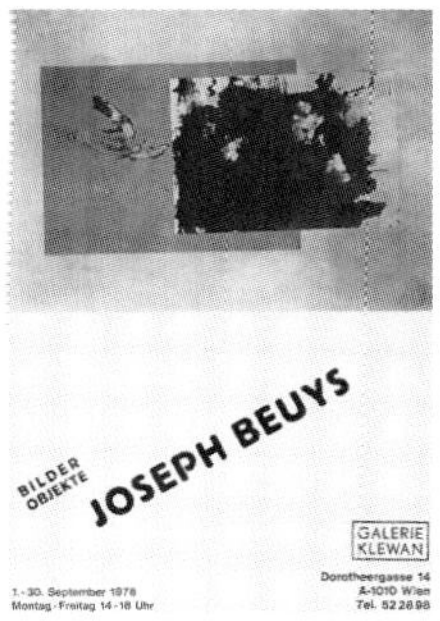

75 Joseph Beuys. Bilder Objekte
Galerie Klewan, Wien 1976
Offset, 57,8 x 39,5 cm
Entwurf: Helmut Klewan
W/B 50

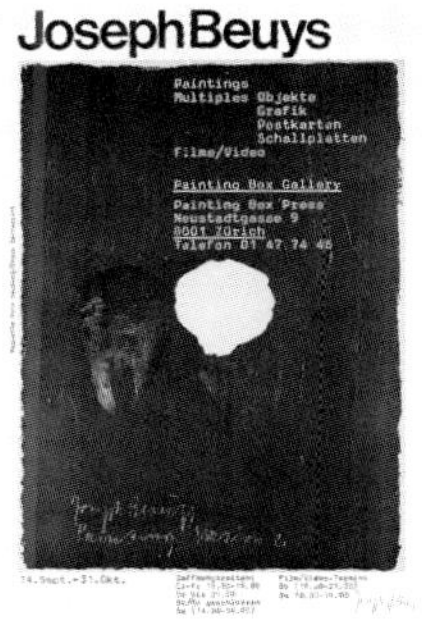

76 Joseph Beuys. Paintings, Multiples, Filme
Painting Box Gallery, Zürich 1976
Offset, 62 x 44 cm
Entwurf: Hans Neuburg
Druck: Servoprint
Signiertes Exemplar
WVZ M 186, S. 182

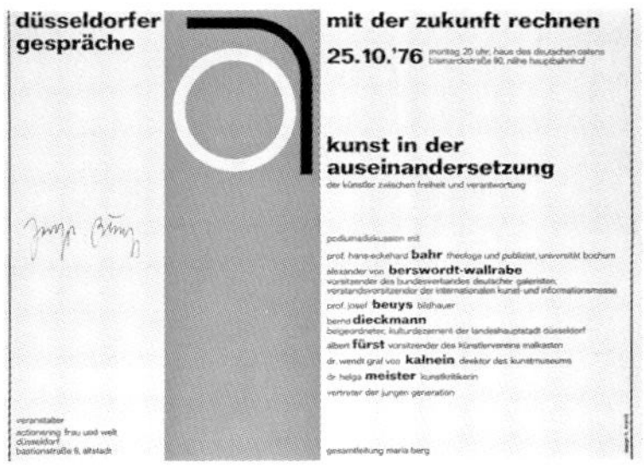

77 Kunst in der Auseinandersetzung, Podiumsdiskussion
Aktionsring Frau und Welt, Düsseldorf 25.10.1976
Offset, 37 x 51,3 cm
Signiertes Exemplar
Joseph Beuys war einer der sieben Diskussionsteilnehmer.

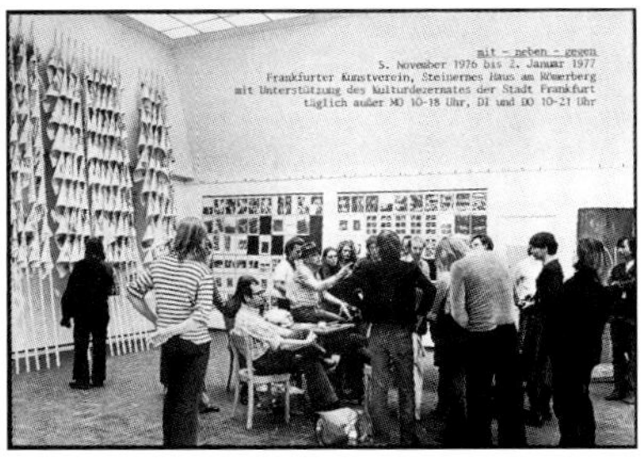

80 mit – neben – gegen
Frankfurter Kunstverein, Frankfurt 1976
Offset, 59 x 83,5 cm
Entwurf: Bernd Bexte
Foto: Barbara Klemm
Beuys diskutiert mit seinen Schülern vor deren Arbeiten, sitzend der Direktor des Kunstvereins Klaus Bußmann.
W/B 53

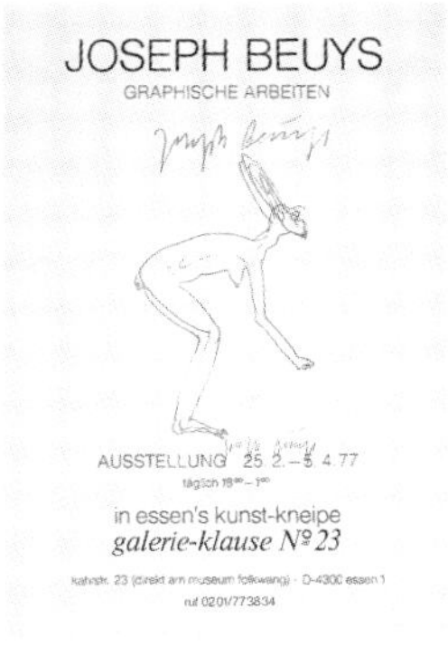

83 Joseph Beuys. Graphische Arbeiten
Galerie-Klause No 23, Essen 1977
Offset, 60 x 42 cm
Signiertes Exemplar
Das Plakat ist teils auf weißem, teils auf beigefarbenem Papier erschienen.
W/B 56

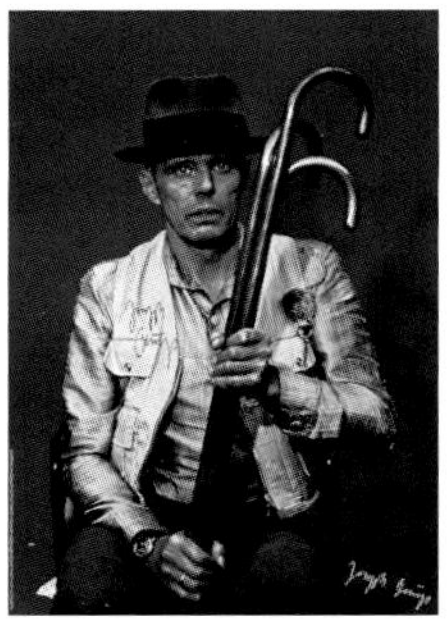

78 Titelbild Wirtschaftswoche
Düsseldorf 1976
Offset, 59,5 x 41,7 cm
Fotografie: Dieter Schwille
Druck: ORZ GmbH, Düsseldorf
Signiertes Exemplar
W/B 51

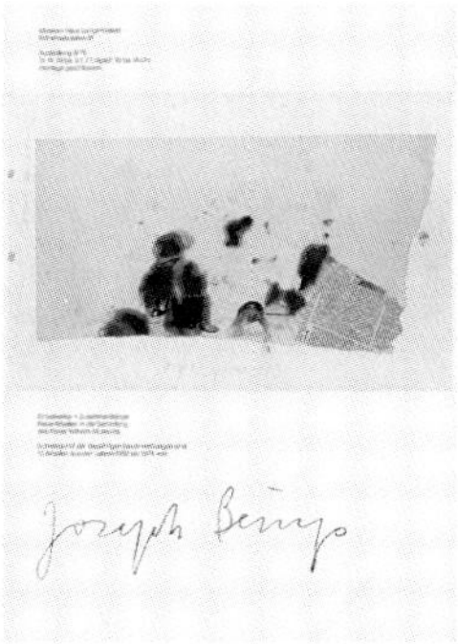

81 Einzelwerke und Zusammenhänge – Neue Arbeiten in der Sammlung des Kaiser Wilhelm Museums
Museum Haus Lange, Krefeld 1976
Offset, 84 x 59,3 cm
Entwurf: Tünn Konerding
Abgebildet ist die Zeichnung *Des Gorges im Oberteil*, entstanden um 1957/59.
W/B 54

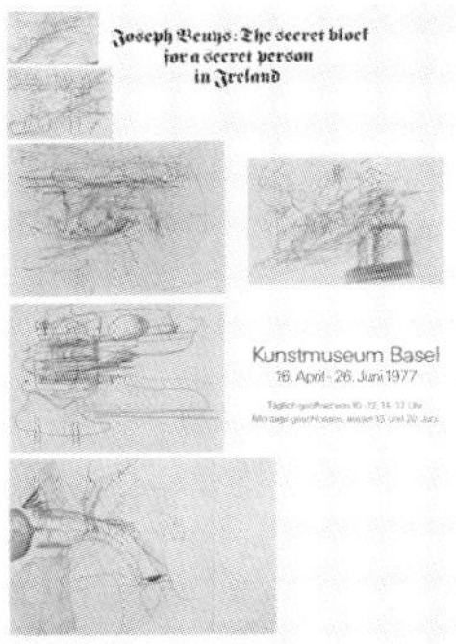

84 Joseph Beuys. The secret block for a secret person in Ireland
Kunstmuseum, Basel 1977
Offset, 89 x 62,4 cm
W/B 57

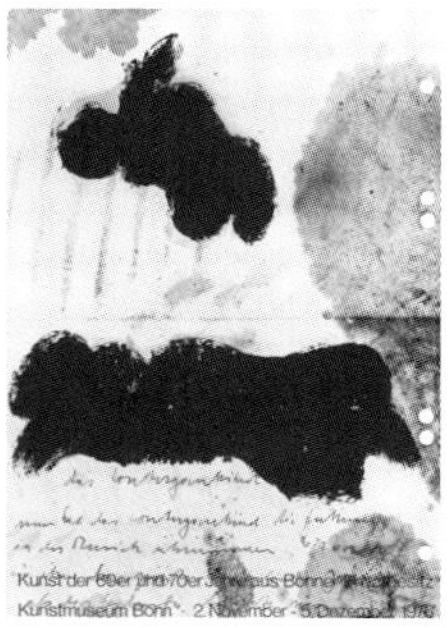

79 Kunst der 60er und 70er Jahre aus Bonner Privatbesitz
Kunstmuseum Bonn 1976
Offset, 83,8 x 59,2 cm
Druck: C. Brandt, Bonn
Das Plakat bildet die Zeichnung *o. T. (Brief zum Thema Musik)* von 1963 ab.
W/B 52
Gold u.a. 1998, 338, S. 200

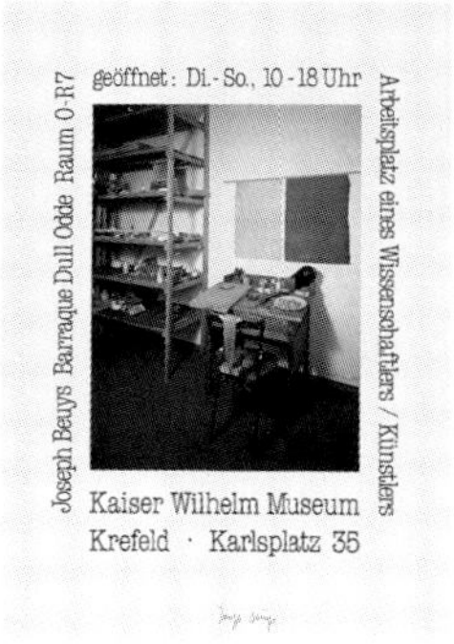

82 Joseph Beuys. Barraque Dull Odde, Arbeitsplatz eines Wissenschaftlers / Künstlers
Kaiser Wilhelm Museum, Krefeld 1977
Offset, 84 x 59,2 cm
Entwurf: Tünn Konerding
Signiertes Exemplar
W/B 55

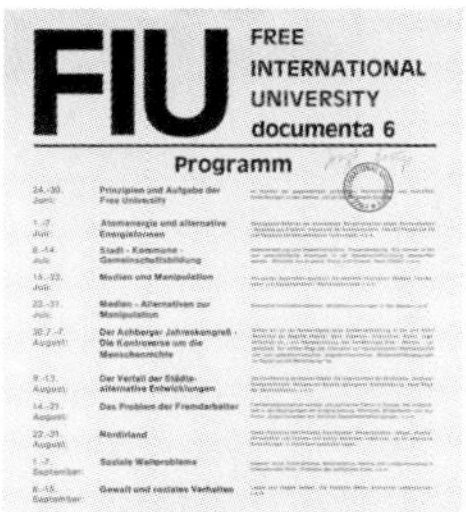

85 FIU-Programm
Free International University Kassel 1977 (documenta 6)
Offset, 60,5 x 41,3 cm
Signiertes Exemplar mit FIU-Stempel

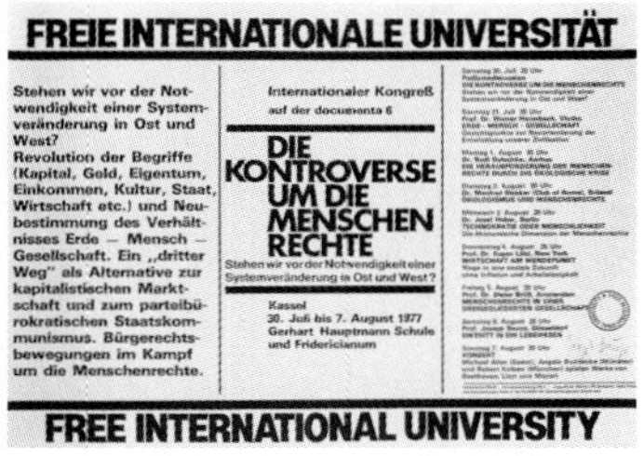

86 Die Kontroverse um die Menschenrechte
Freie Internationale Universität, Kassel 1977
(documenta 6)
Offset auf gelbem Papier, 50 x 70 cm
Signiertes Exemplar mit FIU-Stempel

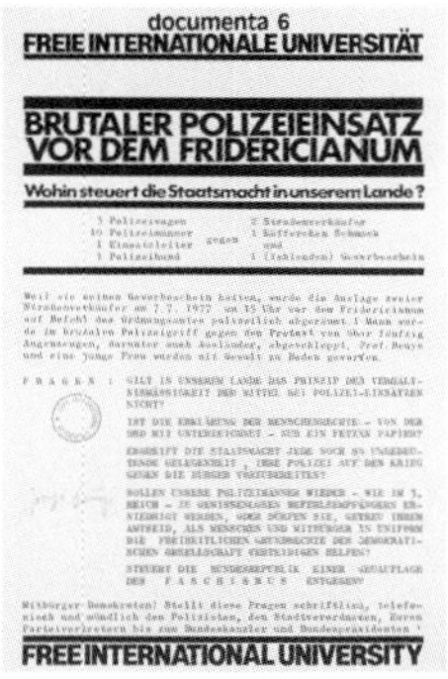

87 Brutaler Polizeieinsatz vor dem Fridericianum
Freie Internationale Universität, Kassel 1977
Kassel 1977 (documenta 6)
Offset, 60,5 x 40,8 cm
Signiertes Exemplar mit FIU-Stempel
W/B 59

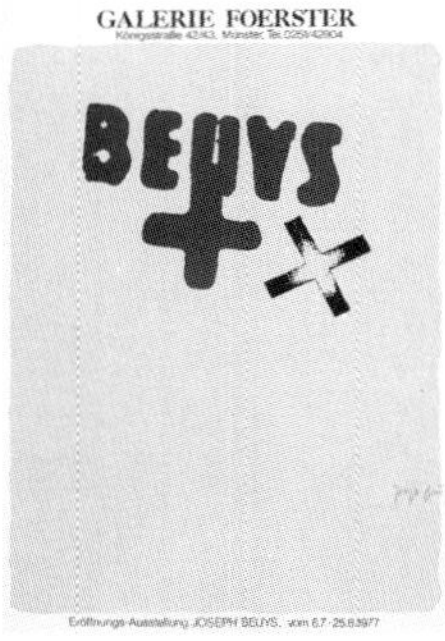

88 Joseph Beuys. Eröffnungsausstellung
Galerie Foerster
Münster 1977
Siebdruck, 84,2 x 59,3 cm
Signiertes Exemplar
W/B 60

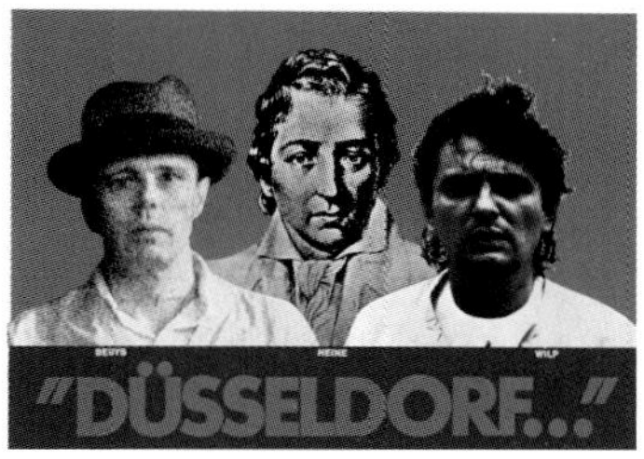

89 »Düsseldorf ...«, Beuys – Heine – Wilp
Düsseldorf 1977
Offset und Siebdruck, 63 x 87,5 cm
Von Beuys und Wilp signiertes Exemplar

90 »Dass die denkenden Köpfe sich nicht beugen«, Abschlussveranstaltung documenta 6
Fridericianum, Kassel 1977
Offset, 60 x 41 cm
Signiertes und gestempeltes Exemplar

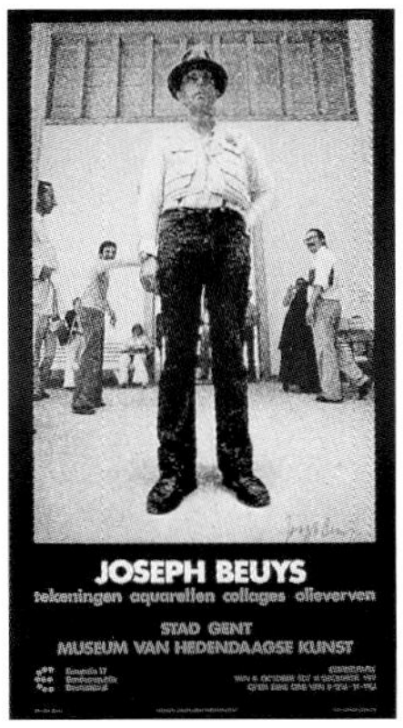

91 Joseph Beuys. tekeningen, aquarellen, collages, olieverven
Museum van Hedendaagse Kunst, Gent 1977
Offset, 100,3 x 55 cm und 60 x 33 cm
Entwurf: Vorij van Zegel
W/B 61 a, b

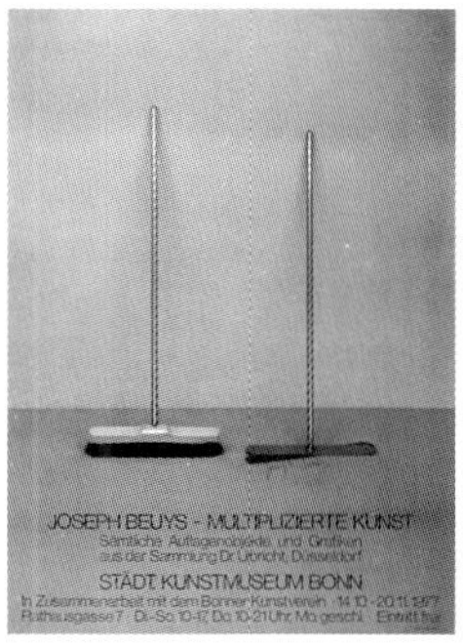

92 Joseph Beuys. Multiplizierte Kunst
Städtisches Kunstmuseum, Bonn 1977
Offset, 84 x 59,4 cm
Druck: C. Brandt, Bonn
Signiertes Exemplar
Abgebildet ist das Multiple *Silberbesen und Besen ohne Haare* von 1972.
W/B 62
WVZ M 62, S. 94
Gold u.a. 1998, 339, S. 156

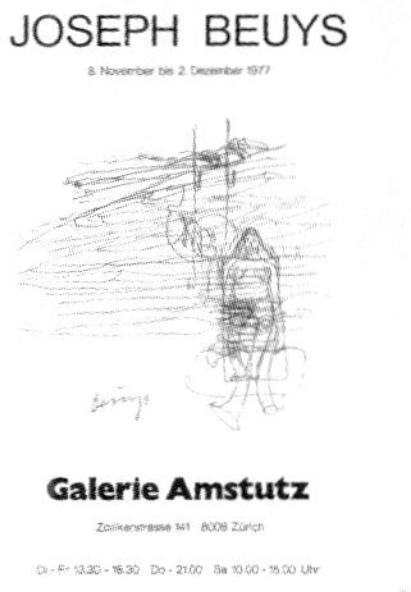

93 Joseph Beuys
Galerie Amstutz, Zürich 1977
Offset, 59 x 41,4 cm
Abgebildet ist eine der Zeichnungen zu den Skizzenbüchern von Leonardo da Vincis *Codices Madrid.*
WVZ M 168, S. 175

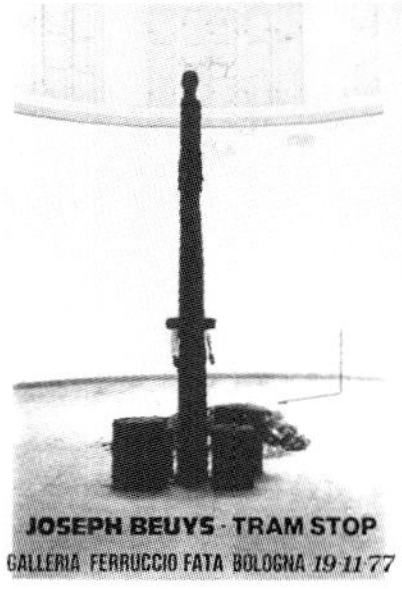

94 Joseph Beuys. Tram Stop
Galleria Ferruccio Fata, Bologna 1977
Siebdruck, 100 x 70 cm
Signiertes Exemplar
Der Siebdruck ist gleichzeitig als Edition *Tramstop* 1977 erschienen.
Abgebildet ist die Installation *Haltestelle* für den deutschen Pavillon der Biennale Venedig 1976.
WVZ M 217, S. 205

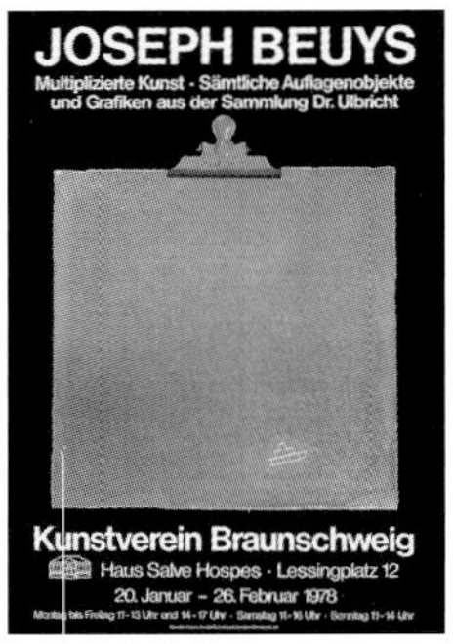

95 Joseph Beuys. Multiplizierte Kunst
Kunstverein, Braunschweig 1978
Offset, 84 x 58,5 cm
Abgebildet ist das Multiple *Phosphor-Kreuzschlitten* von 1972.
W/B 64
WVZ M 64, S. 97

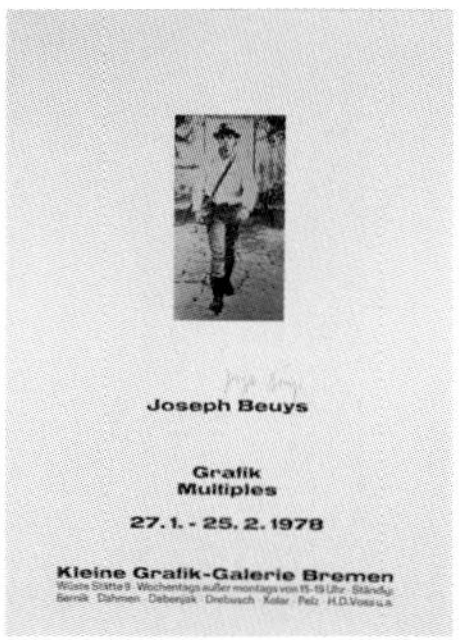

96 Joseph Beuys. Grafik, Multiples
Kleine Grafik-Galerie, Bremen 1978
Offset, 59,2 x 42 cm
Signiertes Exemplar
WVZ M 49, S. 85

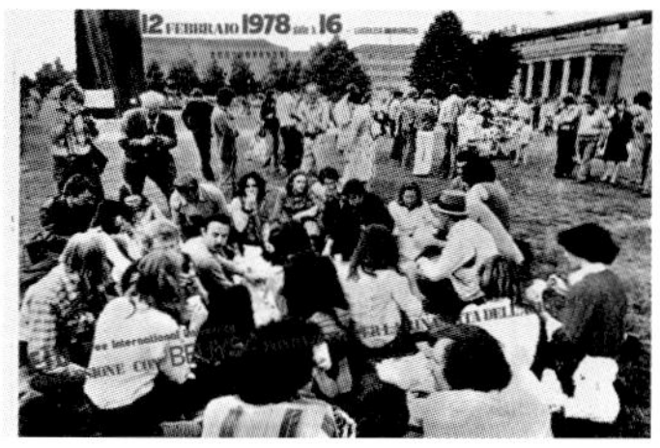

97 Discussione con Beuys
Lucrezia de Domizio, Pescara, 1978
Siebdruck, 63,5 x 95,8 cm
Fotografie: Buby Durini
Signiertes Exemplar
Dieses Foto stammt von der documenta 6 und ist ohne den Text als Siebdruckedition erschienen.
W/B 65 9
WVZ M 265, S. 232
Gold u.a. 1998, 305, S. 167

98 Discussione con Beuys *Tafel 28*
Lucrezia de Domizio, Pescara 1978
Siebdruck, 95,8 x 63,4 cm
Foto: Buby Durini
Das verwendete Foto stammt von der documenta 6 und ist ohne den Text als Siebdruckedition erschienen.
W/B 65 b
WVZ M 264
Gold u.a. 1998, 306, S. 167

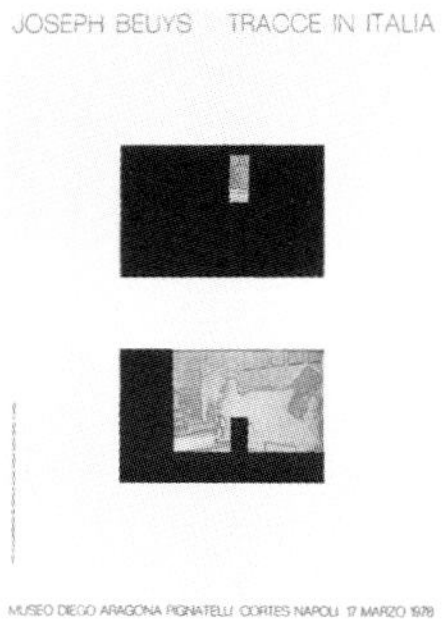

99 Joseph Beuys. Tracce in Italia
Museo Diego Aragona Pignatelli, Neapel 1978
Offset, 100 x 70 cm
Für das Plakat wurden zwei Arbeiten aus der Serie *o. T. (Braunkreuz, Garbo Serie)* von 1964 ausgewählt.

100 Joseph Beuys. *Tafel 29*
Jeder Mensch ein Künstler
Humboldt Haus, Achberg 1978
Offset, 61 x 41,5 cm mit FIU-Stempel
Foto: Peter Schata
W/B 66
Gold u.a. 1998, 126, S. 115

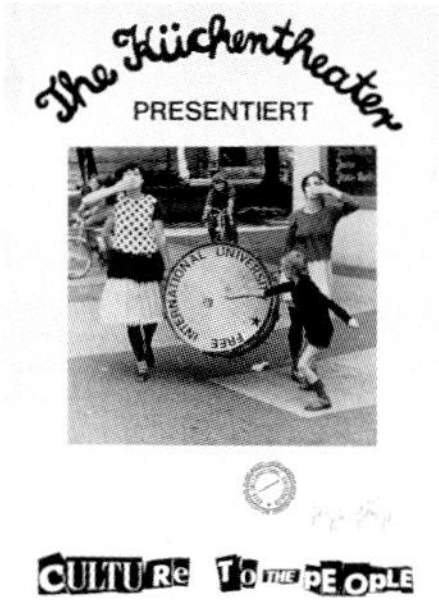

101 The Küchentheater presentiert »Culture to the People«
Gelsenkirchen 1978
Offset, 61 x 43,2 cm
Signiertes und gestempeltes Exemplar »FIU Gelsenkirchen, Fluxus Zone West«
Veranstaltungsplakat des Gelsenkirchener Theaters, dessen Probenarbeit in einer Küche stattfand.
Gold u.a. 1998, 133/134/135, S. 128

102 Joseph Beuys. Galleria Ferrari, *Tafel 32*
Verona 1978
Offset, 67,8 x 98,8 cm
Signiertes Exemplar
W/B 67

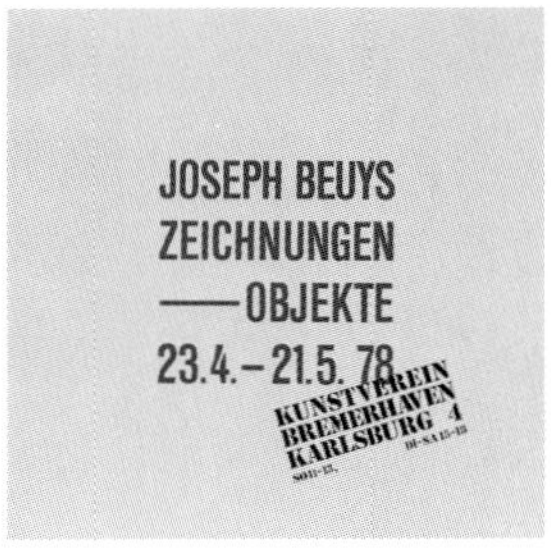

103 Joseph Beuys. Zeichnungen, Objekte
Kunstverein Bremerhaven, 1978
Siebdruck, 61 x 61 cm
W/B 68

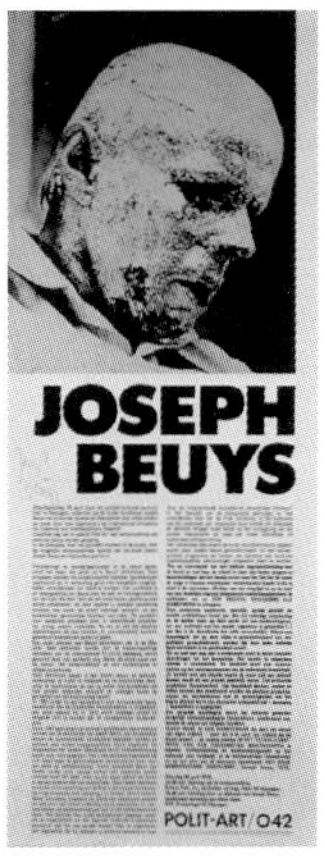

104 Joseph Beuys. Ausstellung und Diskussion in der Galerie Polit-Art, Nimwegen 1978
Fotografie: Ute Klophaus
Offset, 62 x 23,4 cm
Signiertes Exemplar
Das Foto zeigt Beuys während der Aktion *Wie man dem toten Hasen die Bilder erklärt*, Düsseldorf 1965
WVZ A, A8, S. 102f.

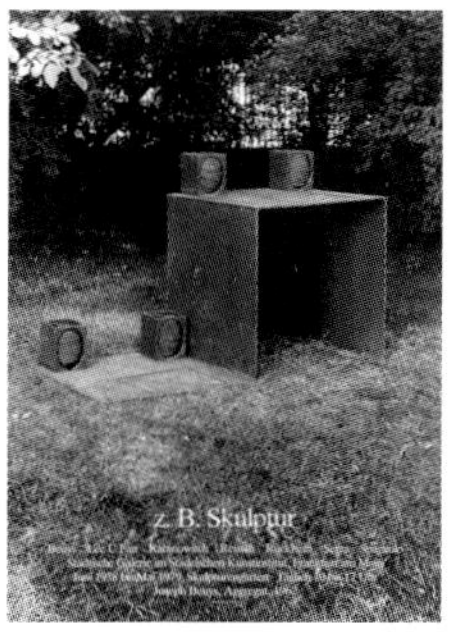

105 z.B. Skulptur
Städtische Galerie im Städelschen Kunstinstitut, Frankfurt 1978
Offset, 83,5 x 59,2 cm
Entwurf: Coco Ronkholz, Düsseldorf
Das Plakat zeigt die zweiteilige Bronzeskulptur *Aggregat* von 1962.
W/B 69

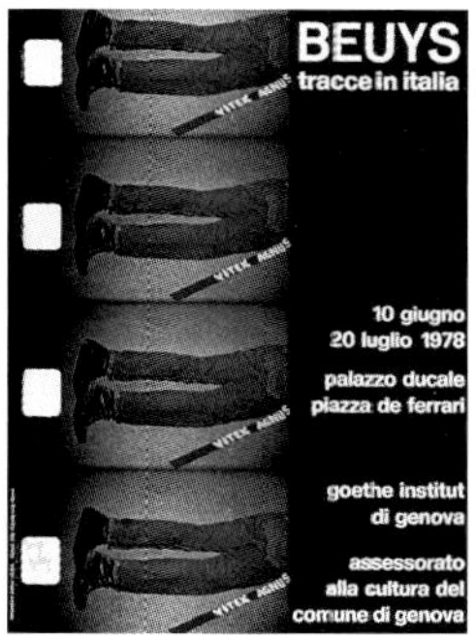

106 Beuys. tracce in Italia
Palazzo Ducale, Genua 1978
Offset, 86 x 62 cm
Foto: Standbild aus dem Film *Vitex agnus castus* von Nino Langobardi
Druck: Ditta Giuseppe Lang, Genua
Signiertes Exemplar
Vgl. die Edition *Levitatione in Italia* 1978
W/B 70
WVZ M 247, S. 222

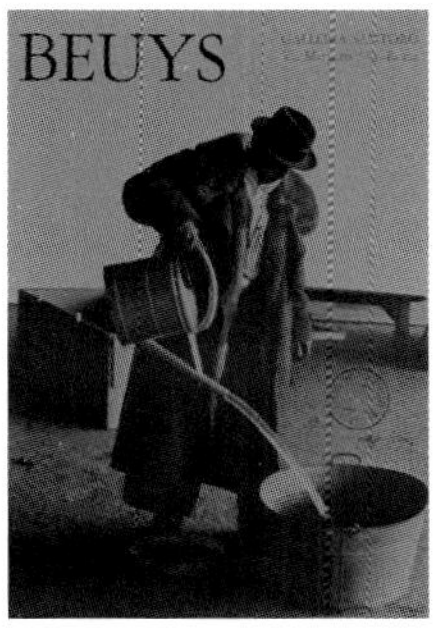

107a, b Beuys. *Tafel 31*
Galleria Santoro, Rom 1978
Offset, 99,8 x 68,6 cm
Foto: Katja van den Velden
Druck: Editoriale Grafica, Rom
Signiertes Exemplar (Rot)
Das Foto entstammt der Aktion *Celtic + ~~~* von 1973 in Basel. Die Auflage des Plakates ist teils auf weißem, teils auf rotem Papier gedruckt.
W/B 63
WVZ A 23, S. 274
Gold u.a. 1998, 334, S. 118

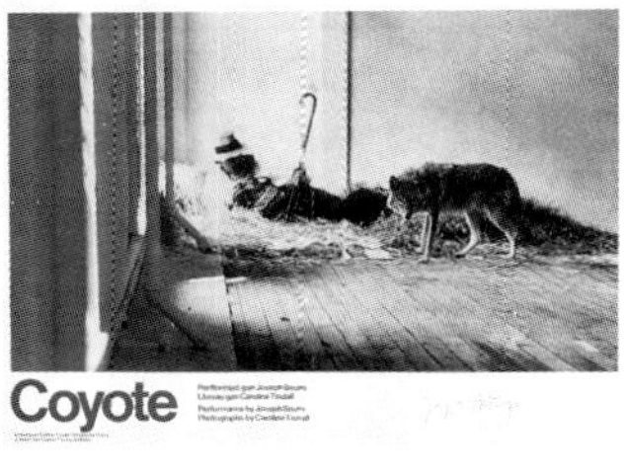

108 Coyote, Perfformiad gan Joseph Beuys, Llunian gan Caroline Tisdall
Performance by Joseph Beuys, Photographs by Caroline Tisdall
Offset, 59,7 x 84 cm
Foto: Caroline Tisdall
Signiertes Exemplar
Das Plakat entstand anlässlich der Wanderausstellung des Welsh Art Council, Cardiff 1978. Es ist einmal gefaltet und rückseitig bedruckt (15 Schwarzweiß-Abbildungen und Texte).
WVZ A 29, S. 330f.
WVZ M 291, S. 242

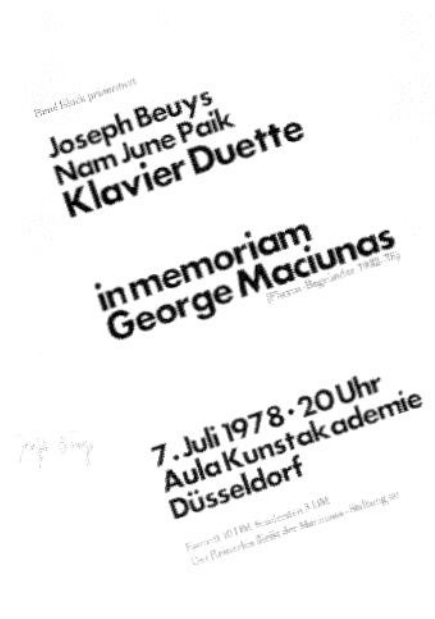

109 In memoriam George Maciunas
Aula Kunstakademie, Düsseldorf 1978
Offset 70 x 50,3 cm
Signiertes Exemplar
W/B 71

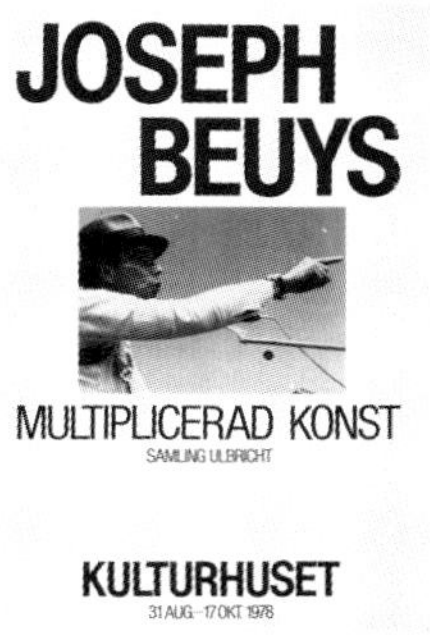

110 Joseph Beuys. Multiplicerad Konst, Sammlung Ulbricht
Kulturhuset, Stockholm 1978
Offset, 100,3 x 70 cm
W/B 72

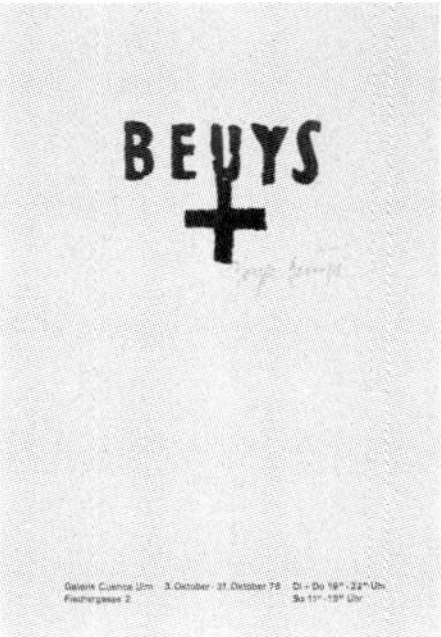

111 Beuys
Galerie Cuenca, Ulm 1978
Siebdruck, 59,8 x 42 cm auf grauem Papier
Signiertes Exemplar

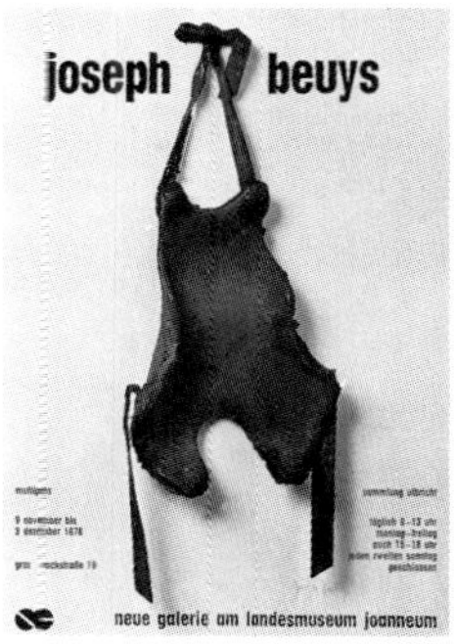

112 Joseph Beuys. Multiples, Sammlung Ulbricht
Neue Galerie am Landesmuseum Joanneum, Graz 1978
Offset, 119 x 83,8 und 59 x 41,7 cm
Signiertes Exemplar
Abgebildet ist das Multiple *Rückenstütze eines feingliedrigen Menschen (Hasentypus) aus dem 20. Jahrhundert p. Chr.* von 1972.
W/B 73
WVZ M 65, S. 98
Gold u.a. 1998, 347, S. 149

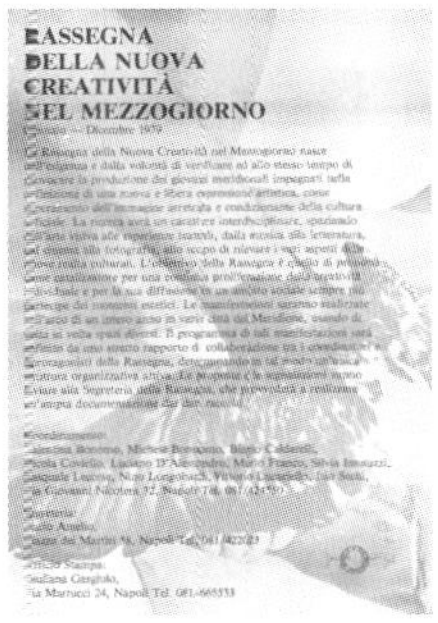

113 Rassegna della nuova creatività nel Mezzogiorno
Galleria Lucio Amelio, Neapel 1979
Offset, 100 x 69 cm
Druck: Giuliana Gargiulo, Neapel
Signiertes Exemplar mit FIU-Stempel

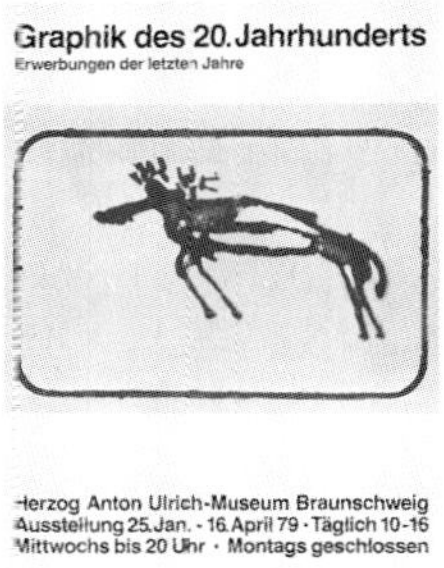

114 Graphik des 20. Jahrhunderts
Herzog Anton Ulrich-Museum, Braunschweig 1979
Offset, 84 x 59,5 cm
Die Abbildung zeigt die Farblithografie *Elch* von 1975.
WVZ M 160, S. 170
Gold u.a. 1998, 176, S. 100

115 Joseph Beuys. Basisraum *Tafel 30*
Nasse Wäsche. Unsichtbare Plastik
Galerie Nächst St. Stephan, Wien 1979
Siebdruck in Rot, 99,8 x 70,2 cm

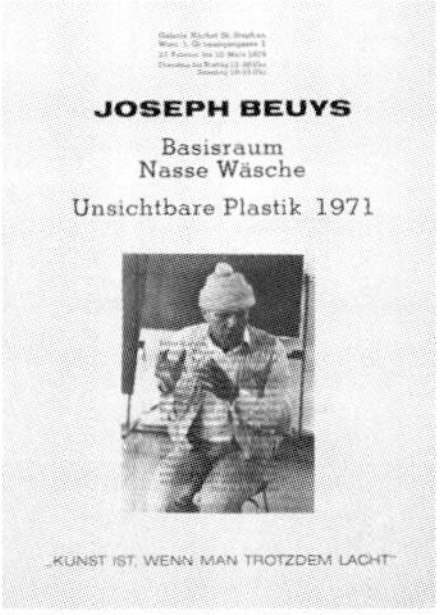

116 Joseph Beuys. Basisraum
Nasse Wäsche. Unsichtbare Plastik
Galerie Nächst St. Stephan, Wien 1971
Siebdruck in Blau, 99,8 x 70 cm

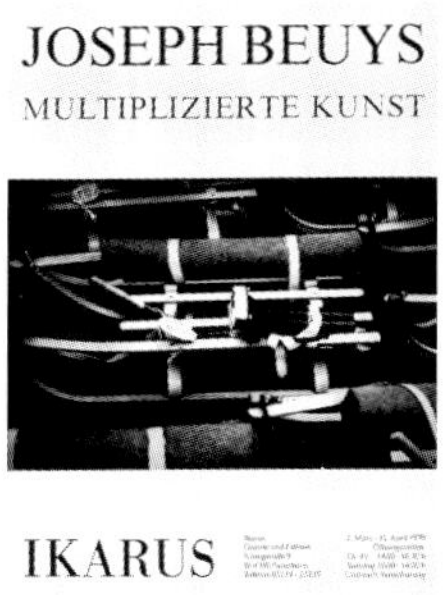

117 Joseph Beuys. Multiplizierte Kunst
Ikarus Galerie und Edition, Paderborn 1979
Offset, 60,6 x 42,2 cm
Das Foto zeigt mehrere Exemplare der Edition *Schlitten* von 1969, die zu der Installation *Das Rudel* von 1969 gehören.
W/B 78
WVZ M 12, S. 52
Gold u.a. 1998, 243, S. 179

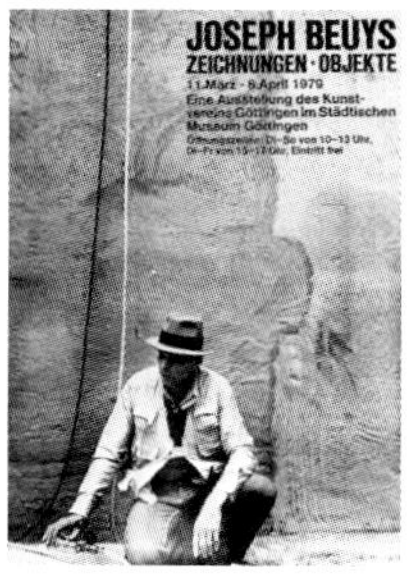

118 Joseph Beuys. Zeichnungen – Objekte
Kunstverein Göttingen im Städtischen Museum, Göttingen 1979
Siebdruck, 83,7 x 59,2 cm und 59 x 42 cm
Foto: Ludwig Rinn
Signiertes Exemplar
Das Foto zeigt Beuys bei der Einrichtung der *Honigpumpe* für die documenta 5, Kassel 1972.
W/B 79 a, b

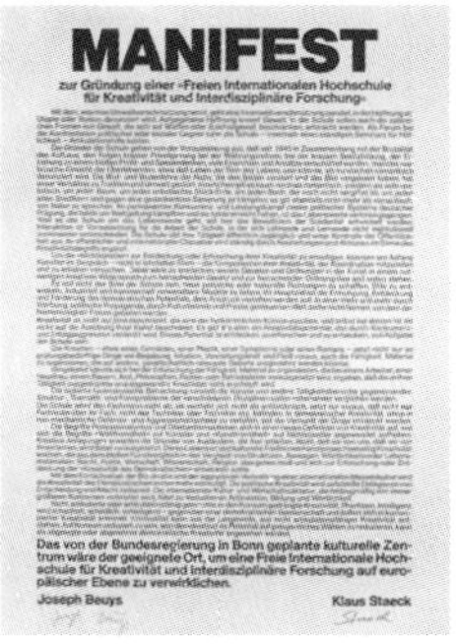

119 Manifest
Edition Staeck, Heidelberg 1979
Siebdruck, 88 x 63 cm
Abgedruckt ist das Manifest zur Gründung einer »Freien Internationalen Hochschule für Kreativität«.
Von Beuys und Staeck signiertes Exemplar
WVZ M 302, S. 249

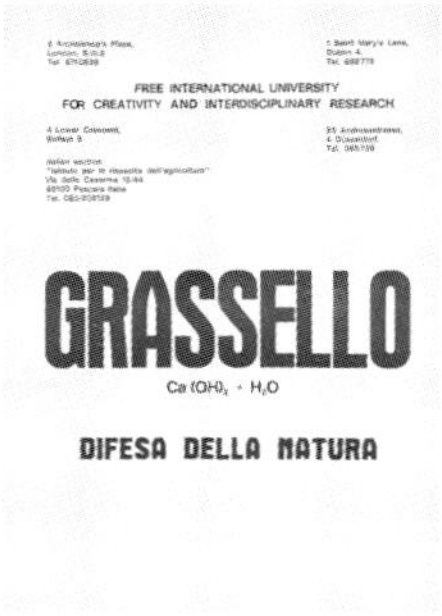

120 Grassello. Difesa della natura
FIU Pescara und Düsseldorf, 1979
Offset, 70 x 50 cm
Mit diesem Plakat war die Lastwagenladung Kalk auf dem Weg von Pescara nach Düsseldorf gekennzeichnet. Es erschien auch als Edition sowie als Umschlagmotiv für eine Broschüre über diese Aktion.
WVZ M 312, S. 254
Gold u.a. 1998, 285, S. 164

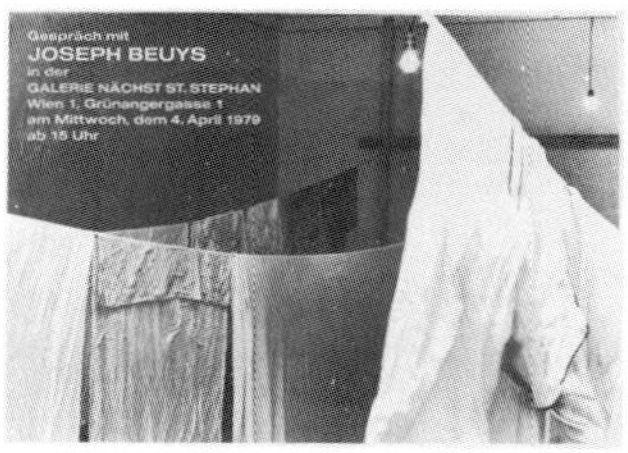

121 Gespräch mit Joseph Beuys
Galerie Nächst St. Stephan, Wien 1979
Offset, 61 x 86 cm
Das Motiv nimmt auf dieselbe Aktion Bezug wie die Plakate Nr. 115 – 116.

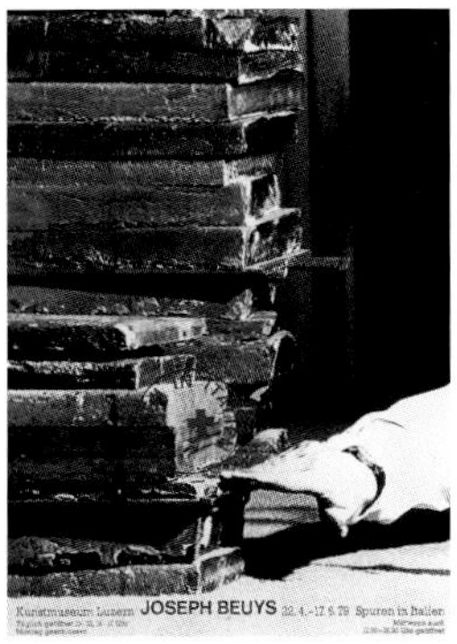

122 Joseph Beuys. Spuren in Italien
Kunstmuseum Luzern, 1979
Siebdruck, 99, 5 x 69,5 cm
Foto: Bruno del Monaco
Abgebildet ist ein Foto aus der Aktion *Vitex agnus castus* von 1972.
W/B 80
WVZ A 27, S. 318f.

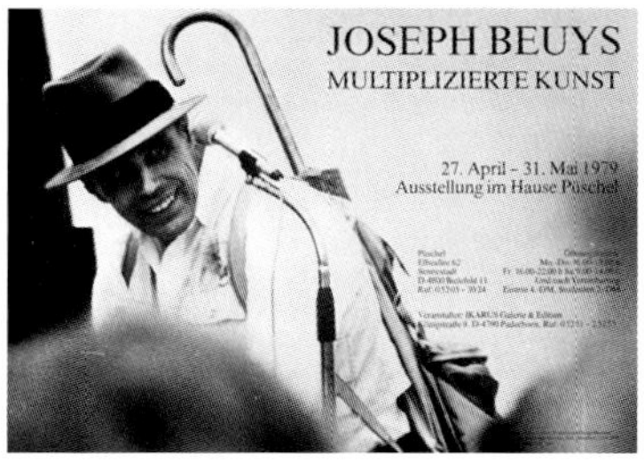

123 Joseph Beuys. Multiplizierte Kunst
Haus Püschel, Bielefeld 1979
Offset, 41,9 x 59,2 cm
W/B 81
WVZ A 31, S. 360f.
Gold u.a. 1998, 244, S. 119

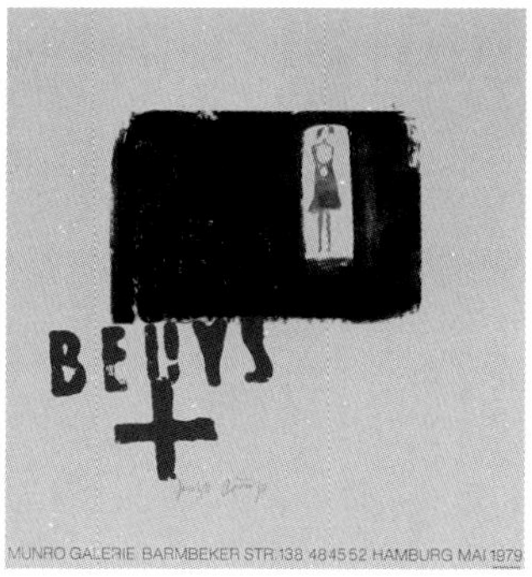

124 Beuys
Munro Galerie, Hamburg 1979
Siebdruck, 65 x 59,7 cm
Entwurf: Claus von der Osten
Druck: Böer + Gutsche, Hamburg
Signiertes Exemplar
Abgebildet ist die Ölfarbezeichnung *o.T.* von 1958.
W/B 82

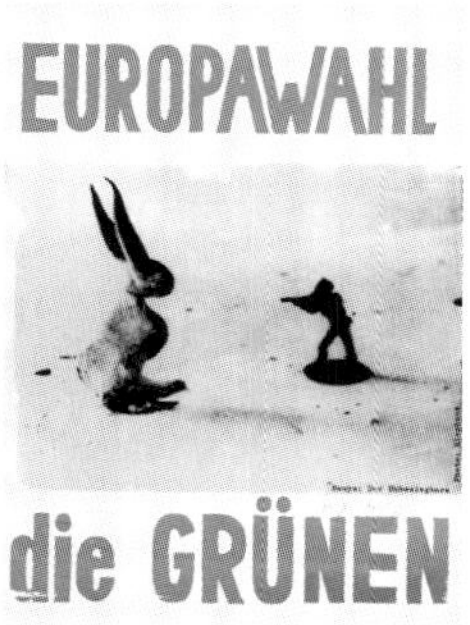

125 Europawahl. die Grünen
FIU Gelsenkirchen 1979
Siebdruck, 83,8 x 59,3 cm
Fotografie: Ute Klophaus
Entwurf: Johannes Stüttgen
Druck durch eine Arbeitsgruppe am Grillo-Gymnasium Gelsenkirchen
Signiertes Exemplar
Das Foto zeigt die Skulptur *Der Unbesiegbare* von 1963 aus der Sammlung Ströher.
WVZ M 307, S. 251
Gold u.a. 1998, 139, S. 129

126 bei dieser Wahl: die Grünen *Tafel 33*
FIU Gelsenkirchen 1979
Siebdruck, 88 x 63 cm
Fotografie: Ute Klophaus
Entwurf: Johannes Stüttgen
Druck durch eine Arbeitsgruppe am Grillo-Gymnasium Gelsenkirchen
Signiertes Exemplar
Das Foto zeigt die Skulptur *Der Unbesiegbare* von 1963. Die Schrift wurde in verschiedenen Farbtönen gedruckt. Für mehrere Wahlkämpfe neu aufgelegt, die Papierformate variieren.
W/B 77
WVZ M 307, S. 251

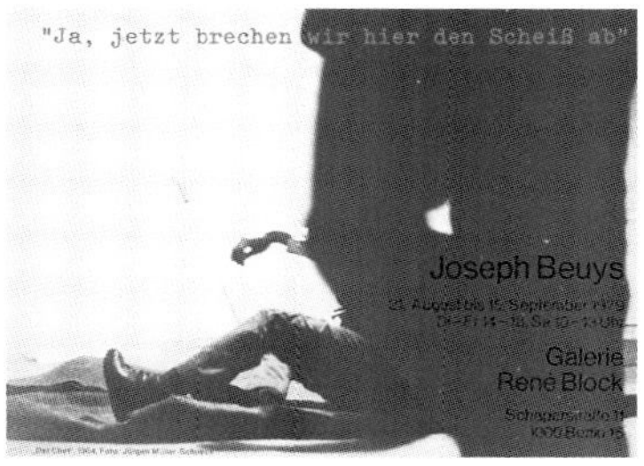

127 Joseph Beuys. »Ja, jetzt brechen wir hier den Scheiß ab«
Galerie René Block, Berlin 1979
Offset, 42 x 59,4 cm
Foto: Jürgen Müller-Schneck, Berlin
Das Foto trägt den Titel *Der Chef* von 1964 aus der gleichnamigen Aktion.
W/B 83
WVZ A 5, S. 68f.
Gold u.a. 1998, 223, S. 116

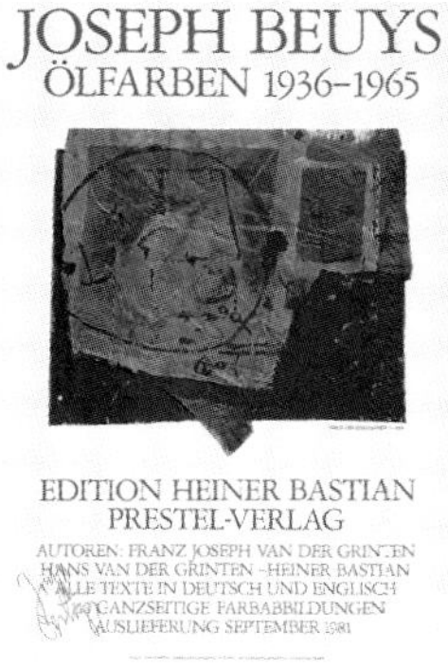

128 Joseph Beuys. Ölfarben 1936–1965
Edition Heiner Bastian
Prestel-Verlag, München 1979
Offset, 61 x 42,5 cm
Entwurf: Aeneas Bastian
Druck: Matthieu AG, Dielsdorf/Zürich
Signiertes Exemplar
Das Plakat zeigt die Öl- und Wasserfarbezeichnung *Haus des Schamanen I* von 1959.
W/B 86

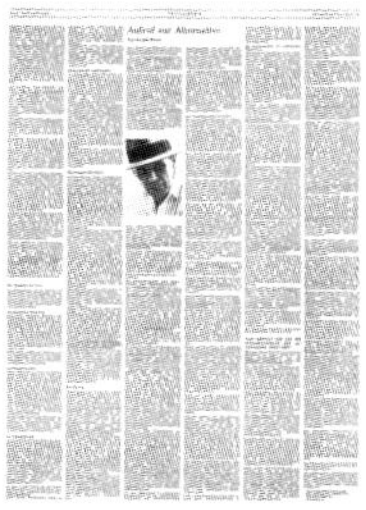

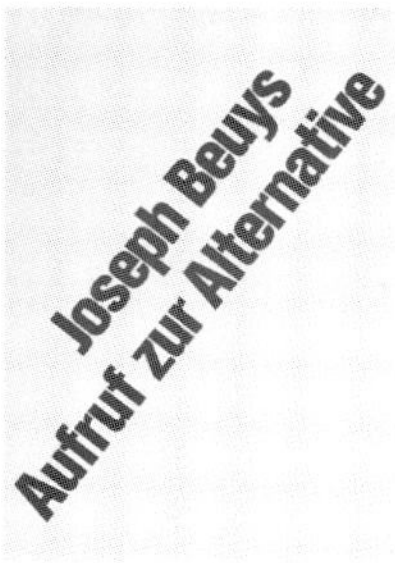

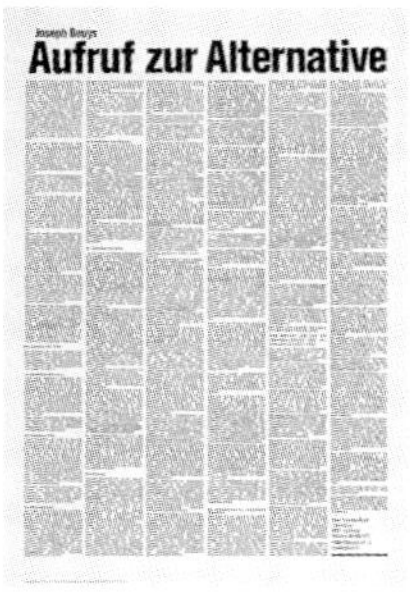

129a–c Joseph Beuys. Aufruf zur Alternative
FIU Achberg und Düsseldorf 1979
Offset, 59,8 x 41,7 cm
Der *Aufruf zur Alternative* erschien in der Frankfurter Rundschau vom 23.12.1978. Der Text wurde in verschiedenen Formaten gesondert aufgelegt, mit und ohne einspaltigem Porträtfoto in der Mitte des Textes.
W/B 74 a, b, c

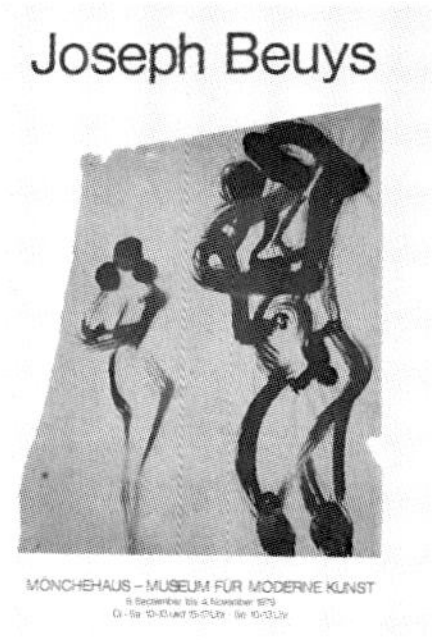

130 Joseph Beuys
Mönchehaus-Museum für moderne Kunst, Goslar 1979
Offset, 84 x 59,2 cm
Die Zeichnung *Mutter und Kind* entstand 1957.
W/B 84

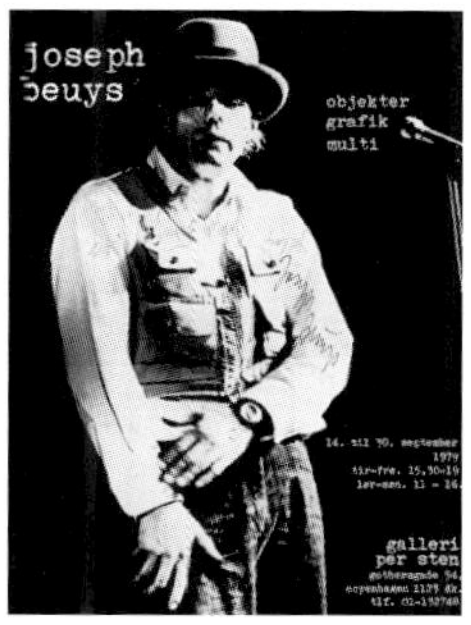

131 Joseph Beuys. Objekter. Grafik. Multi
Galleri Per Sten, Kopenhagen 1979
Offset, 58,5 x 43,5 cm
Fotografie: Ute Klophaus
Signiertes Exemplar
Das Foto erschien 1977 ohne Text als Edition unter dem Titel *Yellow*. Es entstand während der Aktion *Titus/Iphigenie* im Mai 1969.
W/B 85
WVZ A 20, S. 240
WVZ M 205, S. 198

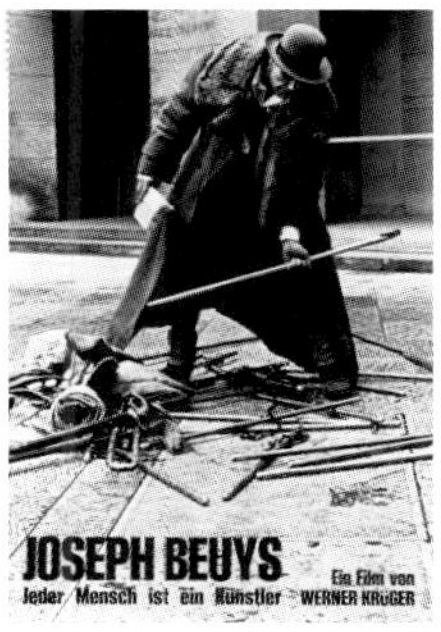

132 Joseph Beuys. Jeder Mensch ist ein Künstler. Ein Film von Werner Krüger
Köln 1979/1985
Offset, 98,5 x 68,3 cm
Foto: Werner Krüger
Der Film wurde in der ARD im Juli 1979 gezeigt und erschien 1985 bei Artemedia, Köln.
WVZ M 290, S. 242

133 Joseph Beuys *Tafel 36*
The Solomon R. Guggenheim Museum, New York 1979
Offset, 55,9 x 83,8 cm
Fotografie: Ute Klophaus
Signiertes Exemplar
Die Aufnahme von Ute Klophaus zeigt einen veränderten Ausschnitt aus einem Film, der am 14.10.1968 in der Galeria art intermedia, Köln, bei der Aktion *Vakuum ( ) Masse* gedreht wurde. Sie zeigt Zuschauer, die durch blau-violette Scheiben einen Schweißvorgang beobachten.
W/B 87
WVZ A 16, S. 206f.

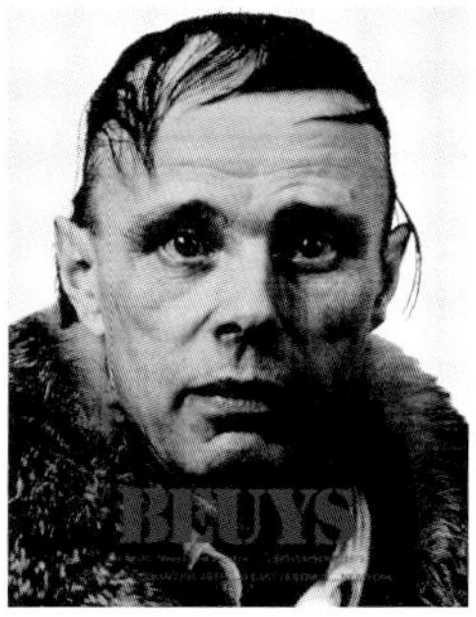

134 Beuys. Aus Berlin: Neues vom Kojoten
Ronald Feldman Gallery, New York 1979
Siebdruck, 126,6 x 95,7 cm
Foto: Hans Namuth
Die Ausstellung fand während der Retrospektive im Guggenheim Museum statt.
W/B 88
Gold u.a. 1998, 328, S. 139

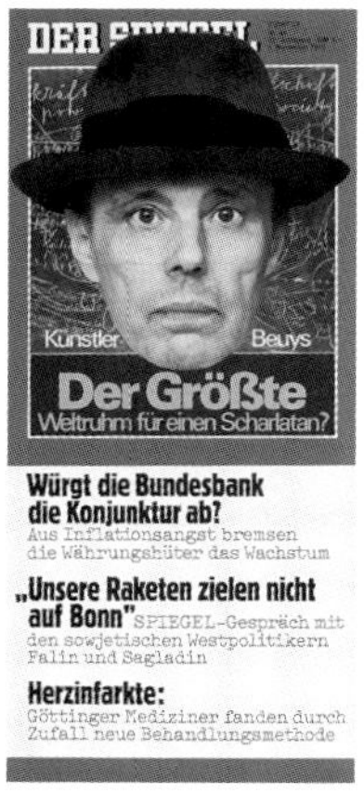

135 Künstler Beuys
Der Größte. Weltruhm für einen Scharlatan?
Der Spiegel, Hamburg 5. Nov. 1979
Offset, 67,9 x 30,4 cm
Das Plakat wurde an den Zeitungskiosken aufgehängt.
100 signierte Exemplare dieser Spiegel-Ausgabe vertrieb die Edition Staeck als Multiple.
WVZ M 321, S. 261

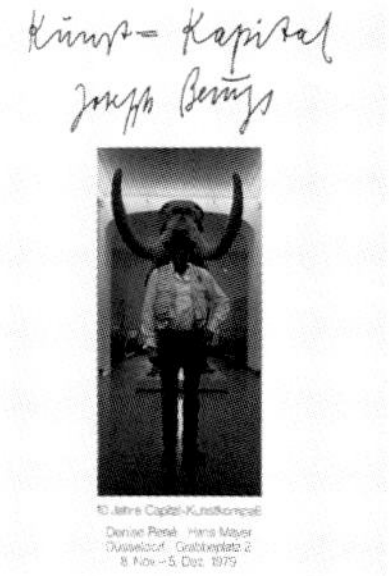

136 10 Jahre Capital – Kunstkompass
Galerie Denise René / Hans Mayer, Düsseldorf 1979
Offset, 84 x 59,3 cm
Das Foto zeigt Beuys im Hessischen Landesmuseum in Darmstadt vor einem Mastodon stehend.
W/B 89
Gold u.a. 1998, 208, S. 187

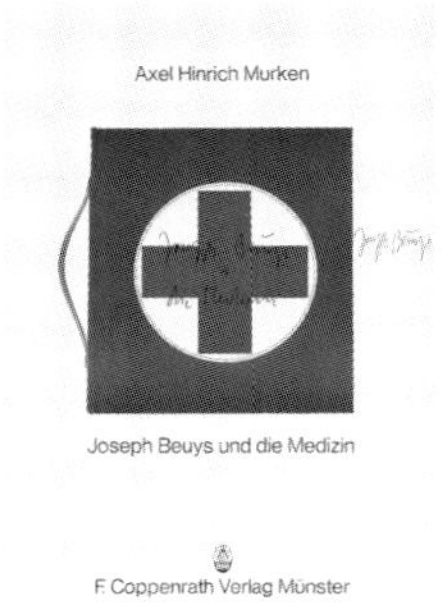

137 Axel Hinrich Murken. Joseph Beuys und die Medizin
F. Coppenrath Verlag, Münster 1979
Offset, 59,5 x 41,2 cm
Signiertes Exemplar
Das Plakatmotiv zeigt das von Beuys entworfene Buchobjekt mit Tragriemen am Buchrücken.
W/B 76
Gold u.a. 1998, 406, S. 202

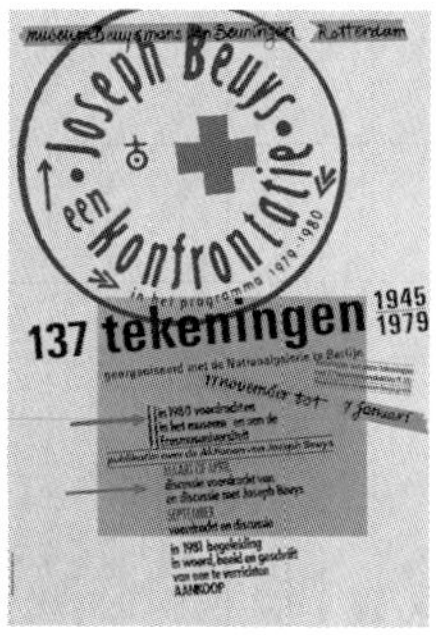

138 Joseph Beuys. Een konfrontatie, 137 Tekeningen
Museum Boymans van Beuningen
Rotterdam 1979
Siebdruck auf Transparentpapier, 90 x 61,7 cm
Entwurf: Anthon Beeke
Der Grafiker nennt das Museum dem Künstler zu Ehren »Museum Beuysmans – van Beuningen«.
W/B 75

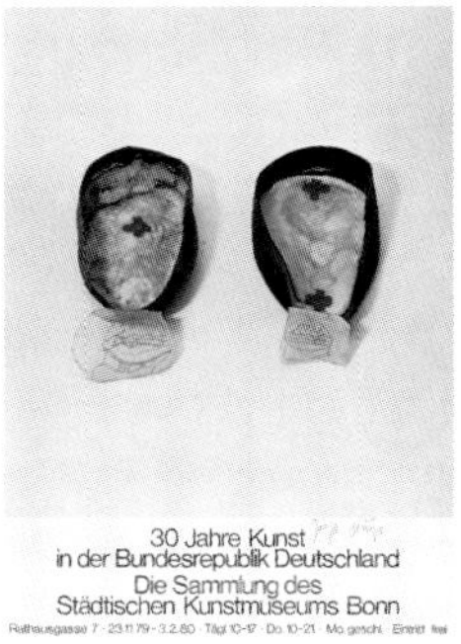

139 30 Jahre Kunst in der BRD. Die Sammlung des Städtischen Kunstmuseums Bonn
Städtisches Kunstmuseum Bonn 1979
Offset, 84 x 59,2 cm
Signiertes Exemplar
Das Plakat erschien auch als allgemeines Museumsplakat für das Kunstmuseum Bonn.
Die Abbildung zeigt das Objekt *Gehirnschalen* von 1973.
W/B 90
Gold u.a. 1998, 340, S. 155

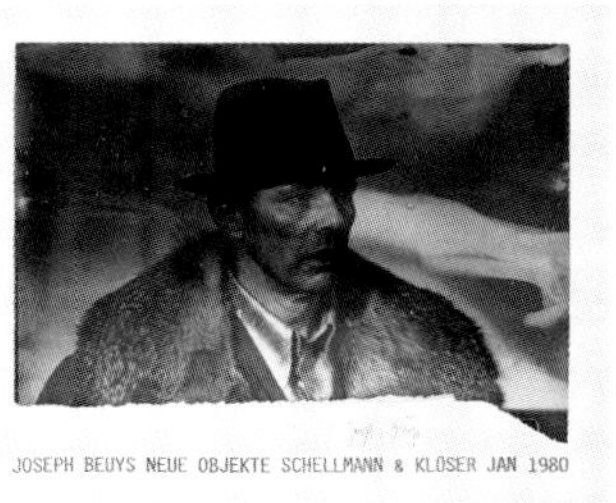

140 Joseph Beuys. Neue Objekte
Galerie Schellmann & Klüser, München 1980
Offset, 54,7 x 69 cm
Fotografie: Ute Klophaus
Signiertes Exemplar
W/B 95

141 Joseph Beuys. *Tafel 35*
»Zeige deine Wunde«
Lenbachhaus, München 1980
Offset, 100 x 68,5 cm
Entwurf: Geith & Weijers
Fotografie: Ute Klophaus
Druck: W. Biering KG, München
Signiertes Exemplar
Die beiden Leichentische aus dem Environment *Zeige deine Wunde* wurden von Ute Klophaus während des Aufbaus von Joseph Beuys im Kunstforum der Fußgängerunterführung 1976 in München fotografiert.
Die Schwarzweiß-Fotografie auf Barytpapier, 31 x 21 cm, wurde als Negativ gedruckt.
W/B 96

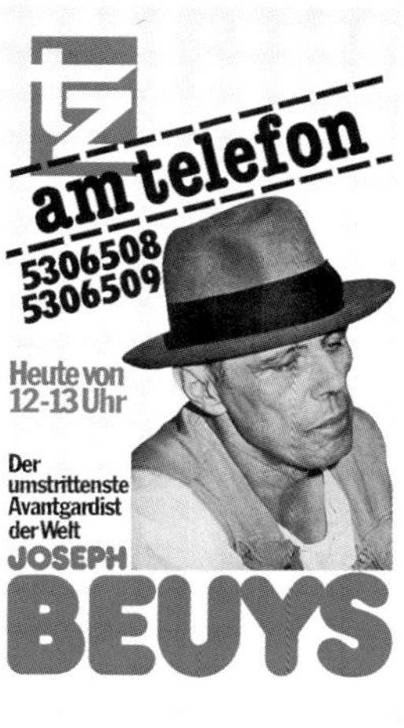

142 Joseph Beuys am Telefon
Tages-Zeitung, München 1980
Offset, 61 x 34,8 cm

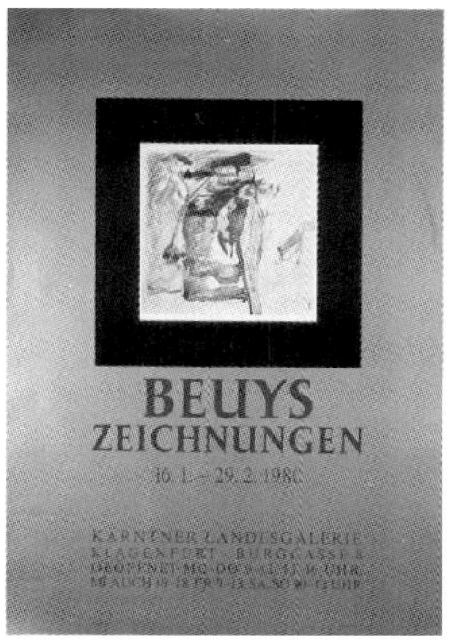

143 Beuys Zeichnungen
Kärntner Landesgalerie, Klagenfurt 1980
Offset, 84 x 59 cm

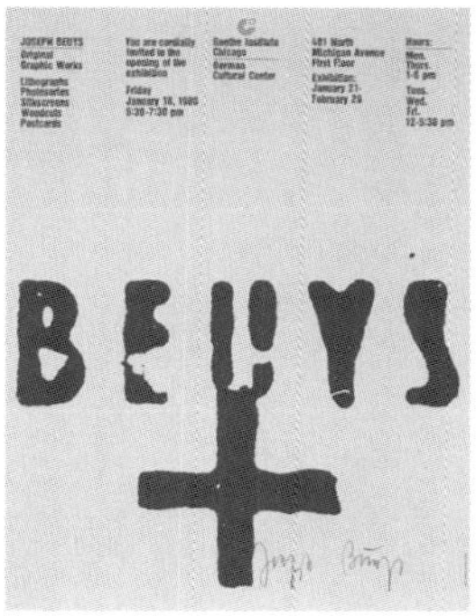

144 Joseph Beuys. Original Graphic Works
Goethe Institute, Chicago 1980
Offset auf grauem Papier, 37 x 28,5 cm
Signiertes Exemplar

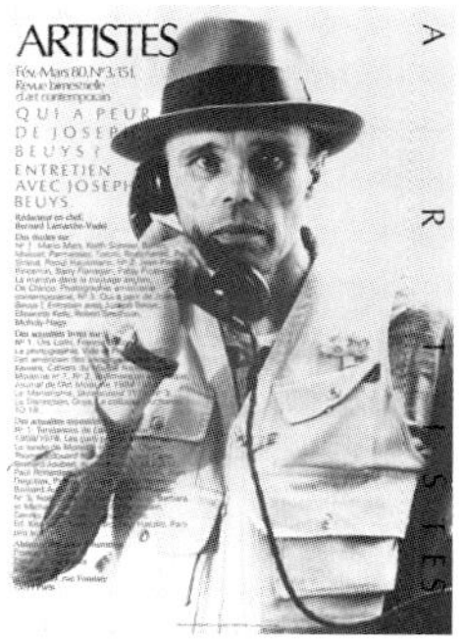

145 Artistes Fév. – Mars 80 Nr. 3
Paris 1980
Offset, 67,6 x 47,8 cm
Entwurf: H. Perdriolle
Druck: Sobredim La Forest-Landernau
W/B 94

146 Andy Warhol & Joseph Beuys *Tafel 38*
Galerie Lucio Amelio, Neapel 1980
Offset, 68,6 x 47,2 cm
Foto: Mimmo Jodice
Von Warhol und Beuys (mit Hutzeichnung)
signiertes Exemplar
W/B 98

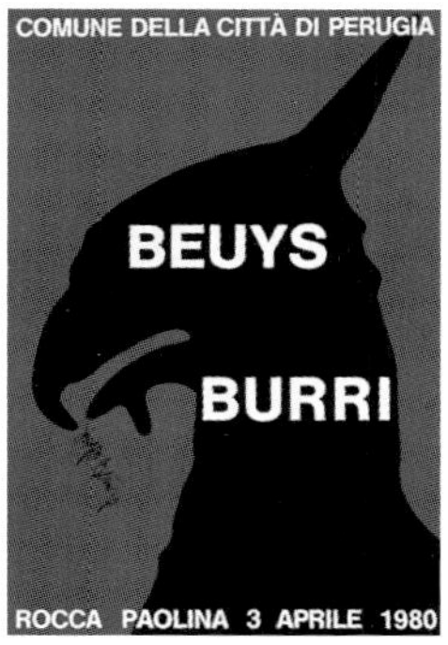

147 Beuys – Burri
Commune della Città di Perugia 1980
Offset, 100 x 68,2 cm
Signiertes Exemplar

148 Joseph Beuys & Bud Masslov *Tafel 37*
Museum Boymans van Beuningen,
Rotterdam 1980
Offset, 49,8 x 29,7 cm
Entwurf: Bud Ostrom
Foto: Piet van den Enden
Druck: Het Drukhuis Oosterbeek

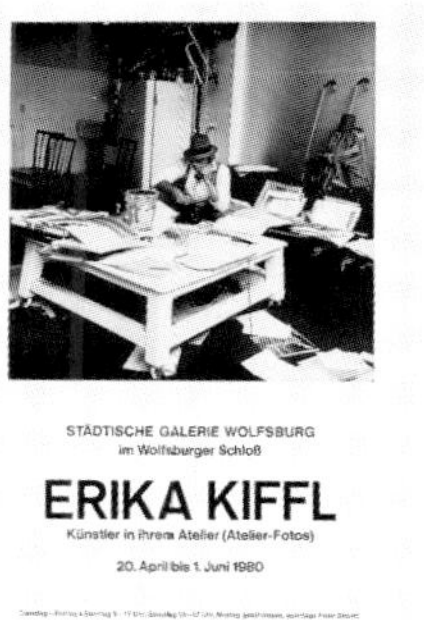

149 Erika Kiffl. Künstler in ihrem Atelier
Städtische Galerie, Wolfsburg 1980
Offset, 84 x 60 cm
Foto: Erika Kiffl
Das Foto zeigt den Künstler in seinem
Düsseldorfer Atelier.
Vgl. cat. 167
WVZ M 318, S. 258

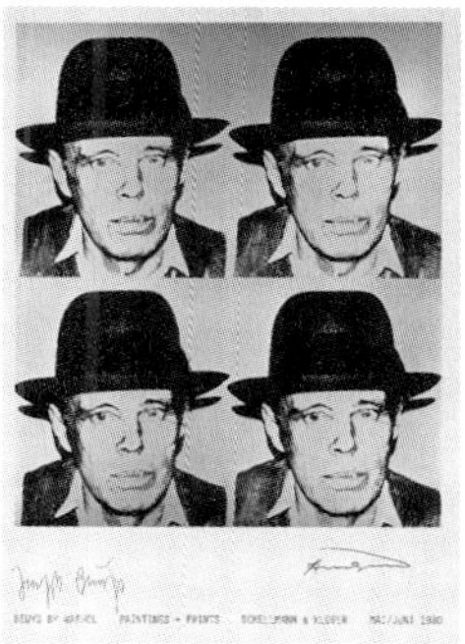

150 Beuys by Warhol. Paintings + Prints
Galerie Schellmann & Klüser, München 1980
Offset auf dünnem Papier, 42 x 29,8 cm
Entwurf: Jörg Schellmann
Von Beuys und Warhol signiertes Exemplar
Das Plakat wurde auf sechs verschiedenen
farbigen Papieren gedruckt: Weiß, Gelb,
Orange, Rosa, Violett und Grün.
W/B 100 b

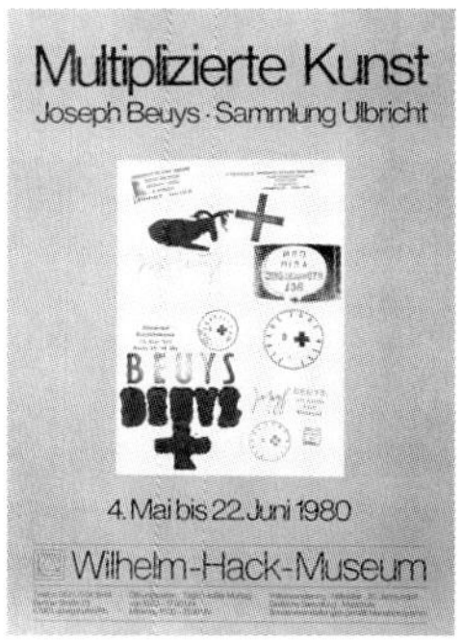

151 Multiplizierte Kunst. Joseph Beuys.
Sammlung Ulbricht
Wilhelm-Hack-Museum, Ludwigshafen 1980
Offset, 83,2 x 59,2 cm
Abgebildet ist die Edition *Gespräch* von 1974.
W/B 99
WVZ M 141, S. 158
Gold u.a. 1998, 274, S. 131

152 Joseph Beuys at Piero Cavellini *Tafel 34*
Nuovi Strumenti, Brescia 1980
Offset, 70 x 46 cm
W/B 101

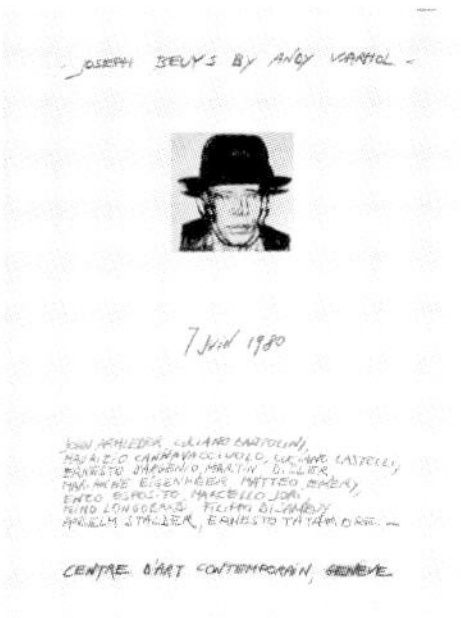

153 Joseph Beuys by Andy Warhol
Centre d'Art Contemporain, Genf 1980
Offset, 62 x 46 cm
W/B 102

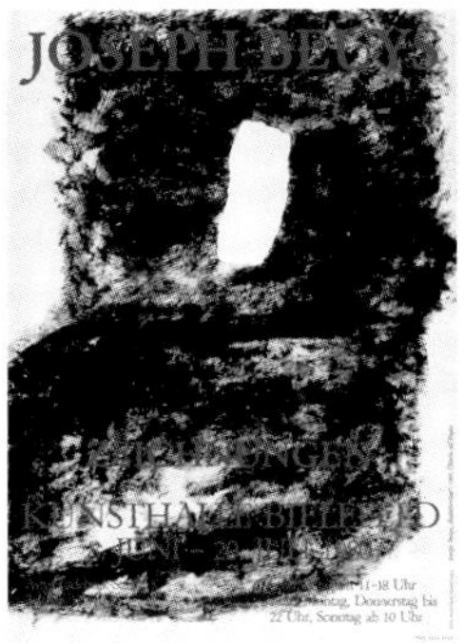

154 Joseph Beuys. Zeichnungen
Kunsthalle Bielefeld 1980
Offset, 60,3 x 42,2 cm
Entwurf: Aeneas Bastian
Druck: Busch-Druck Bielefeld
Abgebildet ist die Ölfarbenzeichnung *Bealtine-Chair* von 1964.
W/B 104

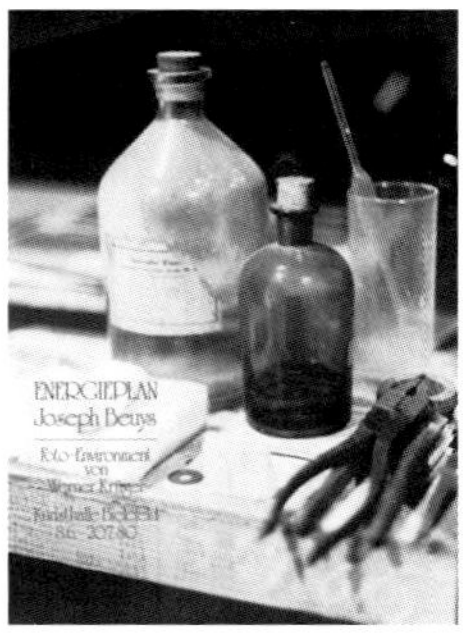

155 Energieplan Joseph Beuys
Kunsthalle Bielefeld, 1980
Offset, 60,3 x 44,2 cm
Foto: Werner Krüger

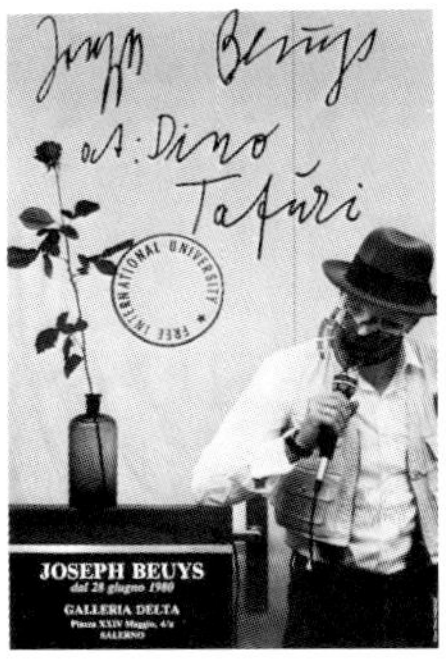

156 Joseph Beuys at: Dino Tafuri
Galleria Delta, Salerno 1980
Offset, 70 x 47,2 cm
Foto: Pino Guidolotti
Signiertes und gestempeltes Exemplar
Der Stempel in Blattform trägt den Text »Wählt die Grünen« und ergibt, fünffach gestempelt, eine Blüte.
W/B 103

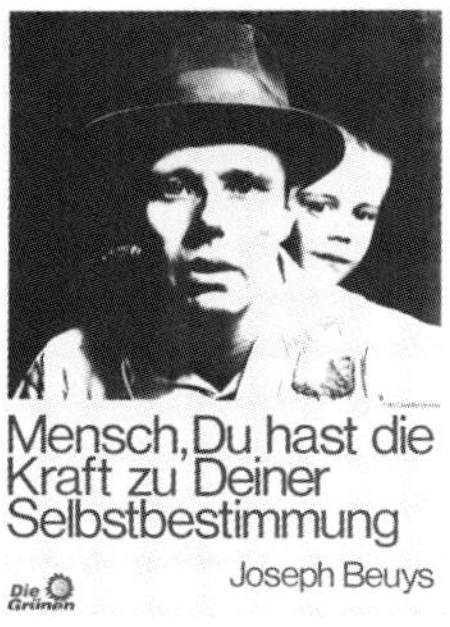

157 Mensch, Du hast die Kraft zu Deiner Selbstbestimmung
Die Grünen, Düsseldorf 1979
Siebdruck, 85,8 x 61 cm
Entwurf: Johannes Stüttgen
Foto: Liselotte Strelow
Druck: FIU Gelsenkirchen
Signiertes Exemplar

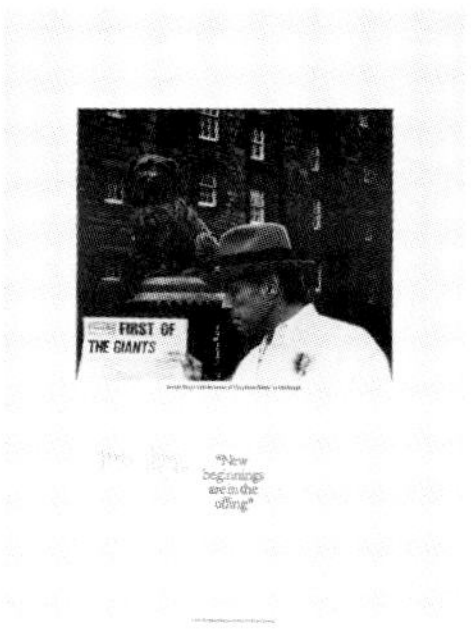

158 New beginnings are in the offing
Richard Demarco Gallery, Edinburgh 1981
Offset auf glattem Karton, 61 x 42 cm
Signiertes und nummeriertes Exemplar: 335/400
W/B 91
WVZ M 371, S. 296

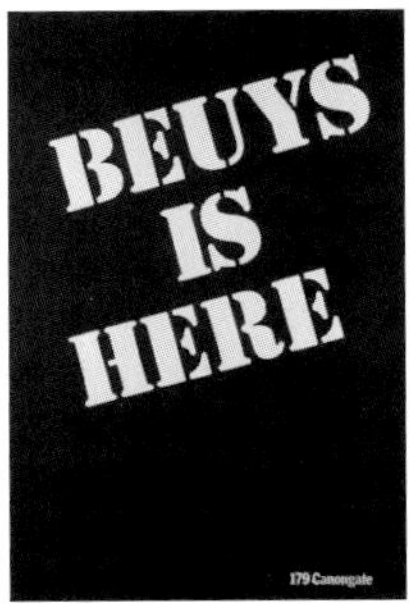

159 Beuys is here
Richard Demarco Gallery, Edinburgh 1980
Offset, 41,4 x 28 cm

160 Appeal by Joseph Beuys *Tafel 39*
Edinburgh International Festival
Richard Demarco Gallery, Edinburgh 1980
Offset, 101,8 x 64,3 cm
Signiertes Exemplar
W/B 92

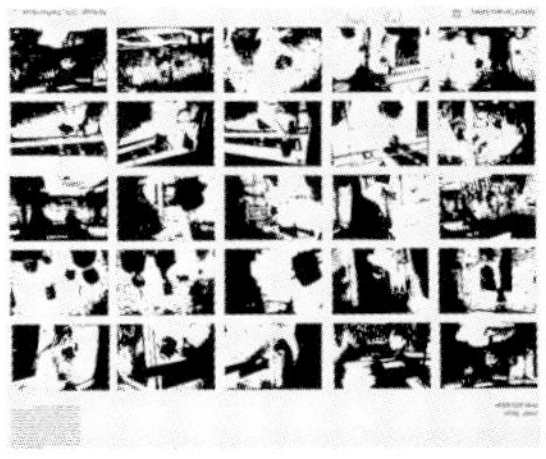

161 Joseph Beuys. Three pots action
Richard Demarco Gallery, Edinburgh 1980
Offset, 76,6 x 91,7 cm
Signiertes Exemplar
Die Serie der 25 Fotos dokumentiert die Aktion *The Poor House* von 1974 in Edinburgh.
W/B 93
WVZ A 30, S. 354f.

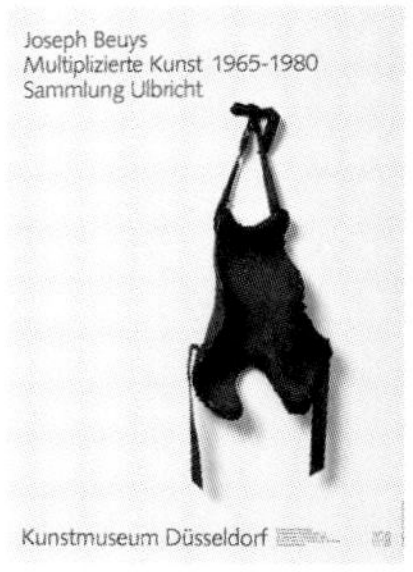

162 Joseph Beuys. Multiplizierte Kunst 1965–1980 Sammlung Ulbricht
Kunstmuseum Düsseldorf 1980
Offset, 84 x 59,3 cm
Druck: Hub. Hoch, Düsseldorf
Entwurf: Coco Ronkholz
Abgebildet ist das Multiple *Rückenstütze eines feingliedrigen Menschen (Hasentypus) aus dem 20. Jahrhundert p. Chr.* von 1972.
W/B 105
WVZ M 65, S. 98
Gold u.a. 1998, 347, S. 149

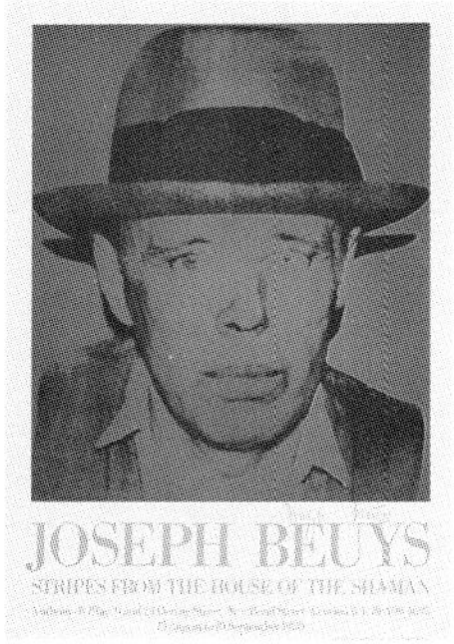

163 Joseph Beuys. Stripes from the House of the Shaman
Anthony d'Offay Gallery, London 1980
Offset, 72,3 x 50,2 cm
Entwurf: Heiner Bastian
Signiertes Exemplar
Die Abbildung zeigt ein Beuys-Porträt von Andy Warhol von 1980.
W/B 106

164 Meeting of Lady Rosebery, *Tafel 41*
Joseph Beuys and Buckminster Fuller
Black & White Oil Conference, Edinburgh 1974
Richard Demarco Gallery, Edinburgh 1980
Offset, 68 x 86 cm
Entwurf: Heiner Bastian
Foto: Robert Lebeck
Signiertes und nummeriertes Exemplar
303/400,
WVZ M 366, S. 294

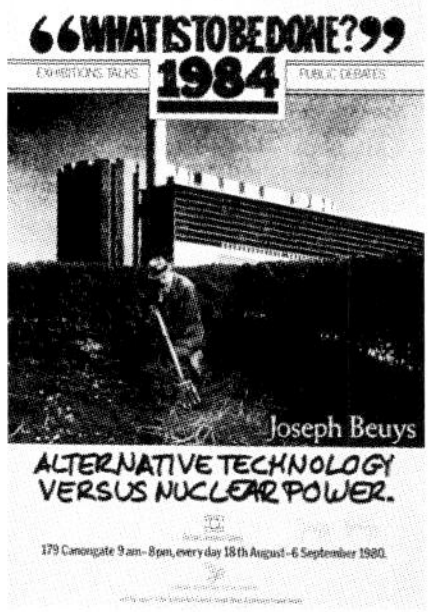

165 »What is to be done?« 1984. Alternative Technology Versus Nuclear Power
Richard Demarco Gallery, Edinburgh 1980
Siebdruck, 101,5 x 68,3 cm
Signiertes Exemplar.
W/B 107

166 Joseph Beuys. Richtkräfte *Tafel 40*
Städtisches Kunstmuseum Bonn, 1980
Offset, 84 x 59,4 cm
Fotografie: Ute Klophaus
Abgebildet ist die Installation *Richtkräfte* aus dem Besitz der Nationalgalerie Berlin.
Die Aufnahme entstand während der Biennale in Venedig.
W/B 108
Gold u.a. 1998, 336, S. 179

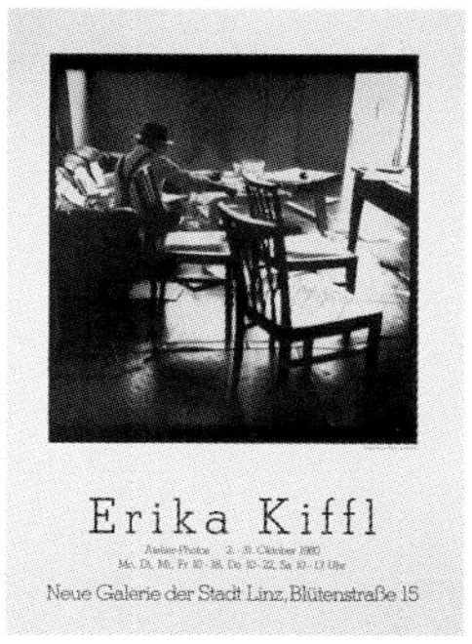

167 Erika Kiffl, Atelier Photos
Neue Galerie der Stadt Linz, 1980
Offset, 69,5 x 49,5cm
Foto: Erika Kiffl
Signiertes Exemplar
Vgl. cat. 149
WVZ M 318, S. 258

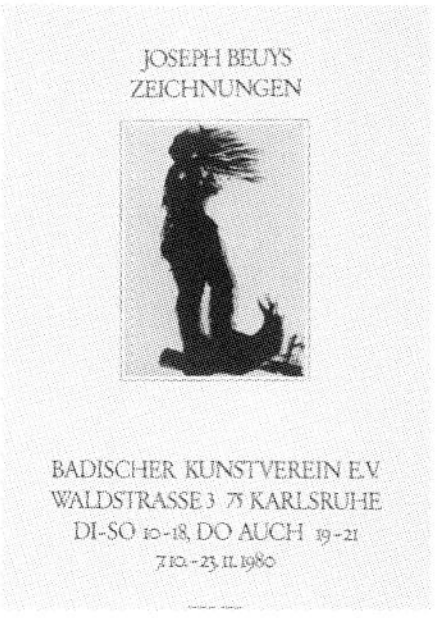

168 Joseph Beuys. Zeichnungen
Badischer Kunstverein Karlsruhe, 1980
Offset, 84 x 59,3 cm
Entwurf: Christian Ahlers
Druck: Karl Holste
Die Ausstellung wurde zuvor in der Nationalgalerie Berlin und im Wissenschaftszentrum Bonn-Bad Godesberg gezeigt. Alle drei Plakate werben mit der Ölfarbenzeichnung *Actrice* von 1961.
W/B 97, 109

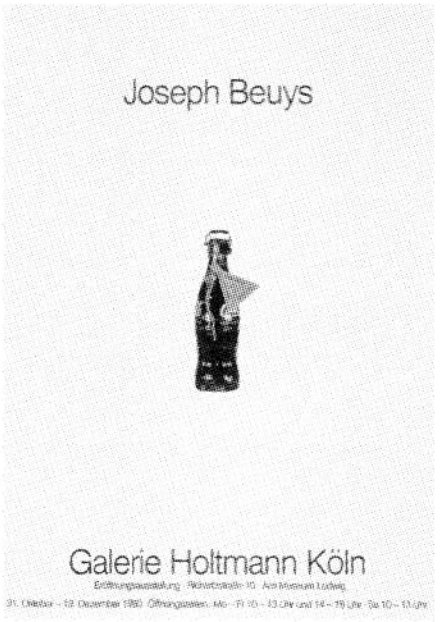

169 Joseph Beuys
Galerie Holtmann, Köln 1980
Offset, 84 x 59,3 cm
Das Plakat zeigt das Multiple *Bruno Cora Tee* von 1975.
W/B 110
WVZ M 159, S. 169

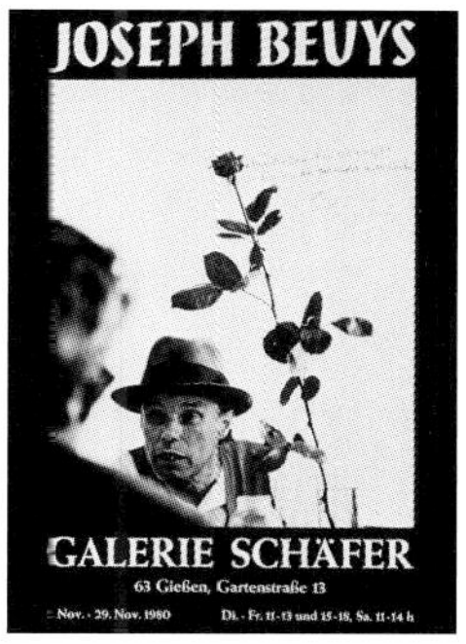

170 Joseph Beuys
Galerie Schäfer, Gießen 1980
Offset, 70 x 50 cm
Foto: Wilfried Bauer
Abgebildet ist die Edition *ohne die Rose tun wir's nicht* von 1972.
WVZ M 61, S. 93

171 »Rettet die Wahner Heide«
Aktionsgemeinschaft der Ausbaugegner des Flughafens Köln-Bonn, Köln 1980
Offset, 84 x 59,2cm

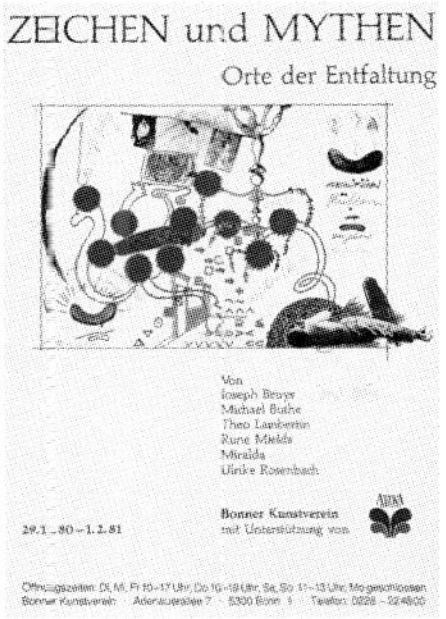

172 Zeichen und Mythen, Orte der Entfaltung
Bonner Kunstverein, Bonn 1980
Offset, 84 x 59,3 cm
Signiertes Exemplar
Abgebildet ist eine Gemeinschaftszeichnung der ausstellenden Künstler Joseph Beuys, Michael Buthe, Theo Lambertin, Rune Mields, Miralda, Ulrike Rosenbach.
W/B 112

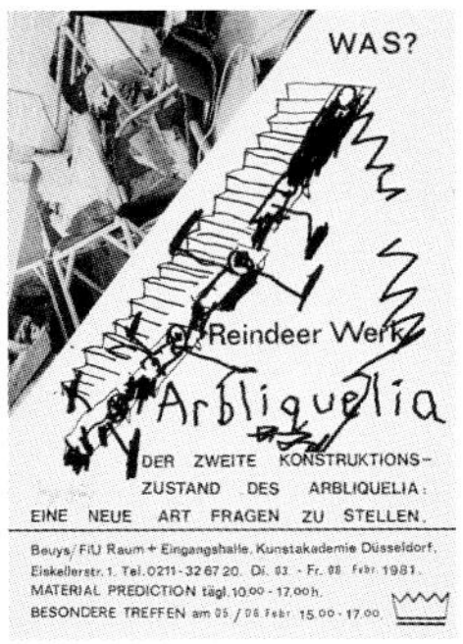

173 Was? Reindeer Werk. Arbliquelia, Atelier Beuys / »Raum 3«
Kunstakademie Düsseldorf, 1981
Offset, 84,3 x 59,4 cm
Signiertes Exemplar
Die holländische Künstlergruppe war von Beuys zu einer mehrtägigen Aktion in sein Atelier eingeladen.

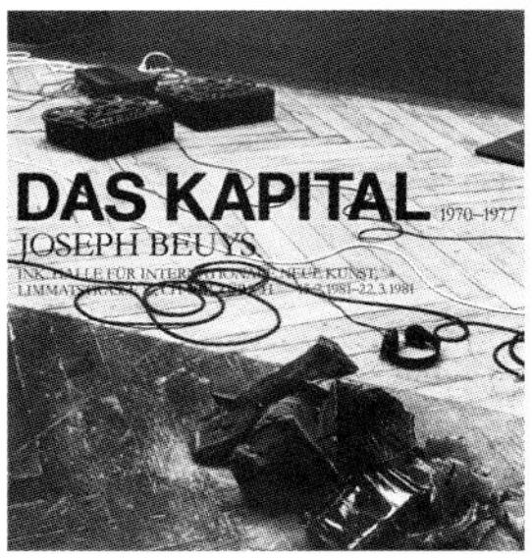

174 Das Kapital 1970–1977
INK. Halle für Internationale Neue Kunst, Zürich 1981
Offset, 60 x 48 cm
Entwurf: Heiner Bastian
Foto: Jochen Littkemann
W/B 114

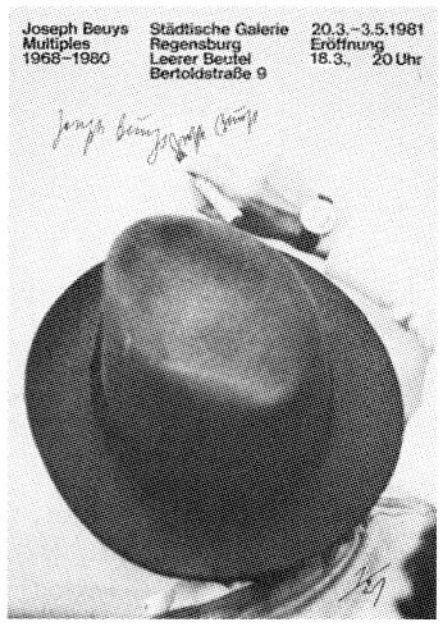

175 Joseph Beuys. Multiples 1968–1980
Städtische Galerie, Regensburg 1981
Offset, 84 x 59 cm
Foto: Franz Fischer, Bonn
Signiertes Exemplar
Abgebildet ist die Edition *Bonner Kunstverein 8.11.1977*. Das Motiv kündigte die Ausstellung bereits im November 1980 für die Städtische Galerie Erlangen an.
W/B 111
WVZ M 224, S. 213
Gold u.a. 1998, 349, 358, 368, S. 140f.

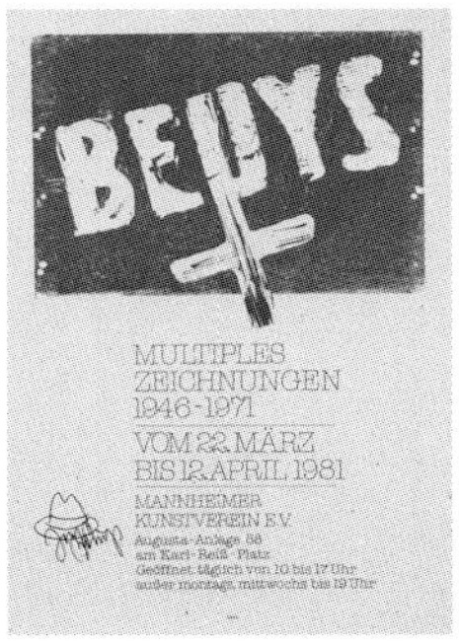

176 Beuys. Multiples. Zeichnungen 1946–1971
Mannheimer Kunstverein, Mannheim 1981
Offset, 84 x 59,3 cm
Druck: Stösser
Signiertes Exemplar mit Hutzeichnung
W/B 115

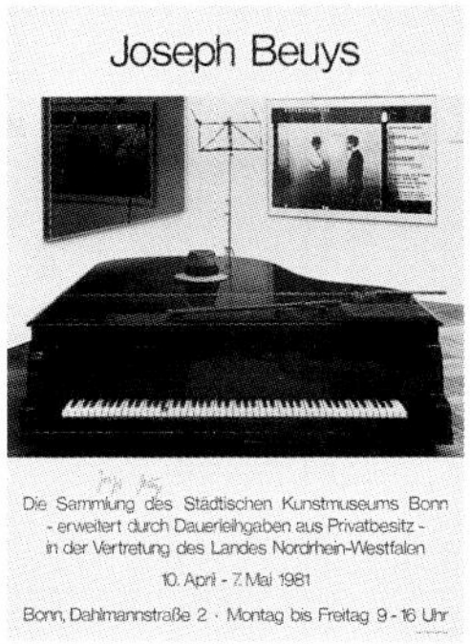

177 Joseph Beuys. Die Sammlung des Städtischen Kunstmuseums Bonn
Vertretung des Landes Nordrhein-Westfalen, Bonn 1981
Offset, 84 x 59,3 cm
Druck: C. Brandt GmbH, Bonn
Signiertes Exemplar
WVZ A 18, S. 224

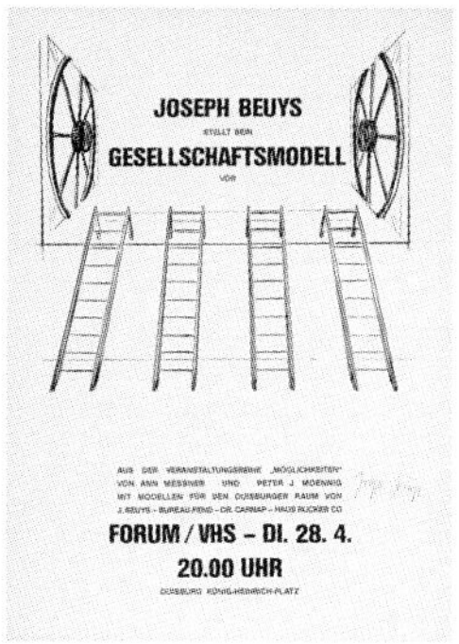

178 Joseph Beuys stellt sein Gesellschaftsmodell vor
Forum, VHS Duisburg 1981
Offset, 84 x 59 cm
Signiertes Exemplar

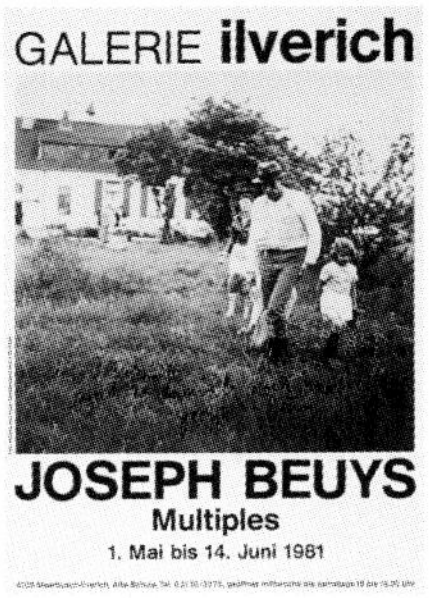

179 Joseph Beuys Multiples
Galerie Ilverich, Meerbusch-Ilverich 1981
Offset, 42 x 29,7 cm
Foto: Wolfgang Paul
Das Plakat ist rückseitig mit einem Einladungstext bedruckt, es ist in den Folgejahren in mehreren Orten mit neuem Text bzw. Aufklebern erschienen. Das Foto von W. Paul ist 1981 auch als Edition *in Ilverich roch es damals noch nach Gras* erschienen.
W/B 116
WVZ M 384, S. 304

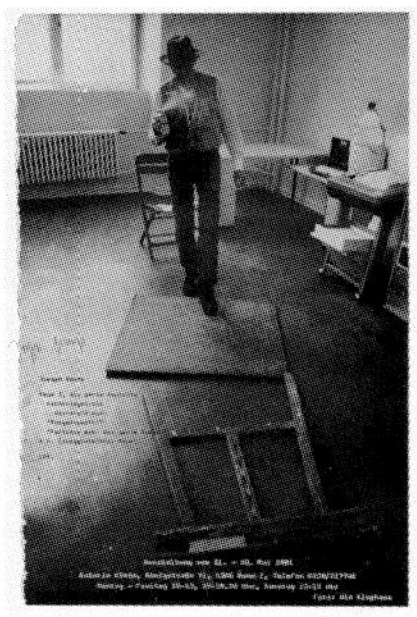

180 Joseph Beuys, Raum 3, die ganze deutsche Nachkriegslyrik
Galerie Klein, Bonn 1981
Offset, 71,5 x 47,8 cm
Foto: Ute Klophaus
Signiertes Exemplar
W/B 117

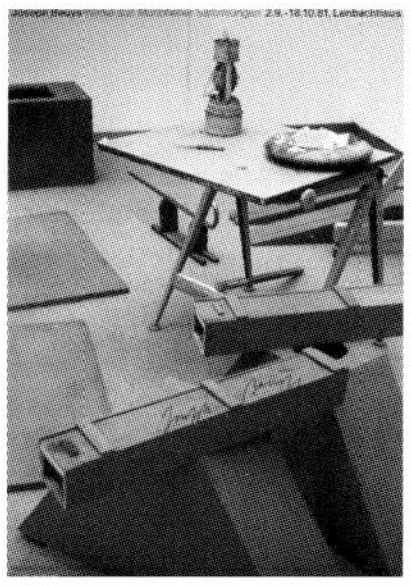

181 Joseph Beuys. Werke aus Münchener Sammlungen
Lenbachhaus, München 1981
Offset, 85 x 59 cm
Fotografie: Ute Klophaus
Signiertes Exemplar
Das Farbfoto zeigt einen Blick in die Installation *Vor dem Aufbruch aus Lager I* von 1970/80 im Bonner Kunstverein.
W/B 118

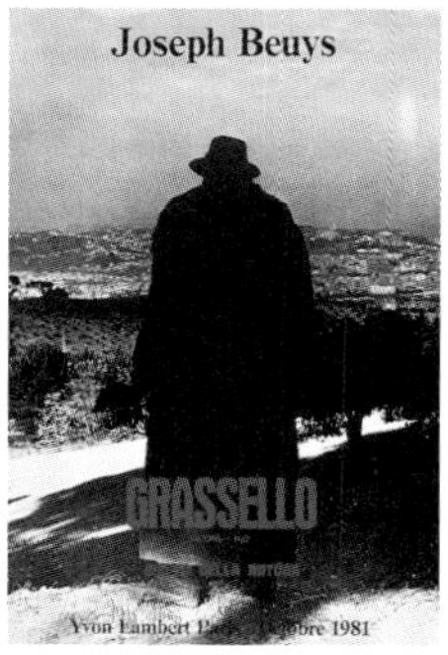

182 Joseph Beuys. Grassello
Galerie Yvon Lambert, Paris 1981
Offset, 100 x 67,8 cm
Foto: Buby Durini
Signiertes Exemplar
Das Plakatmotiv ist 1981 als Siebdruck erschienen unter dem Titel *Difesa della natura* (Clavicembalo).
W/B 119
WVZ M 378, S. 302
Gold u.a. 1998, 307, S. 142, 164

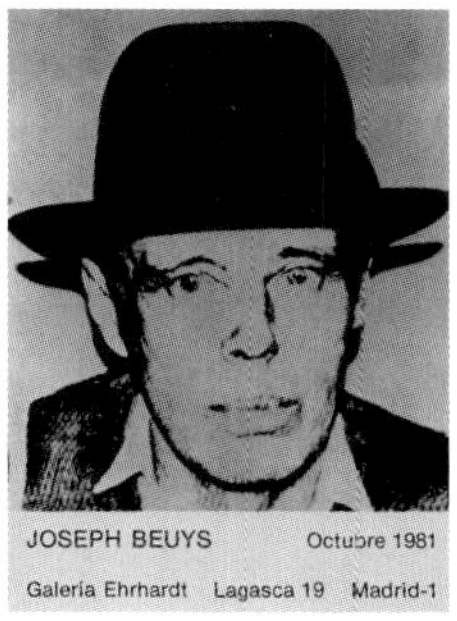

183 Joseph Beuys
Galeria Ehrhardt, Madrid 1981
Offset auf braunem Packpapier, 73,5 x 53,3 cm
Die Abbildung zeigt das *Portrait J. Beuys* von Andy Warhol.

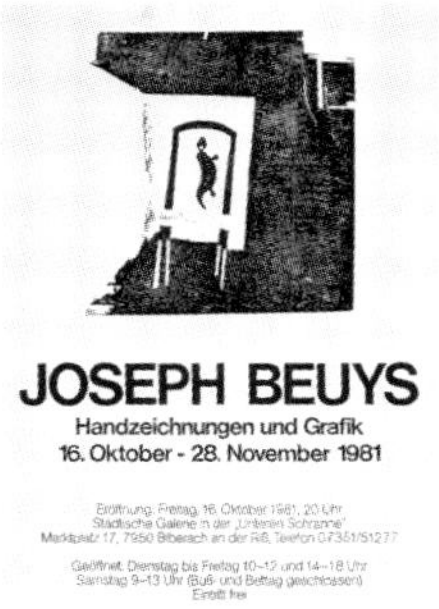

184 Joseph Beuys. Handzeichnungen und Grafik
Städtische Galerie, Biberach an der Riss 1981
Offset, 59,3 x 42 cm
Druck: Biberacher Verlagsdruckerei
Auf der Plakatrückseite ist ein Einladungstext und ein Text von Franz Joseph van der Grinten.
Das Plakat zeigt den Holzschnitt *Esse* von 1951.
WVZ M 94, S. 127

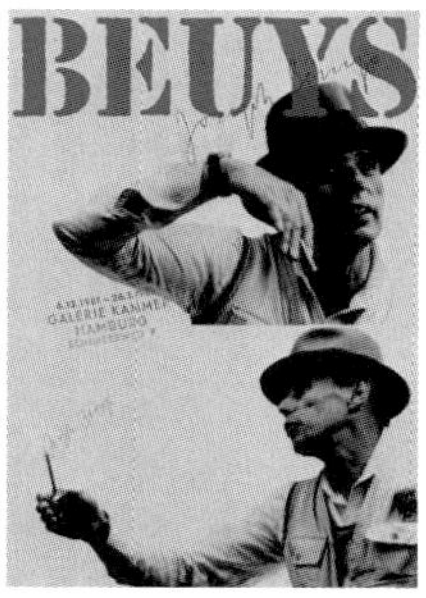

185 Beuys
Galerie Kammer, Hamburg 1981
Siebdruck auf grauem Papier, 84 x 59,5 cm
Entwurf: Claus von der Osten
Foto: Ingeborg Sello
Signiertes Exemplar
50 Exemplare der Plakate wurden auf weißem Papier gedruckt. Das Plakatmotiv ist 1991 für eine weitere Beuys-Ausstellung der Galerie Kammer erneut verwendet worden.
W/B 122

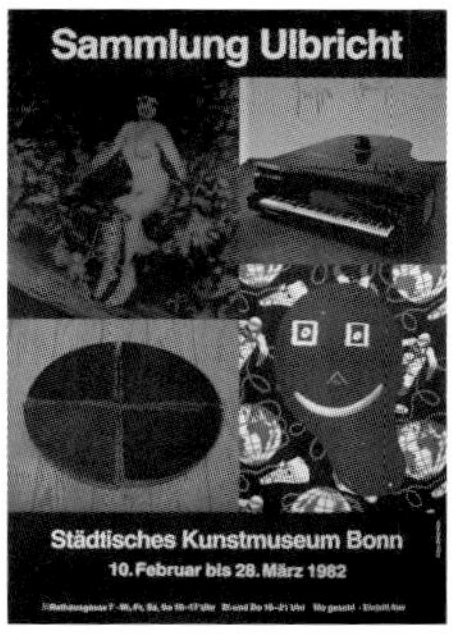

186 Sammlung Ulbricht
Städtisches Kunstmuseum Bonn 1982
Offset, 83,2 x 58,5 cm
Fotos: Walter Klein
Signiertes Exemplar
Neben Bildern von Gerhard Richter und Sigmar Polke und einer Skulptur von Ulrich Rückriem ist die Installation *Konzertflügeljom (Bereichjom)* von Joseph Beuys (1969) abgebildet.
WVZ A 8, S. 224

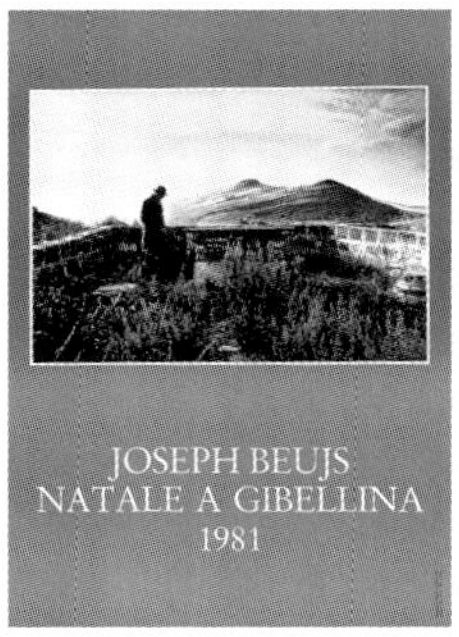

187 Joseph Beuys. Natale a Gibellina 1981
Offset, 71 x 51 cm
Foto: Mimmo Jodice, 1981
Druck: la buona stampa Ercolano (Neapel)

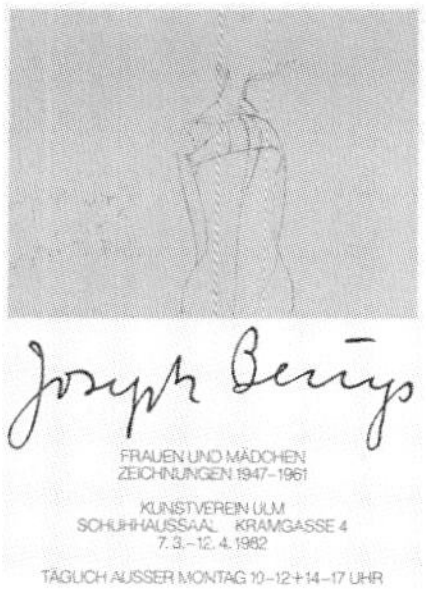

188 Joseph Beuys. Frauen und Mädchen, Zeichnungen 1947–1961
Kunstverein Ulm 1982
Offset, 68,9 x 49 cm
W/B 128a

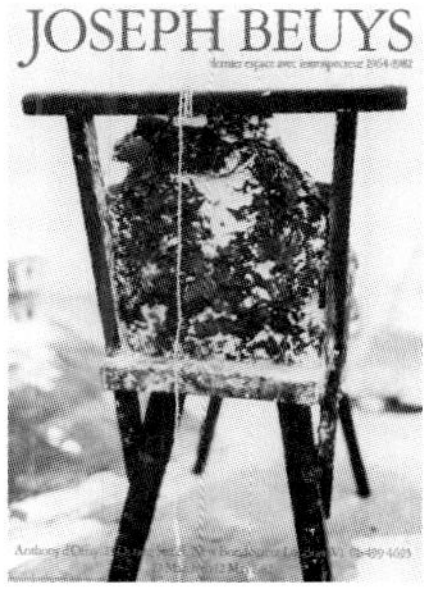

189 Joseph Beuys. Dernier espace avec introspecteur 1964–1982
Anthony d'Offay Gallery, London 1982
Offset, 72 x 50 cm
Entwurf: Aeneas Bastian
Druck: Curwen Press, London
W/B 129
Gold u.a. 1998, 288, S. 179

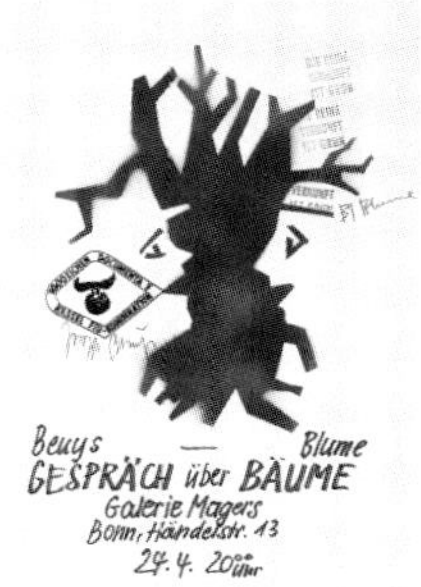

190 Beuys-Blume, Gespräch über Bäume
Galerie Magers, Bonn 1982
Schablone und Filzstift, 59 x 41,8 cm
Entwurf: Bernhard J. Blume
Von Beuys und Blume signiert mit »7000 Eichen«-Stempel und dem Stempel »Die reine Vernunft ist grün«.
Zu der Diskussionsveranstaltung am 24. April hat B. J. Blume ca. 30 Unikatplakate gestaltet. Er hat den Baum mit Hilfe einer Schablone grün gesprayt und den Text mit grünem Filzstift geschrieben, jeweils auf die Rückseite alter Plakate. Diese Originalarbeiten wurden nach der Diskussion verkauft.
W/B 130
Gold u.a. 1998, 236, 237, S. 171f.

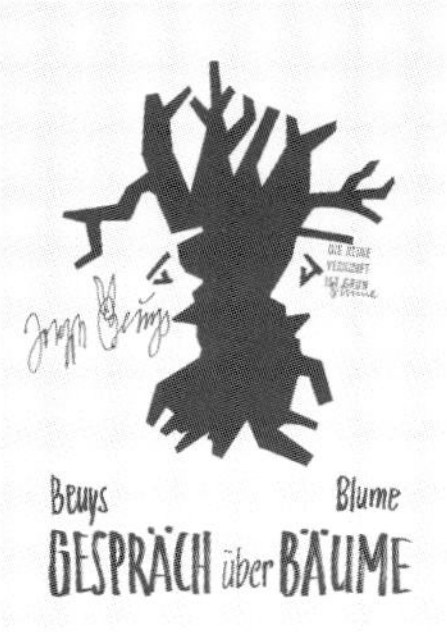

191 Beuys-Blume. Gespräch über Bäume
Bonn 1982
Entwurf Bernhard J. Blume
Offset, 60 x 42 cm
Von Beuys (Hasensignatur) und von Blume signiert und gestempelt.
Nach einem der Originalentwürfe von B. J. Blume wurde das Baummotiv ohne den vollständigen Galerietext als Offset gedruckt.
Gold u.a. 1998, 236/237, S. 171f.

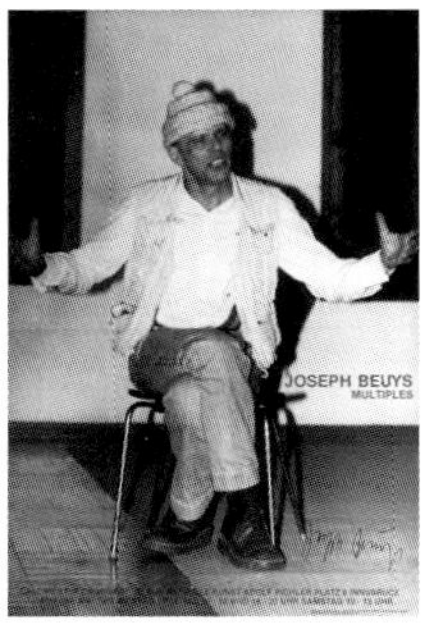

192 Joseph Beuys. Multiples
Galerie Krinzinger, Innsbruck 1982
Offset, 59 x 39,5 cm
Foto: Heli Bruch, 1979
Druck: Hörtenbergdruck, Telfs
Signiertes Exemplar

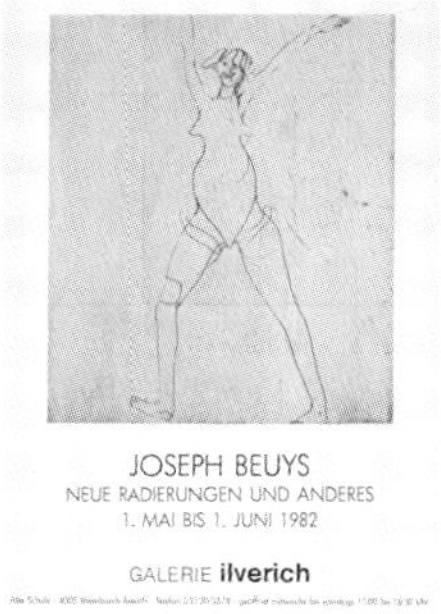

193 Joseph Beuys. Neue Radierungen und anderes
Galerie Ilverich, Meerbusch-Ilverich 1982
Offset, 42 x 30 cm
Abgebildet ist die Radierung *o. T. (Mädchen)* aus der *Suite Zirkulationszeit* von 1982.
W/B 131
WVZ M 420, S. 323
Gold u.a. 1998, 202, S. 109

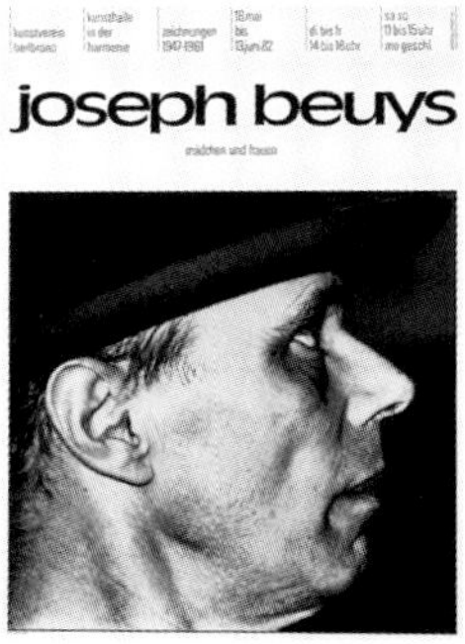

194 Joseph Beuys. Mädchen und Frauen
Kunstverein Heilbronn 1982
Offset, 83,7 x 60 cm
Entwurf: Schönau Creativ Sc.
Foto: Sven Simon
W/B 128 b

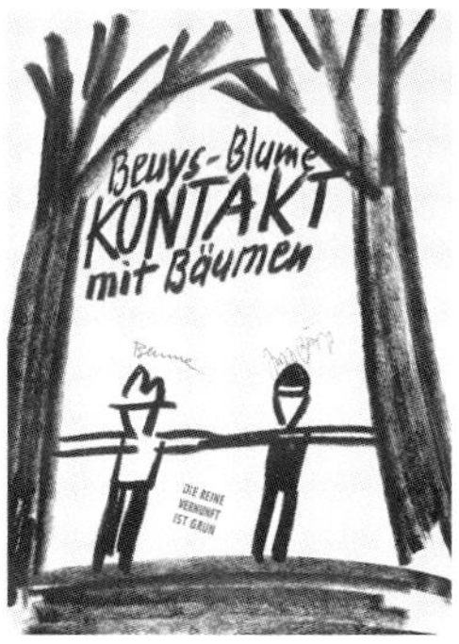

195 Beuys-Blume, Kontakt mit Bäumen
Bonn / Hamburg, 1982
Offset, 60,4 x 42,3 cm
Entwurf: Bernhard J. Blume
Von Beuys und Blume signiert, dazu Stempel »Die reine Vernunft ist grün«.
Durch den Aufkleber *Halle 6, Aktion und Gespräch mit Joseph Beuys* wurde der Druck zum Plakat für die Podiumsdiskussion am 29. Mai 1982 in der Kampnagelfabrik, Hamburg.
W/B 132
Gold u.a. 1998, 238, 239, S. 172

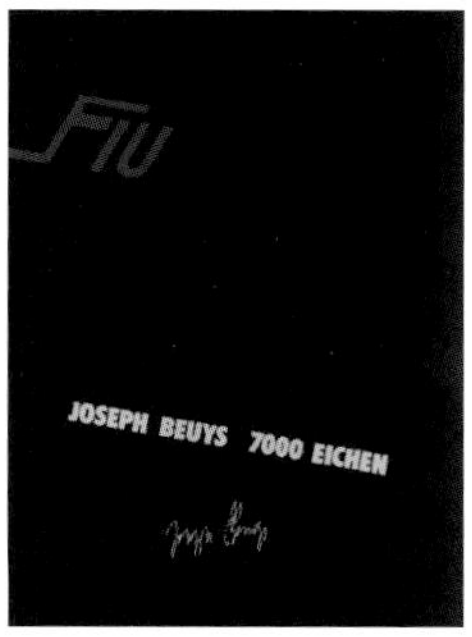

196 FIU Joseph Beuys. 7000 Eichen
Kassel 1982
Siebdruck auf unterschiedlichen Papieren in mehreren Farben, 61,5 x 45,8 cm
Foto: Willi Kraus
Entwurf: Johannes Stüttgen
Von Joseph Beuys mit silbernem Filzstift signiertes Exemplar (*Hasensignatur*)
W/B 124
Gold u.a. 1998, 158, S. 173

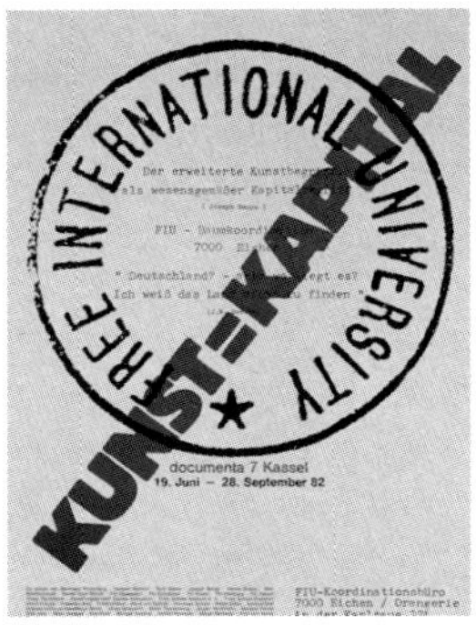

197 documenta 7 *Tafel 42*
expects every man to do his duty
Kassel 1982
Offset- und Siebdruck, 42,7 x 60,3 cm
Fotos und Herausgeber: Dieter Schwerdtle
Druck: FIU Gelsenkirchen
Signiertes Exemplar
Das Plakat ist auch ohne die handschriftlichen Korrekturen erschienen.
W/B 125
WVZ A A18, S. 385f.

198 Kunst = Kapital, Free International University,
FIU – Koordinationsbüro 7000 Eichen, documenta 7, Kassel 1982
Siebdruck auf Packpapier und auf weißem Papier, 61,2 x 43 cm
W/B 127

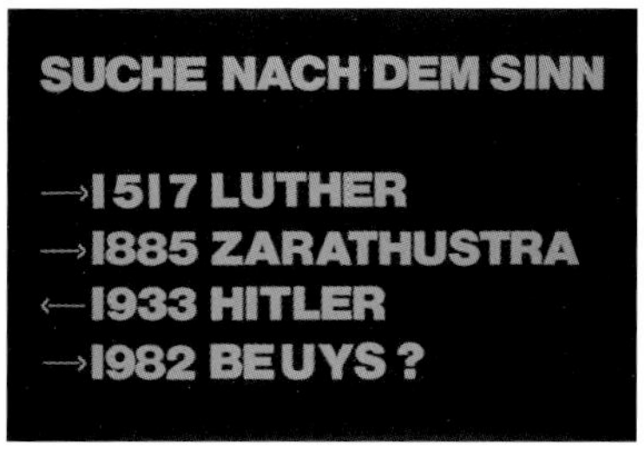

199 Suche nach dem Sinn
1982
Offset auf Chromoluxkarton, 45 x 64,5 cm
Signiertes Exemplar

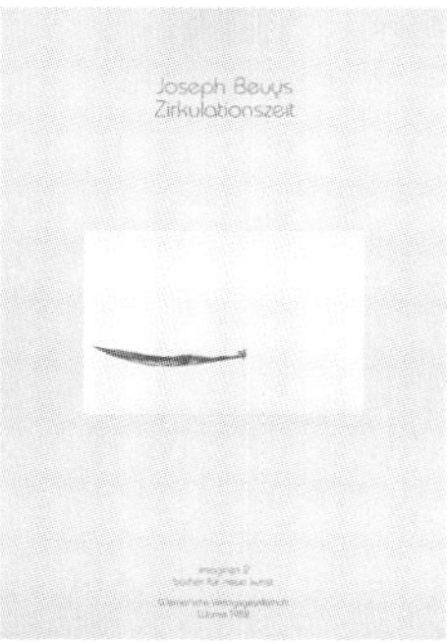

200 Joseph Beuys. Zirkulationszeit imagines 2
Werner'sche Verlagsgesellschaft, Worms 1982
Offset, 59,2 x 42 cm
Abgebildet ist die Farbradierung *Meerengel die Seegurke* aus der Suite *Zirkulationszeit* von 1982.
WVZ M 430, S. 331

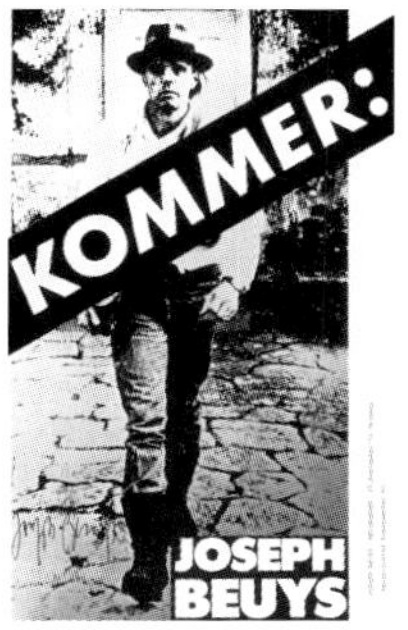

201 Kommer: Joseph Beuys.
Henie-Onstad Kunstsenter, Høvikodden (Oslo) 1982
Offset 51 x 31,8 cm
Foto: Giancarlo Pancaldi
Signiertes Exemplar
W/B 133

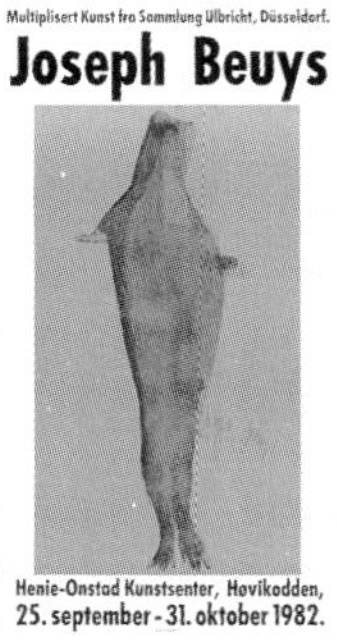

202 Joseph Beuys. Multiplisert Kunst fra Sammlung Ulbricht
Henie-Onstad Kunstsenter, Høvikodden (Oslo) 1982
Offset, 93,5 x 55,2 cm
Druck: EKS-Skolens Trykkeri
Signiertes Exemplar
Das Plakat zeigt die Farblithografie *Robbe* 1981.
W/B 134
WVZ M 390, S. 307
Gold u.a. 1998, 255, S. 100

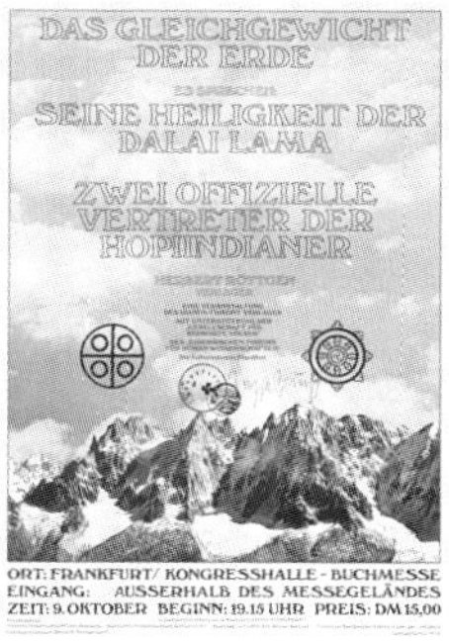

203 Das Gleichgewicht der Erde.
Kongresshalle, Buchmesse Frankfurt a. M. 1982
Offset, 59,4 x 42 cm
Entwurf: Hermann Menig
Signiertes Exemplar mit »Hauptstrom«-Stempel
W/B 135

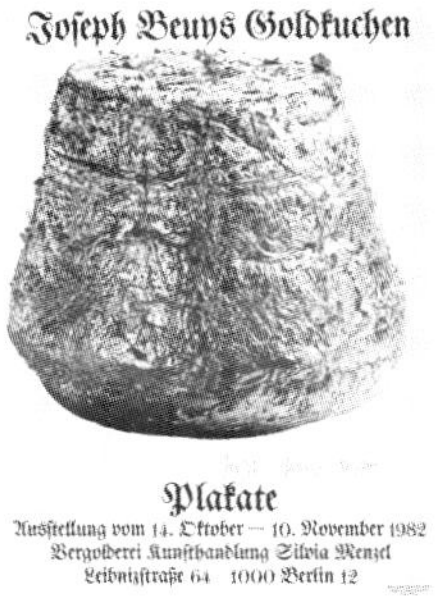

204 Joseph Beuys. Goldkuchen, Plakate
Vergolderei Kunsthandlung Silvia Menzel, Berlin 1982
Siebdruck, 84 x 59,4 cm
Entwurf: Heiner Bastian
Druck: Hentrich
Signiertes Exemplar 51/1000
W/B 136
WVZ M 459, S. 350

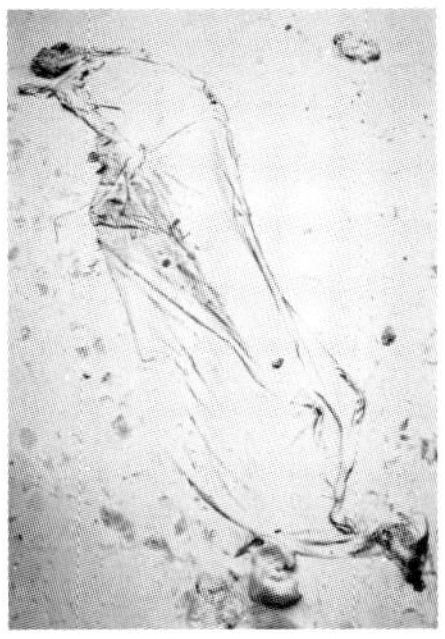

205 Solidarnosc Incarnat
FIU 1982
Offset, 84 x 59,5 cm
Entwurf: Felix Droese
Foto: P. Niepagenkemper
Von Felix Droese signiert und gestempelt
Von diesem Spendenplakat (Auflage 500) wurden 50 Exemplare von Beuys, Droese und Stüttgen signiert.
WVZ M 376, S. 302

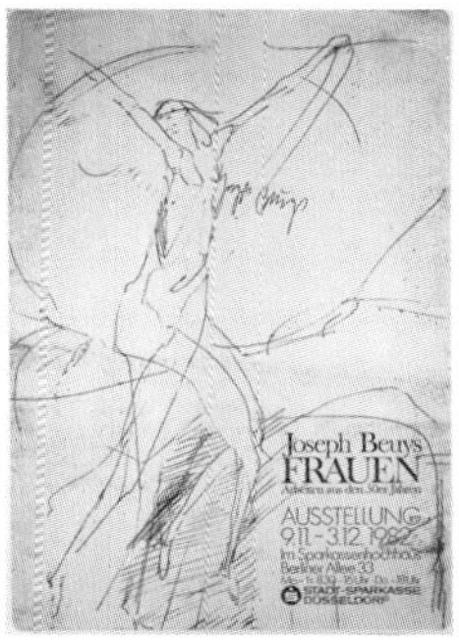

206 Joseph Beuys. Frauen
Stadt-Sparkasse Düsseldorf 1982
Offset, 84 x 59,5 cm
Signiertes Exemplar
Das Plakat zeigt die Zeichnung *Frau am Meer II* von 1957.
W/B 128 c

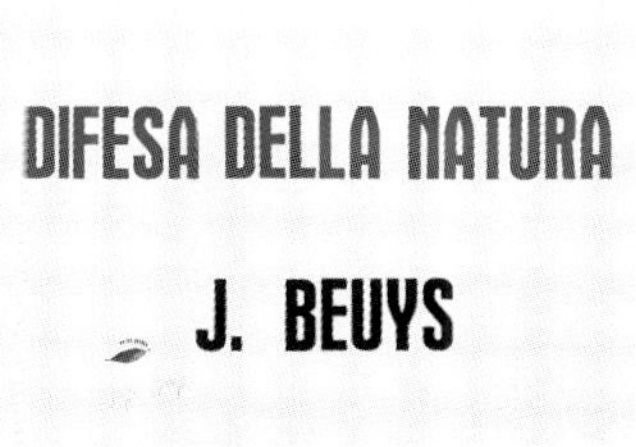

207 Difesa della Natura. J. Beuys
Bonn 1982
Buchdruck auf dünnem Papier, 68,5 x 96,5 cm
Signiertes Exemplar mit Stempel »Wählt die Grünen«
Mit dem Plakat wurden alle Räume der Galerie Erhard Klein, Bonn, tapeziert.
Anlass war die Ausstellung *Verteidigt die Natur* von J. Beuys (6.–10. Dezember 1982).
Gold u.a. 1998, 257, S. 163

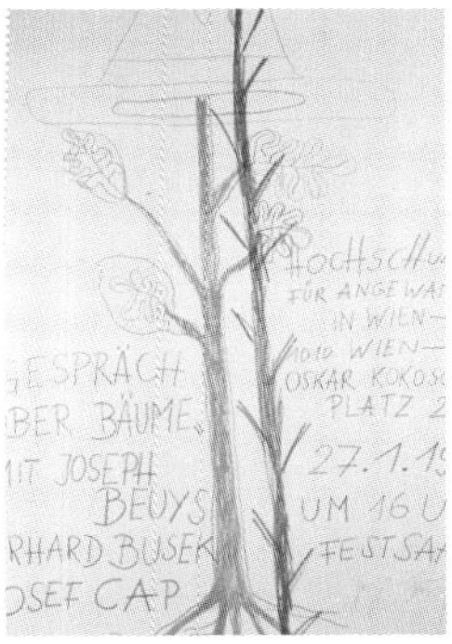

208 Gespräch über Bäume
Hochschule für angewandte Kunst, Wien 1983
Lithografie, 84 x 58,8 cm
Entwurf: Oswald Oberhuber
Signiertes Exemplar
Am Gespräch nahmen Joseph Beuys, Erhard Busek, Josef Cap und Oswald Oberhuber teil.

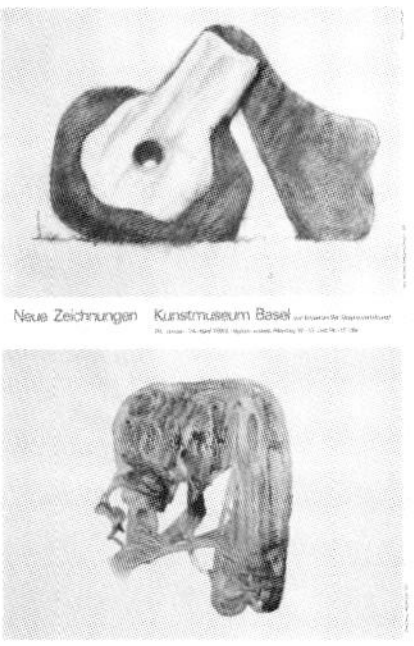

209 Neue Zeichnungen
Kunstmuseum Basel 1983
Offset, 84 x 59,3 cm
Druck: G. Gissler, Basel
Die untere Abbildung zeigt die Zeichnung *Mädchen-Kopf* von 1957.

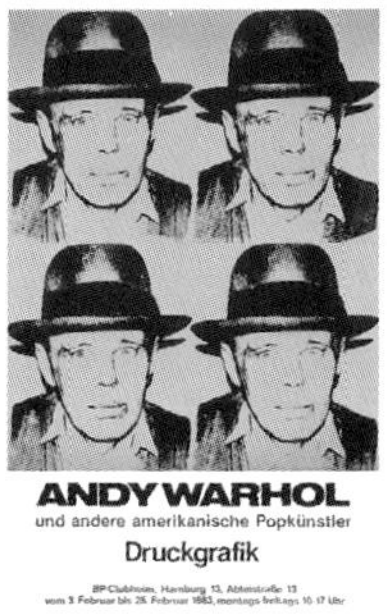

210 Andy Warhol und andere amerikanische Popkünstler
BP-Clubheim, Hamburg 1983
Offset, 55,8 x 39 cm
Das Plakat zeigt den Siebdruck Andy Warhols *Portrait J. Beuys.*

211 Joseph Beuys. Bonn braucht Kunst Halle *Tafel 43*
Bonn 1983
Offset, 84 x 59,3 cm
Signiertes Exemplar 61/100
Das Plakat zeigt die Skulptur *Erdtelephon* 1967 aus der Sammlung Ulbricht. Das Plakat von J. Beuys ist mit denen von neun weiteren Künstlern in einer Mappe mit einer Auflage von 100 signierten Exemplaren erschienen.
W/B 113

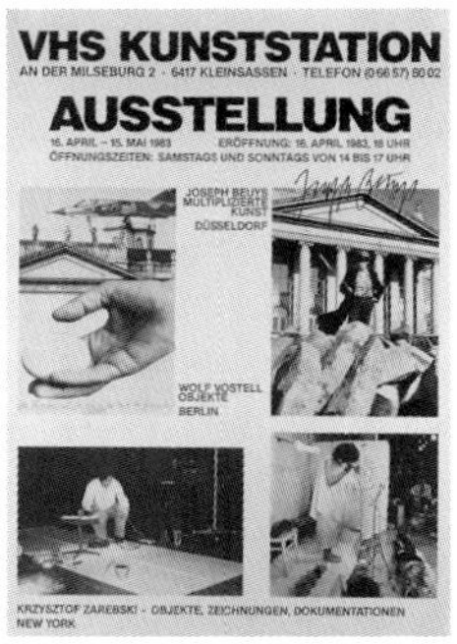

212 Joseph Beuys, Wolf Vostell, K. Zarebski
VHS Kunststation Kleinsassen 1983
Offset, 59,3 x 41,8 cm
Signiertes Exemplar

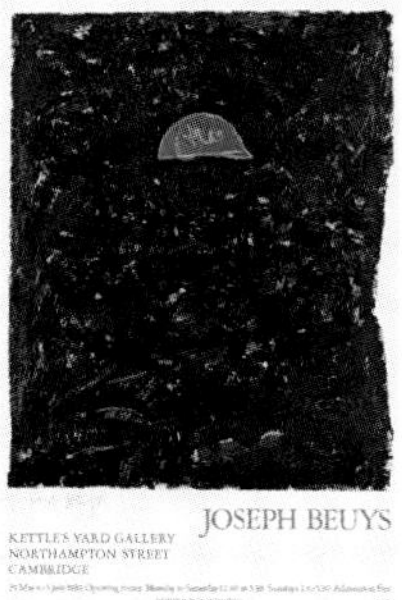

213 Joseph Beuys
Kettle's Yard Gallery, Cambridge 1983
Offset, 76 x 49,6 cm
Druck Westerham Press
Signiertes Exemplar
Das gleiche Plakat gibt es noch für Ausstellungen im Victoria & Albert Museum, London und in der City Art Gallery, Leeds. Abgebildet ist die Zeichnung *Jockeykappe im Gras* von 1969.
W/B 137
Gold u.a. 1998, 380, S. 111

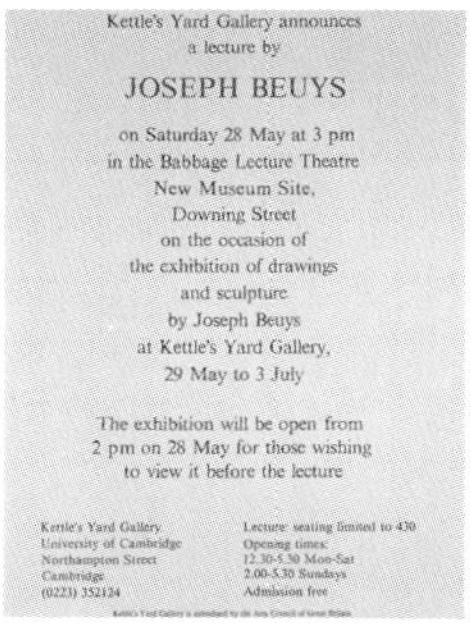

214 A lecture by Joseph Beuys
Kettle's Yard Gallery, Cambridge 1983
Offset, 40 x 29,6 cm

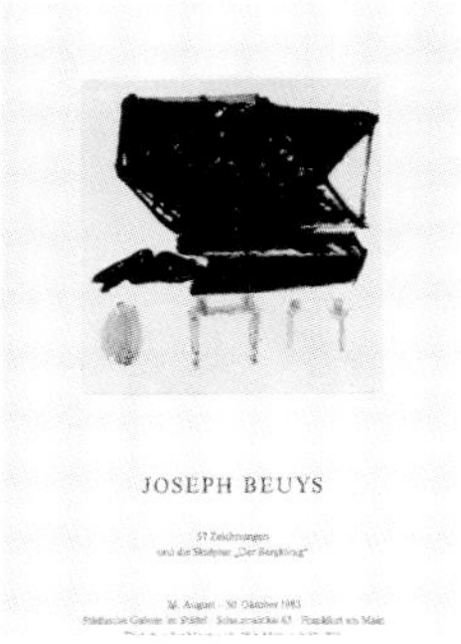

215 Joseph Beuys. 57 Zeichnungen und die Skulptur *Der Bergkönig*
Städtische Galerie im Städel,
Frankfurt a. M. 1983
Offset, 84 x 59 cm
Abgebildet ist die Zeichnung *Filzplastik-Bronzeplastik* von 1964.
W/B 138

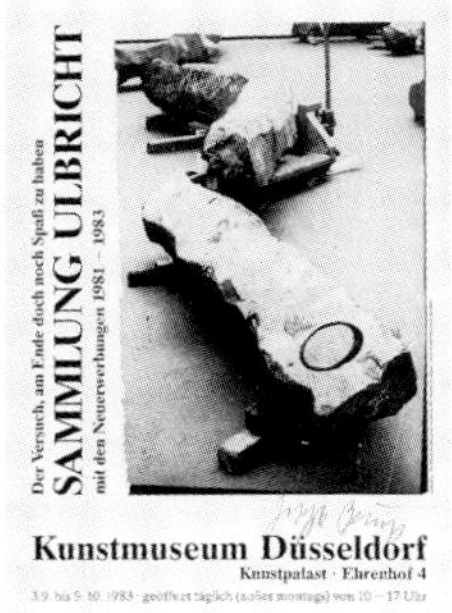

216 Sammlung Ulbricht mit den Neuerwerbungen 1981–1983
Kunstmuseum Düsseldorf 1983
Offset, 84 x 59,2 cm
Fotografie: Ute Klophaus
Druck: Heinrich Winterscheidt, Düsseldorf
Signiertes Exemplar
Das Plakat bildet die Skulptur *Das Ende des 20. Jahrhunderts* von 1983 ab.

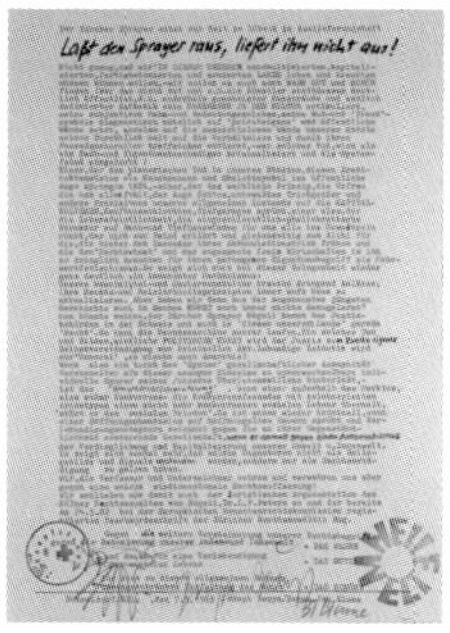

217 *Lasst den Sprayer raus, ...!*
Düsseldorf / Köln 7. 9. 1983
Offset, 43 x 30,4 cm
Von Nägeli, Beuys und Blume signiert.
Exemplar mit den Stempeln »Hauptstrom« und »Weltheil«.
Gold u.a. 1998, 425, S. 194

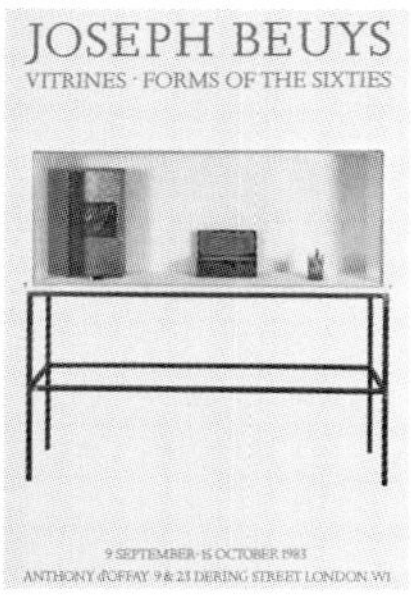

218 Joseph Beuys, Vitrines. Forms of the Sixties
Anthony D'Offay Gallery, London 1983
Offset, 71,8 x 49,7 cm
Das Plakatfoto zeigt die Vitrine 28
von 1962–1980.

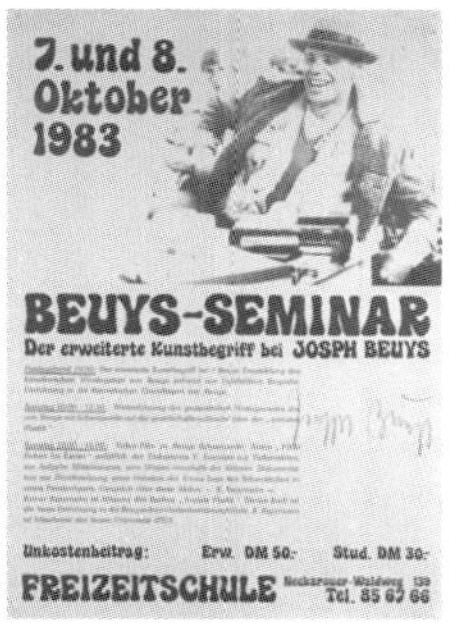

219 Beuys-Seminar
Freizeitschule Mannheim, 7. und 8. 10. 1983
Offset, 43 x 30,5 cm
Signiertes Exemplar

220 Creativity = Capital *Tafel 45*
New York Subway Poster 1983
Siebdruck, 28 x 70,4 cm
Signiertes Exemplar 30/120
Der unsignierte Druck wurde als Teil des Programms *Subculture* auf Werbeflächen in New Yorker Subway-Zügen angebracht.
WVZ M 470, S. 359

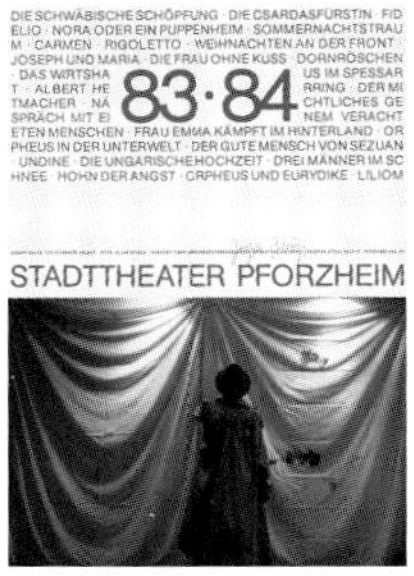

221 Programm 83–84
Stadttheater Pforzheim 1983
Offset, 69,7 x 49,8 cm
Foto: Klaus Staeck
Signiertes Exemplar
Die Abbildung zeigt ein Foto aus der Aktion *The Stanhope Hotel Object.*
WVZ M 269, S. 234
WVZ. P 61, S. 159

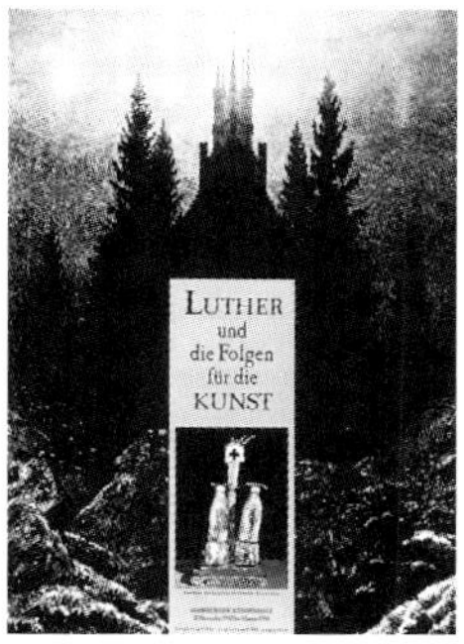

222 Luther und die Folgen für die Kunst
Hamburger Kunsthalle 1983
Offset, 83,6 x 59,3 cm
Von J. Beuys ist die Skulptur *Kreuzigung* von 1962/63 abgebildet.
W/B 139

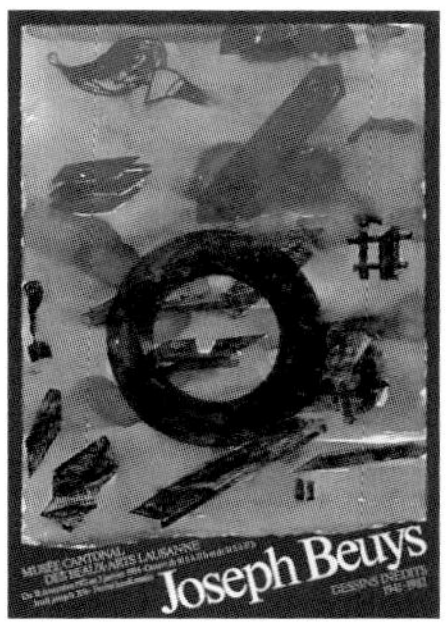

223 Joseph Beuys, Dessins inedits 1941–1982
Musée Cantonal des Beaux-Arts, Lausanne 1983–1984
Siebdruck, 128 x 90,5 cm
Entwurf: Benteliteam
Druck: Albin Uldry
Das Plakat zeigt das Aquarell *Skulpture* von 1964. Das gleiche Plakat ist danach für die Ausstellung im Kunstmuseum Winterthur verwendet worden.
W/B 141

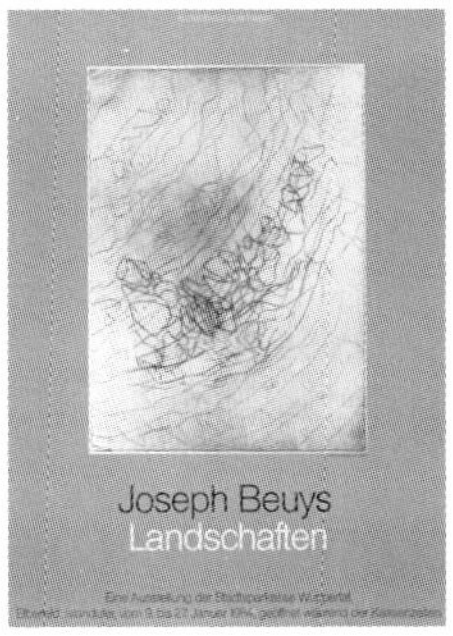

224 Joseph Beuys. Landschaften
Stadtsparkasse Wuppertal 1984
Offset, 83,6 cm x 59,3 cm
Abgebildet ist die Bleistiftzeichnung *Steine im Gebirgsbach* von 1954.
W/B 140

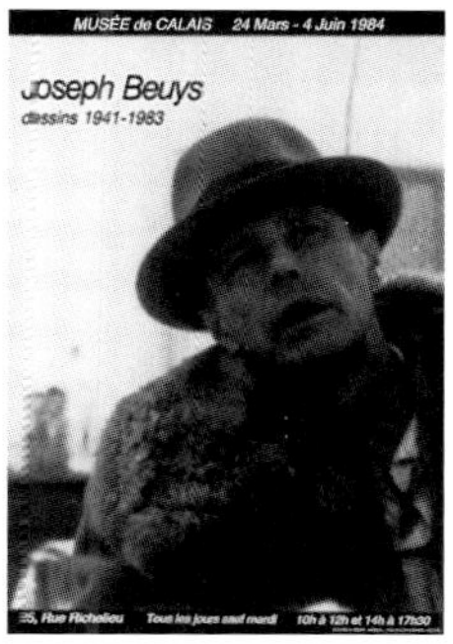

225 Joseph Beuys. Dessins 1941–1983
Musée de Calais 1984
Offset, 55,2 x 38 cm
Entwurf: Atelier Denis Toulet-Ardres
Druck: Imprimerie Emile Cache, Guines
W/B 142

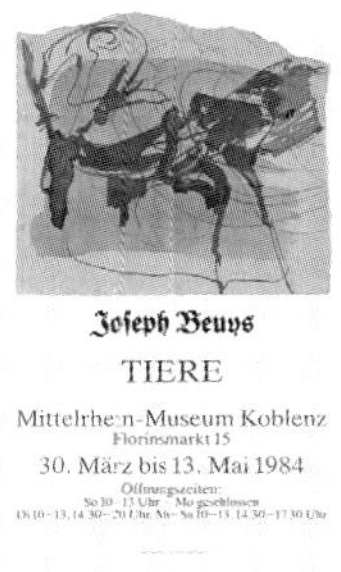

226 Joseph Beuys. Tiere
Mittelrhein-Museum Koblenz, 1984
Offset, 88 x 62 cm
Entwurf und Druck: Louis Schreder GmbH Mayen
Das Plakatmotiv wurde im folgenden Jahr auch für eine Ausstellung in Bad Säckingen verwendet.

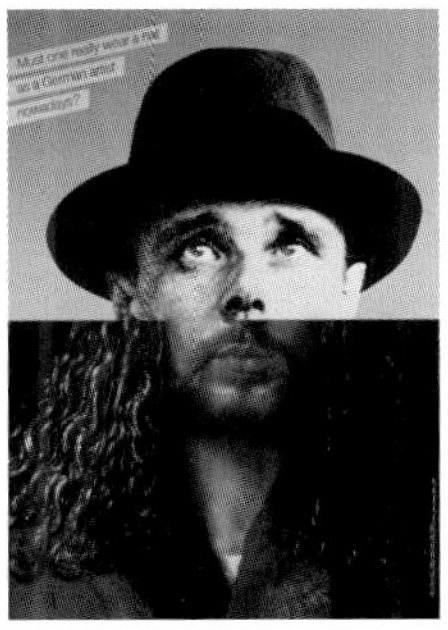

227 Must one really wear a hat as a german artist nowadays?
Inter Nationes, Bonn 1984
Offset, 97,5 x 68,5 cm
Fotografie: Ute Klophaus
Entwurf: Graphik team, Köln
Druck: Greven & Bechtold, Köln
Das Plakat zeigt ein Porträt des Joseph Beuys von Ute Klophaus. Dieses Porträt wurde dem Plakatentwurf zugrunde gelegt.

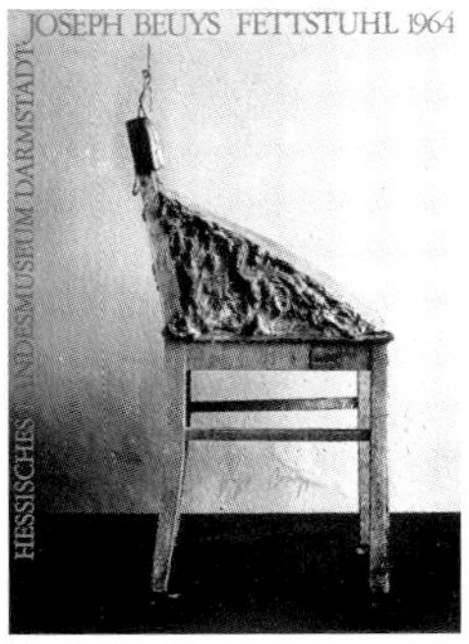

228 Joseph Beuys. Fettstuhl 1964
Hessisches Landesmuseum Darmstadt, 1984
Offset, 90 x 64,3 cm
Entwurf: Aeneas Bastian
Foto: Eva Beuys
Druck: Cantz, Stuttgart
Signiertes Exemplar

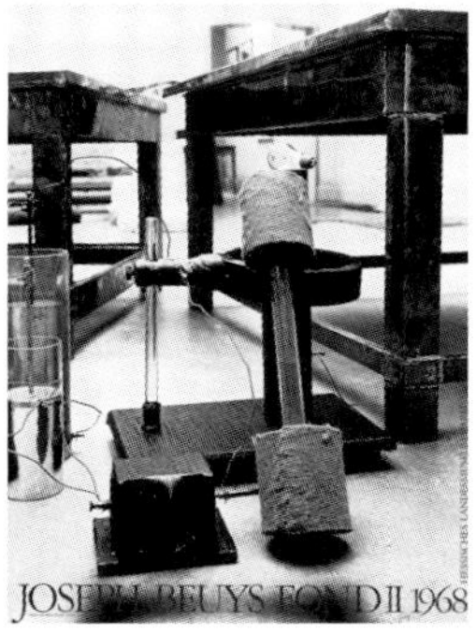

229 Joseph Beuys Fond II 1968
Hessisches Landesmuseum Darmstadt, 1984
Offset, 90 x 64,3 cm
Entwurf: Heiner Bastian
Foto: Eva Beuys
Druck: Cantz, Stuttgart
W/B 22

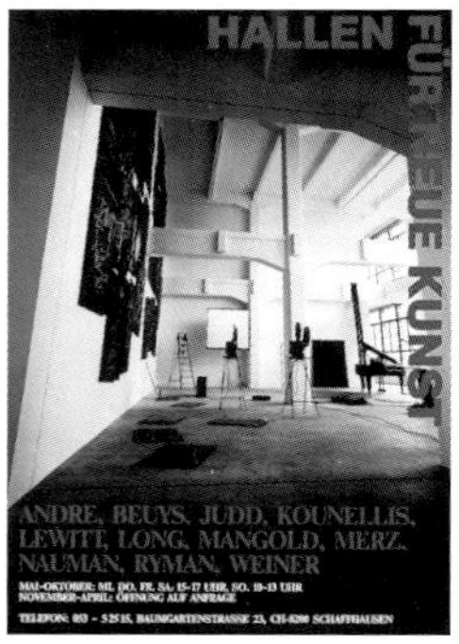

230 Hallen für neue Kunst, Schaffhausen 1984
Offset, 128 x 90,4 cm
Zu sehen ist die vom Künstler in Schaffhausen eingerichtete Arbeit *Das Kapital,* die zwischen *1970–77* entstand.

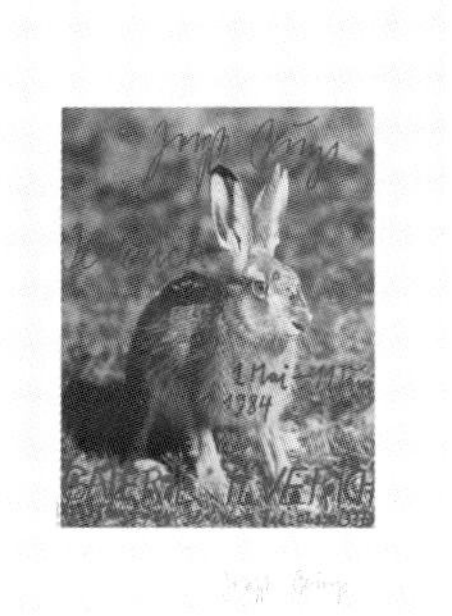

231 Joseph Beuys in Ilverich
Galerie Ilverich, Meerbusch–Ilverich 1984
Offset, 42 x 31 cm und 60,9 x 42,8 cm
Foto: Sláva Stochl
Signiertes Exemplar
Das Motiv erschien gefaltet und mit Text auf der Rückseite als Einladung sowie mit breitem Rand auf festem Papier als Plakat.
W/B 143

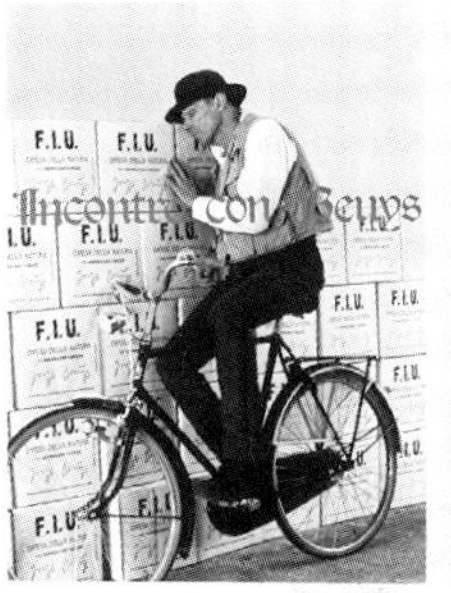

232 Copertina Incontro con Beuys
Verlag Lucrezia de Domizio, Bolognano 1984
Offset, 71,3 x 50 cm
Foto: Buby Durini
Signiertes Exemplar
Das Plakat ist ein größerer Druck des Umschlags für das Buch *Incontro con Beuys.*
Gold u.a. 1998, 302, S. 162

233 J. Beuys. Difesa Della Natura *Tafel 44*
Lucrezia de Domizio, Pescara Bolognano 1984
Offset, 60 x 82 cm
Signiertes Exemplar
Das Plakat erschien ohne den Ankündigungstext als Edition.
WVZ M 486, S. 366
Gold u.a. 1998, 257, 309, S. 163f.

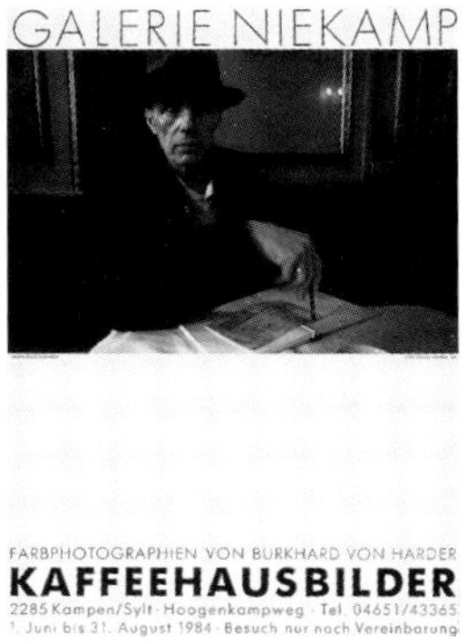

234 Kaffeehausbilder
Galerie Niekamp, Kampen auf Sylt 1984
Offset, 59,4 x 42 cm
Foto: Burkhard von Harder
Das Farbfoto zeigt Josef Beuys im Café Florian in Venedig 1983.

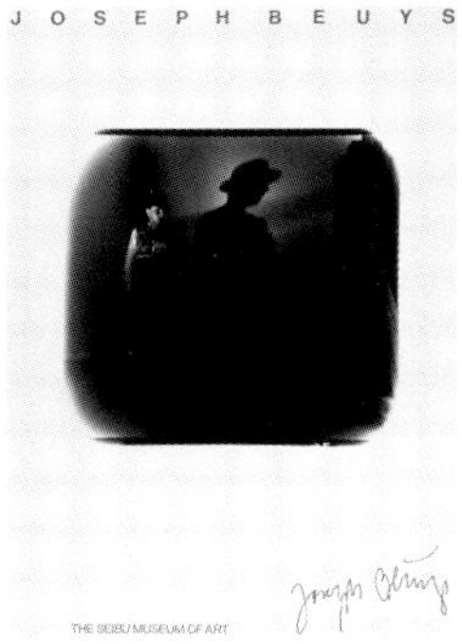

235 Joseph Beuys. Ulbricht Collection
The Seibu Museum of Art, Tokyo 1984
Offset, 102,7 x 72,8 cm
Entwurf: Ikko Tanaka

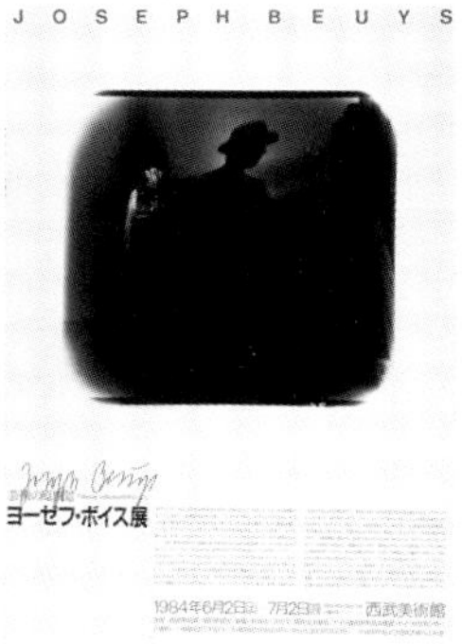

236 Joseph Beuys. Ulbricht Collection
The Seibu Museum of Art, Tokyo 1984
Offset, 102,7 x 72,8 cm
Entwurf: Ikko Tanaka
Signiertes Exemplar
WVZ M S. 519 (Variante mit japanischem Text)

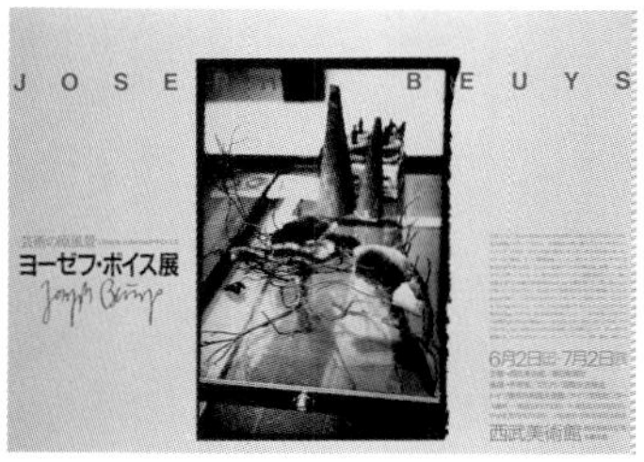

237 Joseph Beuys, Sammlung Ulbricht
The Seibu Museum of Art, Tokyo 1984
Offset, 51,3 x 36,2 cm
Fotografie: Ute Klophaus
Signiertes Exemplar
Abgebildet ist die Vitrine *Alarm I* von 1983.

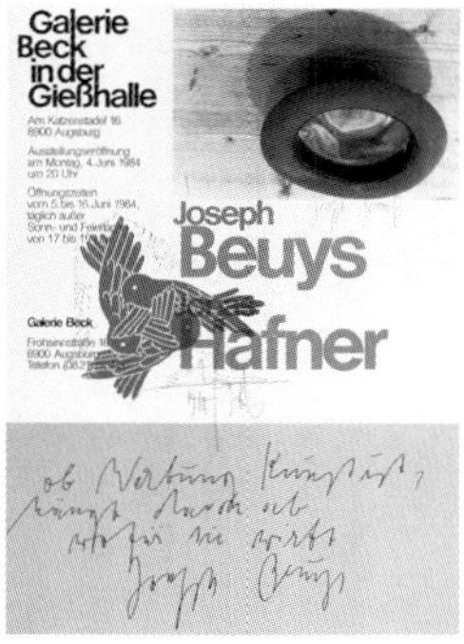

238 Joseph Beuys – Jonas Hafner
Galerie Beck in der Gießhalle, Augsburg 1984
Offset und Linolschnitt, 84,3 x 58,5 cm
Von beiden Künstlern signiertes Exemplar
Der Stempel »Dreivogeldruck« von Jonas Hafner als Linoldruck. Auf der Rückseite Texte zu der Edition *Ob Werbung Kunst ist, hängt davon ab, wofür man wirbt. Joseph Beuys.*
WVZ M 490, S. 367

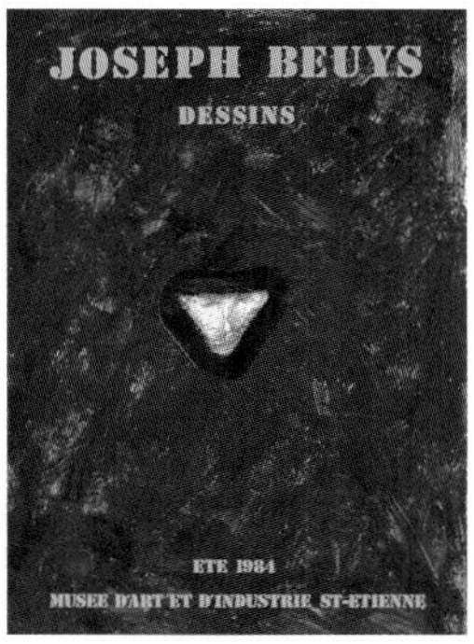

239 Joseph Beuys. Dessins
Musée d'Art et d'Industrie, St. Étienne 1984
Offset, 53,8 x 39,7 cm
Druck: R. Vasti imprimeur S. A. St. Etienne
Die Plakatgestaltung basiert auf der Ölfarbenzeichnung *Hirte (Selbstbildnis)* von 1973.

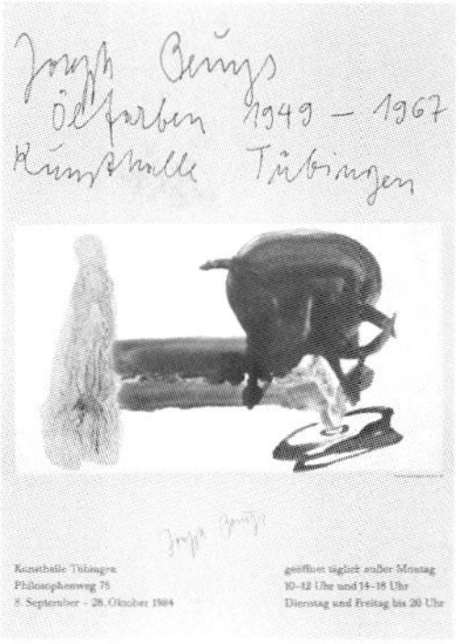

240 Joseph Beuys. Ölfarben 1949–1967
Kunsthalle Tübingen, 1984
Offset, 84 x 59,7 cm
Signiertes Exemplar
Das Plakat bildet die Ölfarbenzeichnung *Organisch-physiologische Maschine* von 1960 ab. Das gleiche Plakat wurde für die Ausstellung im Kunstverein in Hamburg 1985 verwendet.

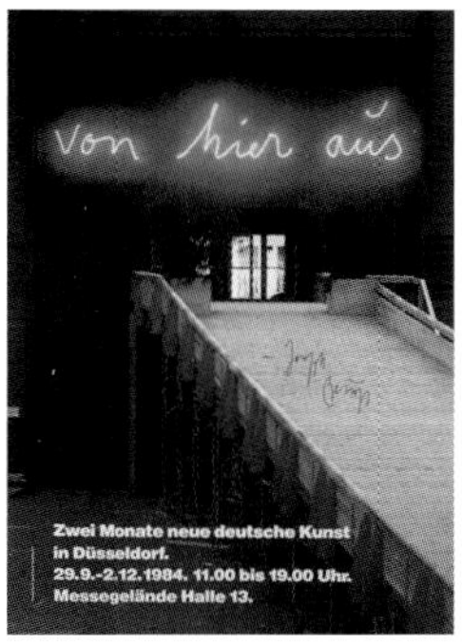

241 Von hier aus. 2 Monate neue deutsche Kunst in Düsseldorf
Messegelände Düsseldorf, 1984
Offset, 83,8 x 59,3 cm
Signiertes Exemplar

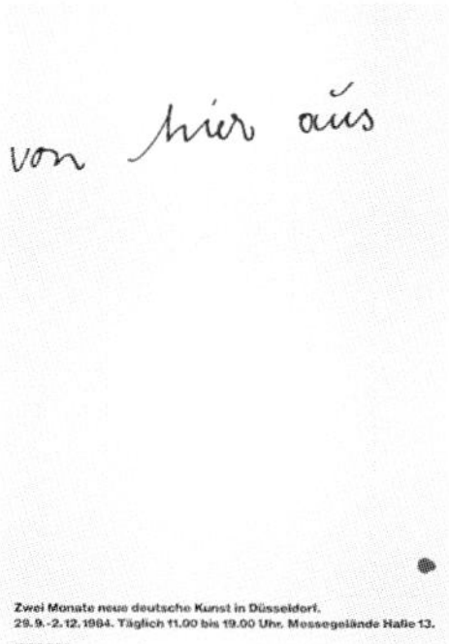

242 Von hier aus. 2 Monate Neue deutsche Kunst in Düsseldorf
Messegelände Düsseldorf, 1984
Offset, 83,8 x 59,2 cm

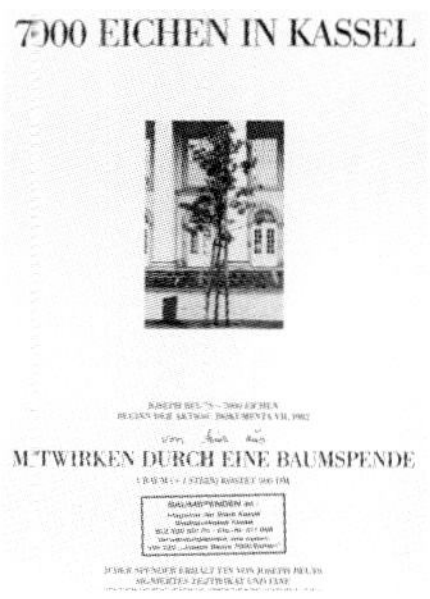

243 7000 Eichen in Kassel. Mitwirken durch eine Baumspende
Düsseldorf 1984
Offset, 83,9 x 59,4 cm
Entwurf: Heinz Baumüller und Johannes Stüttgen
Anlässlich der Ausstellung *Von hier aus* in Düsseldorf (Nr. 241, 242) erschienen.

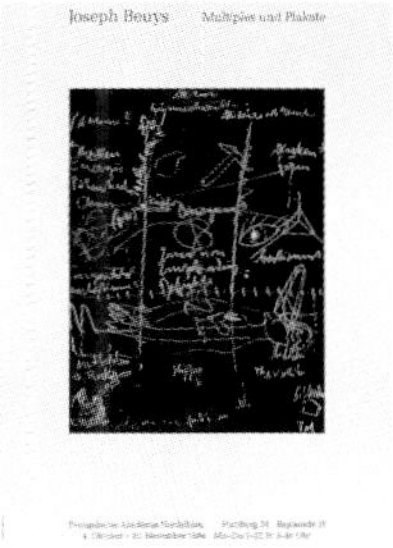

244 Joseph Beuys. Multiples und Plakate
Evangelische Akademie Nordelbien, Hamburg 1984
Offset, 59,3 x 42 cm
Druck: May-Druck, Hamburg
Abgebildet ist der Siebdruck *Tafel III* von 1980 aus der Edition der Griffelkunst-Vereinigung Hamburg.
W/B 144
WVZ M 328, S. 266

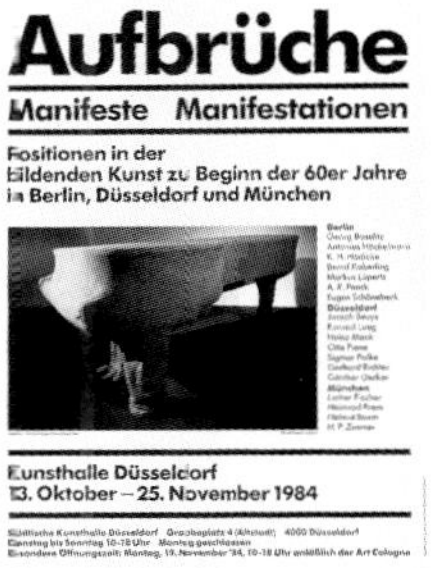

245 Aufbrüche, Manifeste, Manifestationen, Positionen in der bildenden Kunst zu Beginn der 60er Jahre
Kunsthalle Düsseldorf 1984
Offset, 83,6 x 59 cm
Fotografie: Ute Klophaus
Druck: Heinrich Winterscheid, Düsseldorf
Das Foto zeigt die Arbeit *Infiltration homogen für Konzertflügel* von 1966 im Centre Georges Pompidou, Paris.
W/B 145

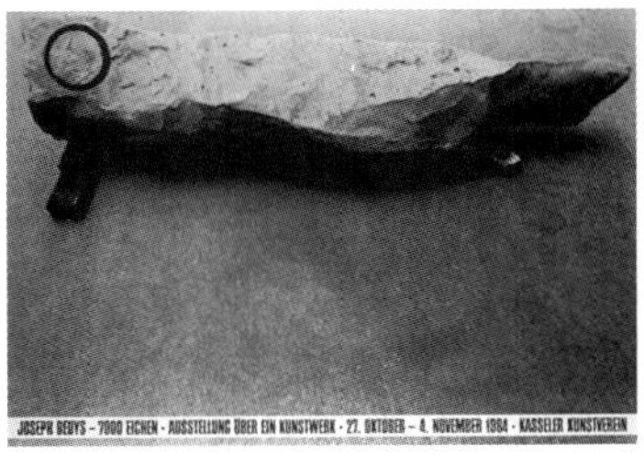

246 Joseph Beuys. 7000 Eichen
Kasseler Kunstverein 1984
Offset, 59,3 x 84,2 cm
Foto: Magdalena Broska
Entwurf: Koordinationsbüro 7000 Eichen
Das Plakat wurde auf Plakatpapieren und zwei unterschiedlichen Chromoluxkartons gedruckt, es zeigt das Multiple *Ein-Stein-Zeit* von 1984.
W/B 146
WVZ M 503, S. 373

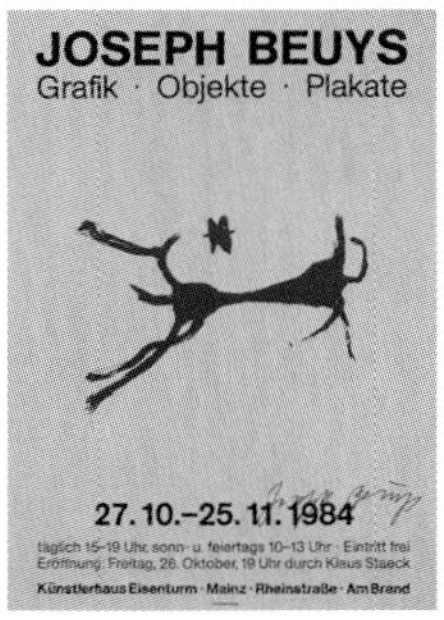

247 Joseph Beuys. Grafik. Objekte. Plakate
Künstlerhaus Eisenturm, Mainz 1984
Siebdruck, 84 x 59,3 cm
Druck: Steidl, Göttingen
Signiertes Exemplar
Abgebildet ist der Siebdruck *Der Schamane* von 1984 aus der Edition Staeck.
Heidelberg W/B 147
WVZ M 497, S. 370
Gold u.a. 1998, 100, S. 110

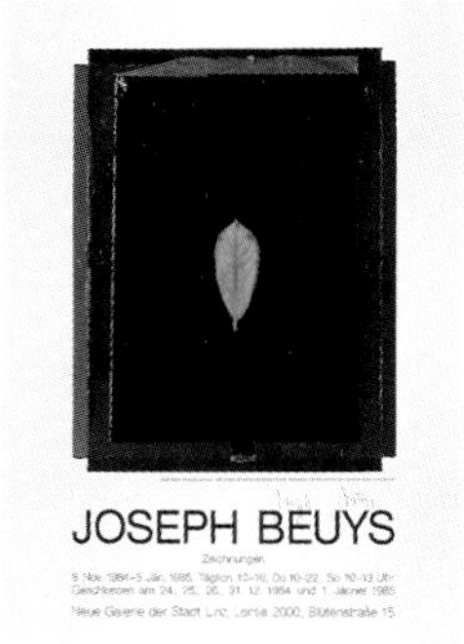

248 Joseph Beuys. Zeichnungen
Neue Galerie der Stadt Linz 1984
Offset, 70 x 49,7 cm
Signiertes Exemplar
Zu sehen ist die Collage *Prunus Laurocerasus* von 1955.

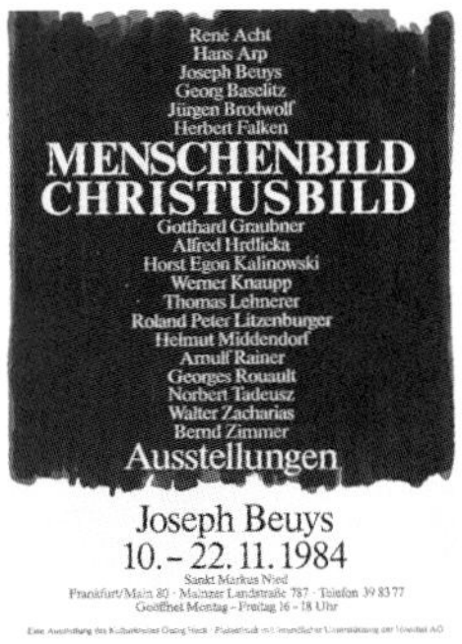

249 Menschenbild – Christusbild. Joseph Beuys
Sankt Markus Nied, Frankfurt a. M. 1984
Offset, 84 x 59,3 cm

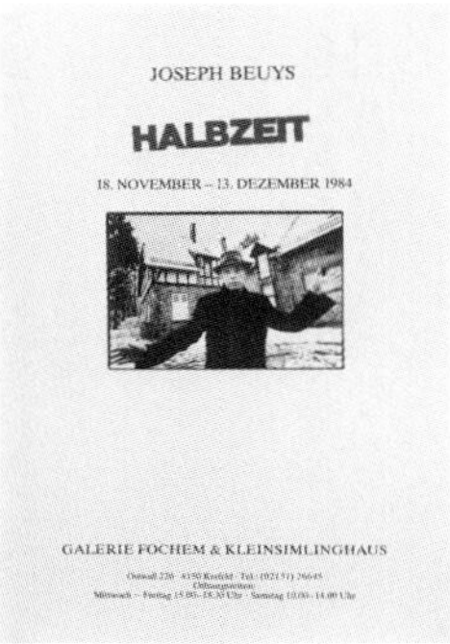

250 Joseph Beuys. Halbzeit
Galerie Fochem & Kleinsimlinghaus, Krefeld 1984
Offset, 59,5 x 42 cm
Stempel »Halbzeit« in blauer Farbe

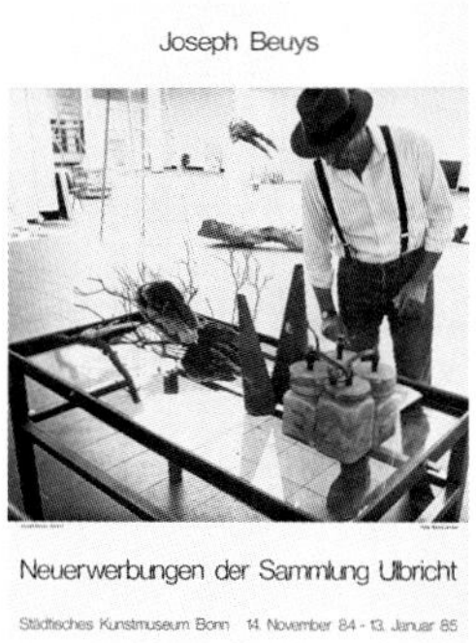

251 Joseph Beuys. Neuerwerbungen der Sammlung Ulbricht
Städtisches Kunstmuseum Bonn 1984
Offset, 84 x 59,3 cm
Foto: Bernd Jansen
Das Foto zeigt Beuys beim Einrichten seiner Vitrine *Alarm 1.*

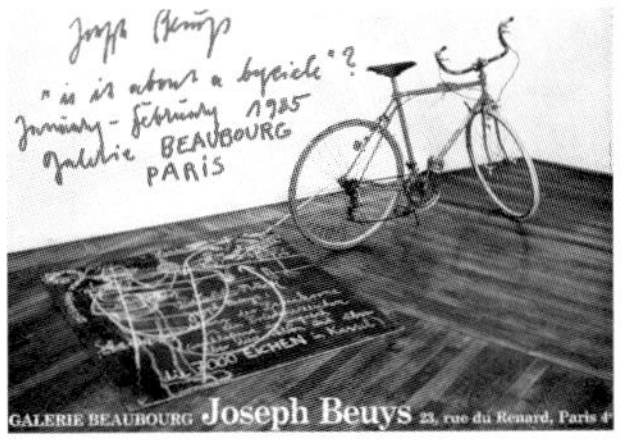

252 Joseph Beuys. *Is it about a bycicle?*
Galerie Beaubourg, Paris 1985
Offset, 67,3 x 96,2 cm
Foto: Adam Rzepka
Druck: Marchand, Paris
200 Exemplare der Auflage sind auf Karton gedruckt.
W/B 148

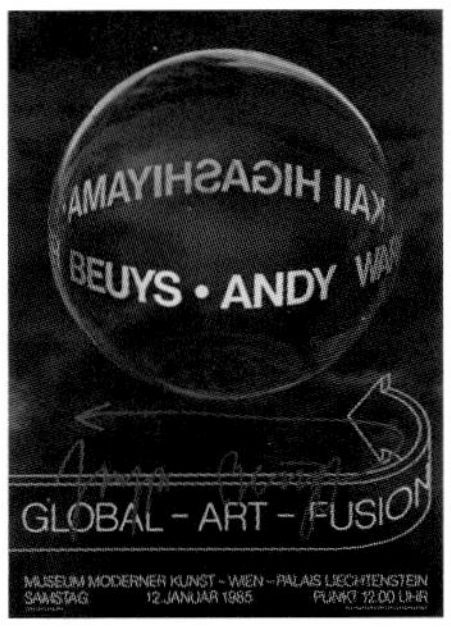

253 Global-Art-Fusion
Museum Moderner Kunst, Wien 12. 1. 1985
Offset, 70 x 50 cm
Foto: Roland Schenk, Bern
Entwurf: Lüthi & Siegrist, Bern
Mit silbernem Filzstift signiertes Exemplar
J. Beuys, A. Warhol und K. Higashiyama übermittelten per Telefax »Friedensbotschaften« nach Wien.
WVZ A, A 20, S. 386
Gold u.a. 1998, 387, S. 205

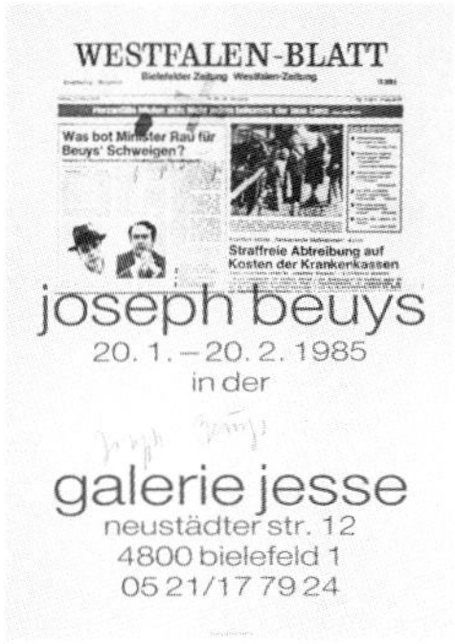

254 Joseph Beuys
Galerie Jesse, Bielefeld 1985
Offset, 59,5 x 42 cm
Druck: Gustav Brinkjost KG
Signiertes Exemplar

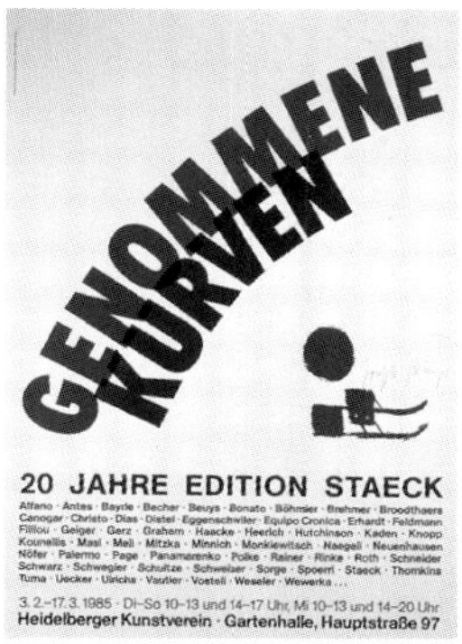

255 Genommene Kurven, 20 Jahre Edition Staeck
Heidelberger Kunstverein, 1985
Offset, 84 x 59,4 cm
Entwurf: Joseph Beuys und Klaus Staeck
Signiertes Exemplar
WVZ M 49, S. 371

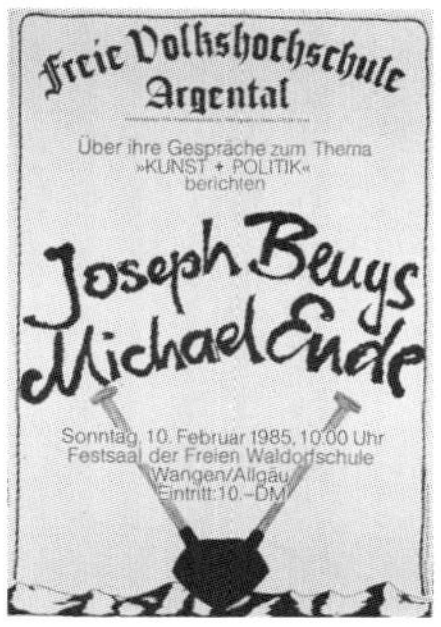

256 Joseph Beuys, Michael Ende
Freie Volksschule Argental
Wangen 1985
Offset, 61,2 x 42,5 cm
Gestaltung: B. und G. Volk
Druckwerkstatt Haslach, Wangen
W/B 149

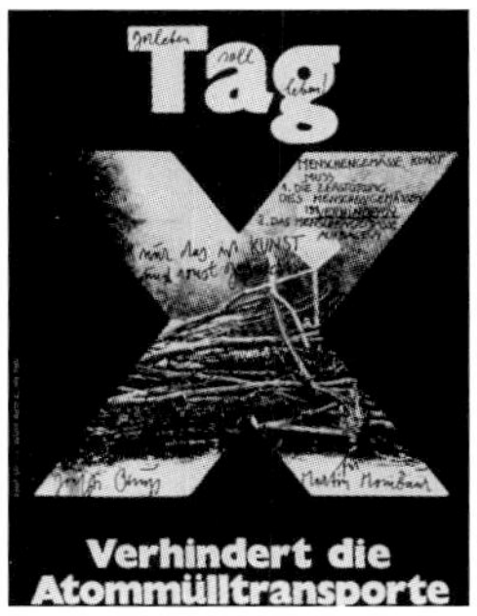

257 Tag X. Verhindert die Atommülltransporte ins Wendland
Gorleben-Wendland 1985
Offset, 59 x 42 cm
Es gibt auch eine Auflage ohne den handschriftlichen Text von Beuys.
W/B 150

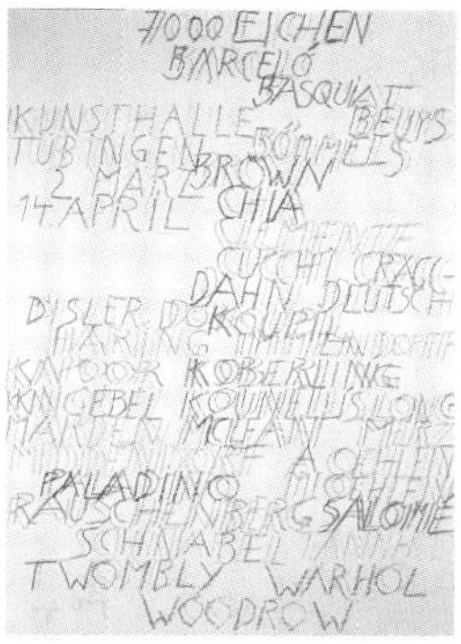

258 7000 Eichen
Kunsthalle Tübingen 1985
Offset, 82,5 x 59 cm
Die Ausstellung ging auf eine Initiative von Heiner Bastian zurück und zeigte die Kunstwerke, die 34 Künstler zur Unterstützung des Kasseler Projektes gestiftet hatten.

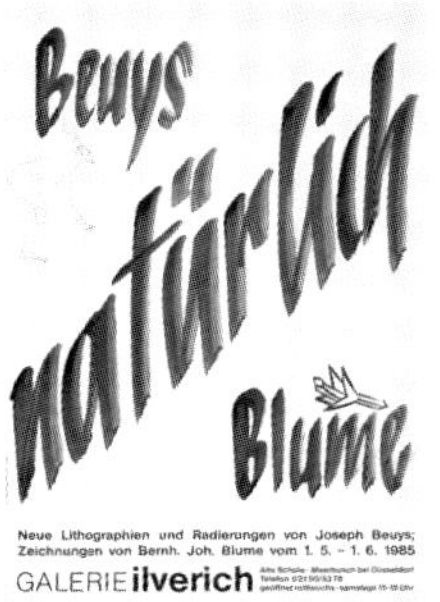

259 Beuys – Blume – natürlich. Neue Lithografien und Radierungen von J. Beuys. Zeichnungen von Bernh. Joh. Blume
Galerie Ilverich, Meerbusch-Ilverich 1985
Offset, 60 x 42 cm
Entwurf: Bernhard Johannes Blume
Das Plakat erschien ohne den Ankündigungstext als Edition.
W/B 151
WVZ M 537, S. 396

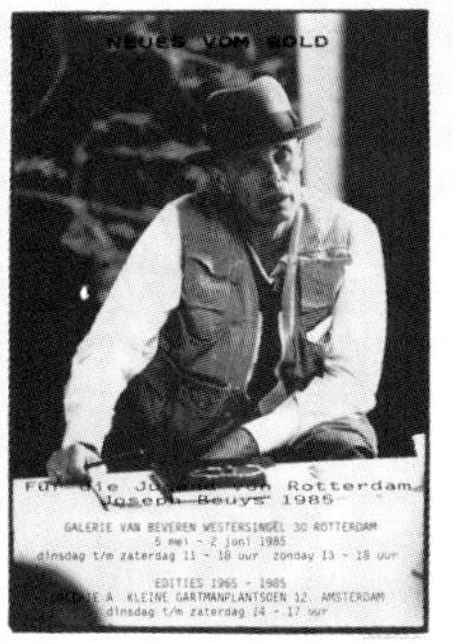

260 Neues vom Gold. Für die Jugend von Rotterdam
Galerie van Beveren, Rotterdam und Galerie A, Amsterdam 1985
Siebdruck, 91 x 64 cm
Druck: Grafisch Atelier Rijnmond

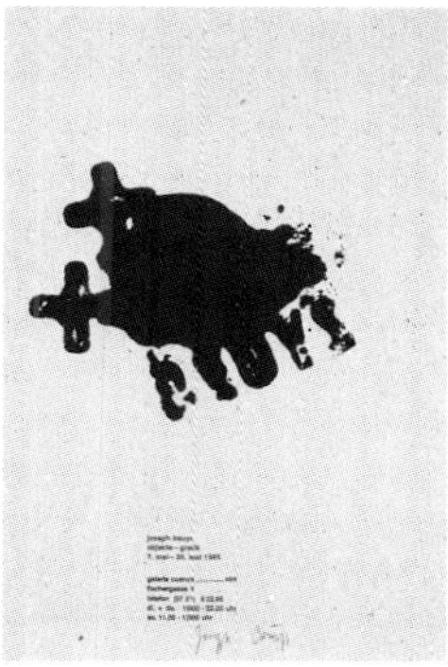

261 Joseph Beuys. Objekte – Grafik
Galerie Cuenca, Ulm 1985
Siebdruck auf grauem Papier, 74,5 x 50,4 cm
Signiertes Exemplar
WVZ M 520, S. 378

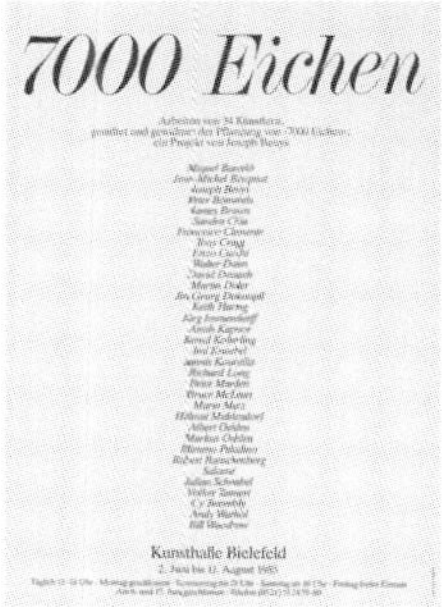

262 7000 Eichen. Arbeiten von 34 Künstlern
Kunsthalle Bielefeld 1985
Offset, 69,2 x 49,2 cm
Druck: Kramer-Druck Bielefeld
Die Ausstellung wurde zuvor in der Kunsthalle Tübingen und danach in den Staatlichen Kunstsammlungen Kassel gezeigt.
Vgl. cat. 258 u. 270
W/B 152

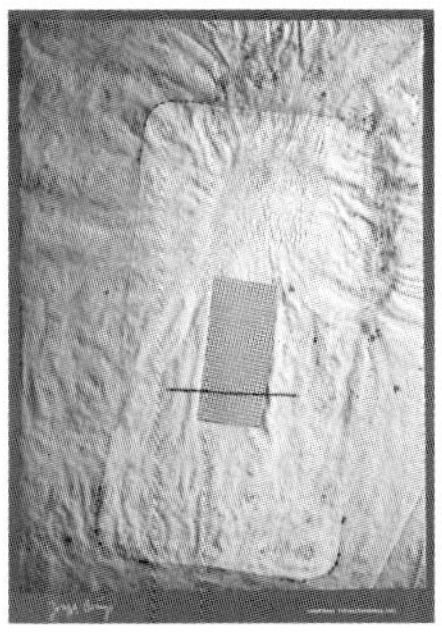

263 Joseph Beuys
Inter Nationes, Bonn 1985
Offset, 97,7 x 67,9 cm
Foto: Walter Klein, Düsseldorf
Druck: Greven & Bechtold GmbH, Köln
Abgebildet ist die Collage *Fett und Rasterprinzip* von 1960.

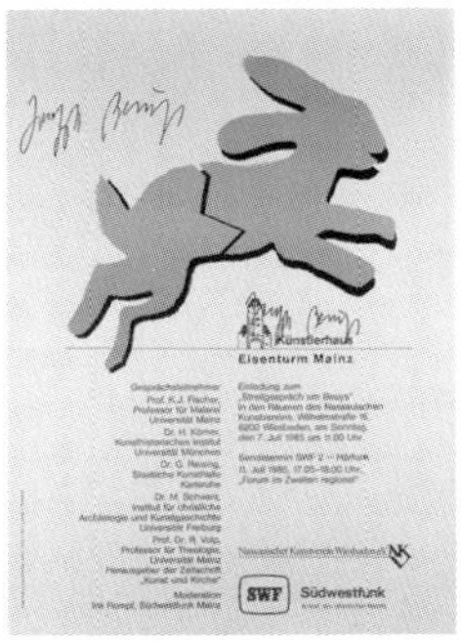

264 *Streitgespräch um Beuys*
Nassauischer Kunstverein Wiesbaden, im Künstlerhaus Eisenturm
Südwestfunk Mainz, 7. Juli 1985
Offset, 60 x 43 cm
Signiertes Exemplar

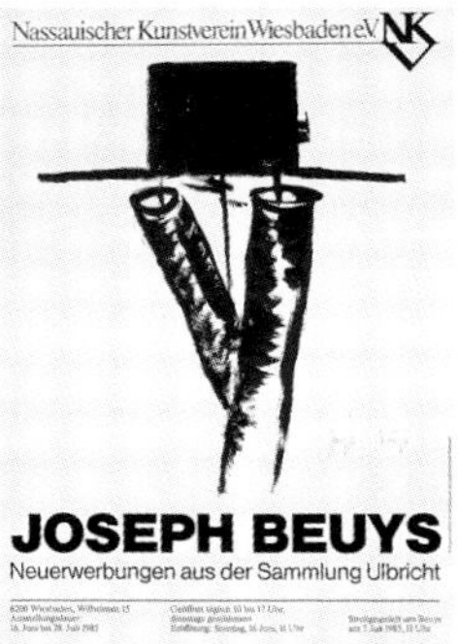

265 Joseph Beuys. Neuerwerbungen aus der Sammlung Ulbricht
Nassauischer Kunstverein, Wiesbaden 1985
Offset, 84,2 x 59,2 cm
Signiertes Exemplar
Abgebildet ist die Ölfarbenzeichnung *Filzplastik* von 1977.

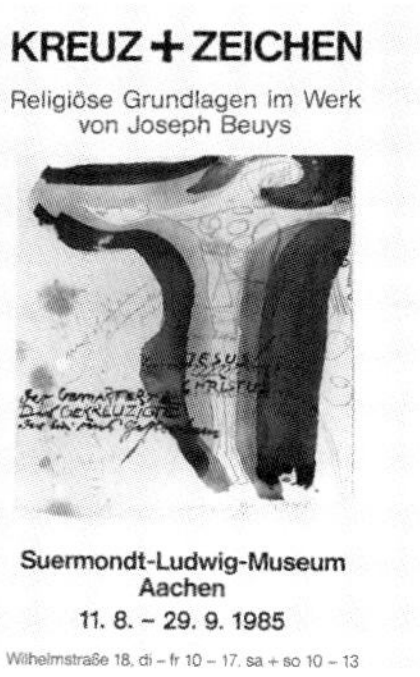

266 Kreuz + Zeichnungen. Religiöse Grundlagen im Werk von Joseph Beuys
Suermondt-Ludwig-Museum, Aachen 1985
Offset, 69,7 x 49,7 cm
Abgebildet ist ein Aquarell von 1948.

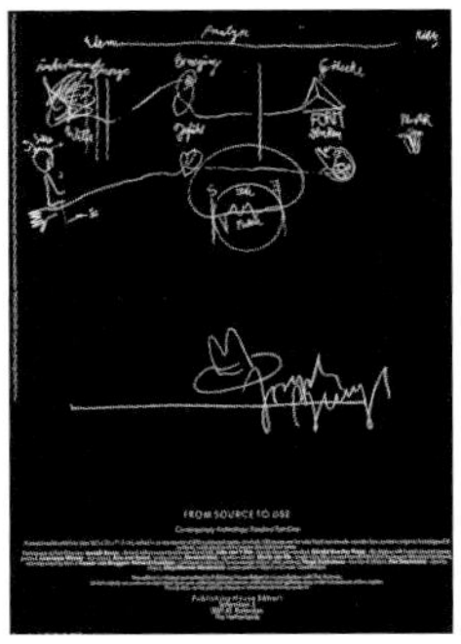

267 From Source to Use
Publishing House Bébert, Rotterdam 1985
Offset, 60,8 x 43 cm
Das Plakat kündigt die Edition *From Source to Use* an, einer Kiste mit Multiples von 11 Künstlern, darunter Marina Abramovic, General Idea, Richard Hamilton, Ulay, Lawrence Weiner.
WVZ M 543, S. 398

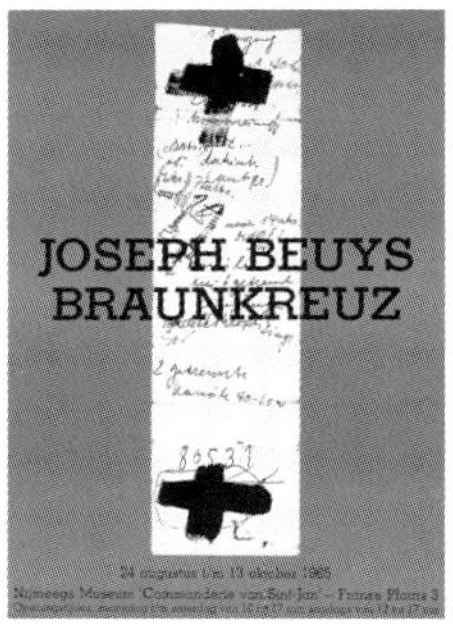

268 Joseph Beuys. Braunkreuz
Nijmeegs Museum »Commanderie van Sint-Jan«, Nimwegen 1985
Offset, 69 x 49 cm
Abgebildet ist die Zeichnung *Zwei Kanäle, doppelt gekreuzt* von1963.

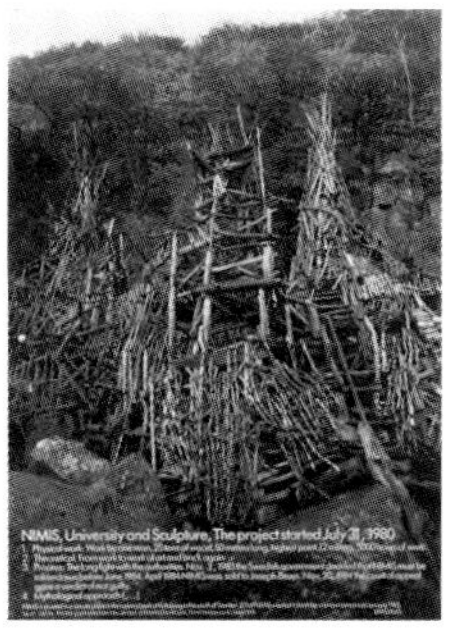

269 Nimis, University and Sculpture
Nationalpark of Kullaberg, Schweden 1985
Offset, 58,8 x 41,6 cm
Foto und Entwurf: Leif Eriksson
Druck: Wedgepress & Cheese
Signiertes Exemplar
Beuys hatte die abgebildete Holzskulptur gekauft, um sie vor Zerstörung zu bewahren.

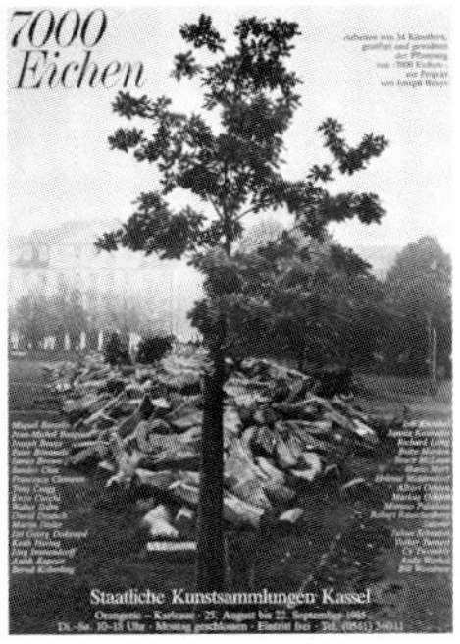

270 7000 Eichen. Arbeiten von 34 Künstlern
Staatliche Kunstsammlungen Kassel 1985
Offset, 84 x 59 cm
Vgl. cat. 258 u. 262

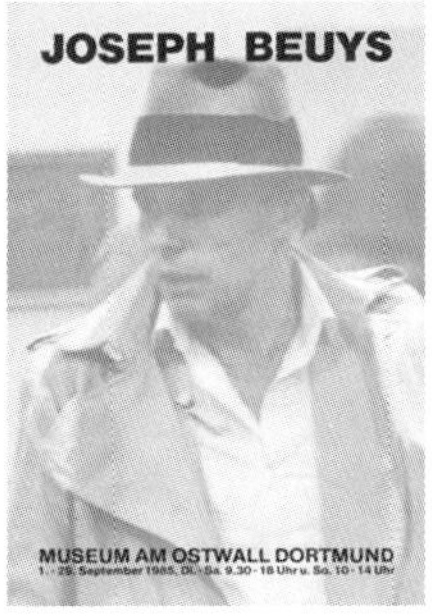

271 Joseph Beuys
Museum am Ostwall, Dortmund 1985
Offset, 72,5 x 50 cm
Entwurf: Wolfgang Feelisch
Foto: Eric Andersch
Die Ausstellung zeigte Objekte und Multiples aus der Sammlung Wolfgang Feelisch, Remscheid. Das Plakatmotiv diente auch als Katalogumschlag.
Gold u.a. 1998, 344, S. 206

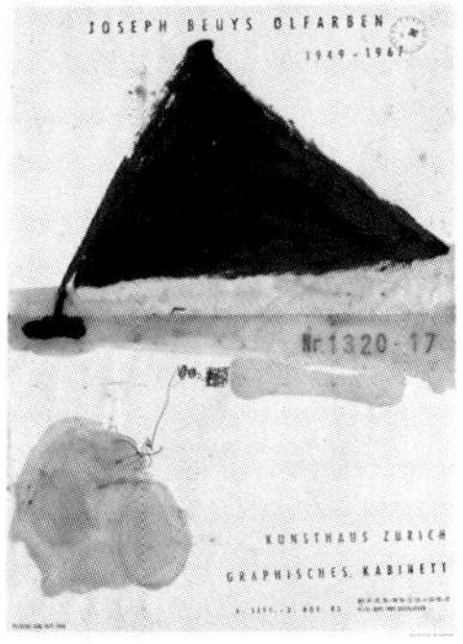

272 Joseph Beuys. Ölfarben 1949–1967
Kunsthaus Zürich, Graphisches Kabinett, Zürich 1985
Offset, 128 x 90,4 cm
Entwurf: Egon Meichtry Druck Lichtdruck AG, Dielsdorf
Abgebildet ist die Zeichnung *Filzecke und Fett* von 1964.

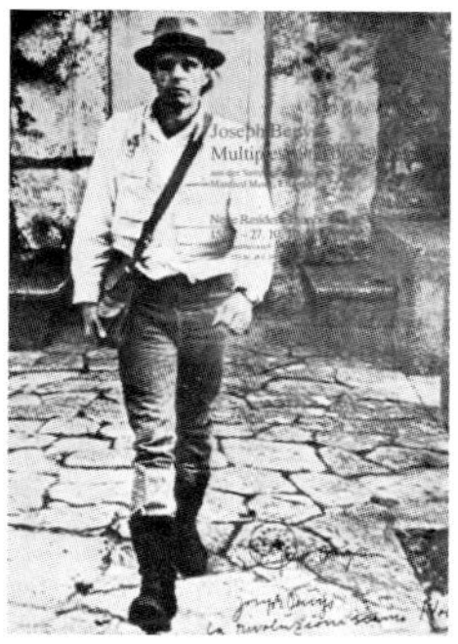

273 Joseph Beuys. Multiples 1968–1985
Neue Residenz Bamberg 1985
Offset, 84 x 59 cm
Entwurf: Deuter
Foto: Pancaldi
Signiertes Exemplar
Ausgestellt wurden Arbeiten aus der Sammlung Bernd und Manfred Meier, Erlangen.

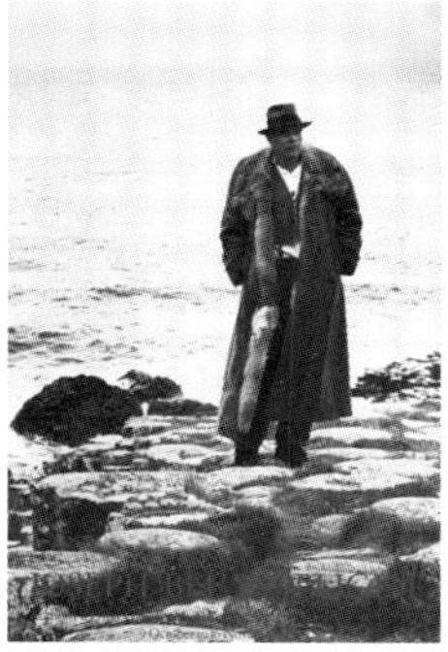

274 Joseph Beuys. Plight
Anthony d'Offay Gallery, London 1985
Offset, 76 x 50,7 cm
Foto: Caroline Tisdall
Das Foto zeigt Beuys bei den Basaltsäulen *The Giants Causeway* an der nordirischen Küste.
Gold u.a. 1998, 289, S. 142

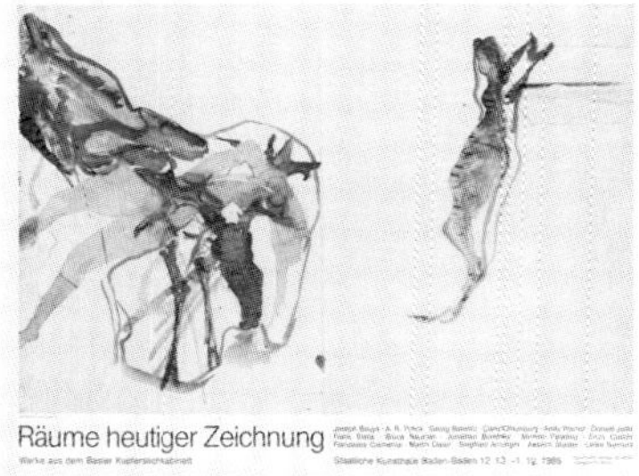

275 Räume heutiger Zeichnung
Staatliche Kunsthalle Baden-Baden 1985
Offset, 59,3 x 78,6 cm
Die Abbildung zeigt das Aquarell *Elch mit Frau und Faunesse* von 1957.

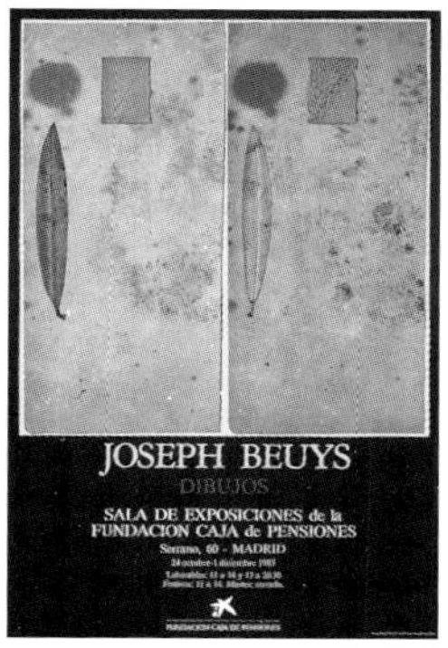

276 Joseph Beuys. Dibujos
Fundación Caja de Pensiones, Madrid 1985
Offset, 62,5 x 42,4 cm
Druck: A. G. Luis Perez S. A. Madrid
Zu sehen ist die »Doppelcollage« *Oleander* von 1960.

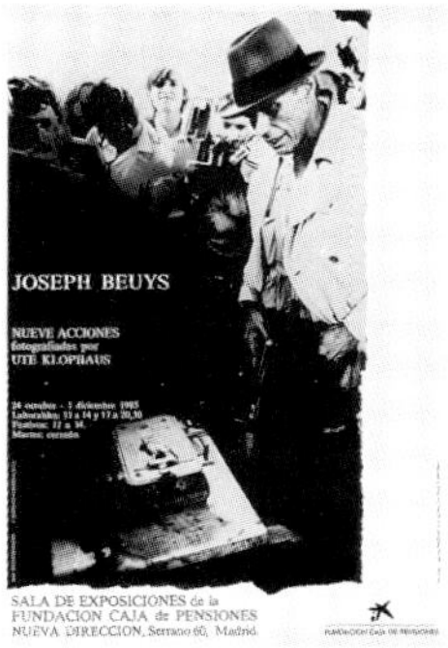

277 Joseph Beuys. Nueve Acciones fotografiadas por Ute Klophaus
Fundación Caja de Pensiones, Madrid 1985
Offset, 69,7 x 49,8 cm
Fotografie: Ute Klophaus
Druck: Luis Pérez S. A. Madrid
Für das Plakat fand ein Foto von der »Umwandlung« einer Zarenkrone in einen Hasen (documenta 7) Verwendung.
WVZ A A 18, S. 385

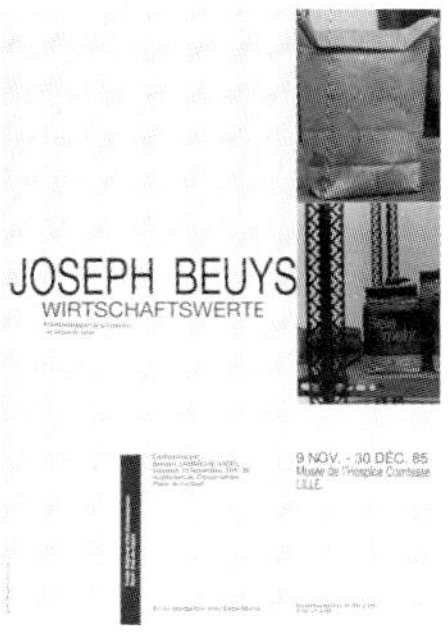

278 Joseph Beuys. Wirtschaftswerte
Musée de l'Hospice Comtesse, Lille 1985
Offset, 60,2 x 43 cm
Entwurf: Denis Toulet, Ardres
Druck: Imprimerie Cache, Guines

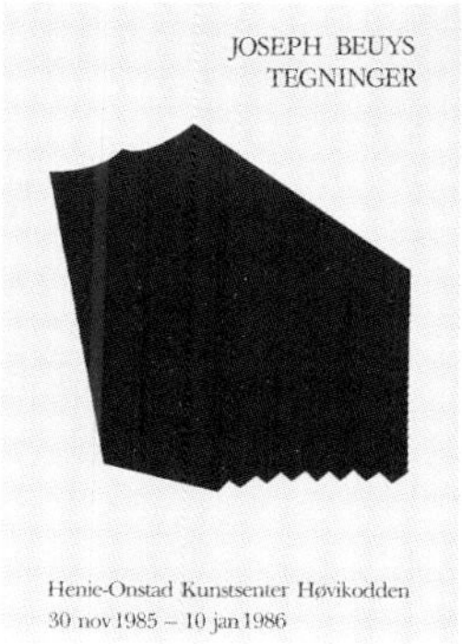

279 Joseph Beuys, Tegninger
Henie-Onstad Kunstsenter, Høvikodden bei Oslo 1985
Offset, 68 x 48 cm
Die Abbildung zeigt die Zeichnung *für Braunräume* von 1966/1983.
Vgl. cat. 201, 202
W/B 153

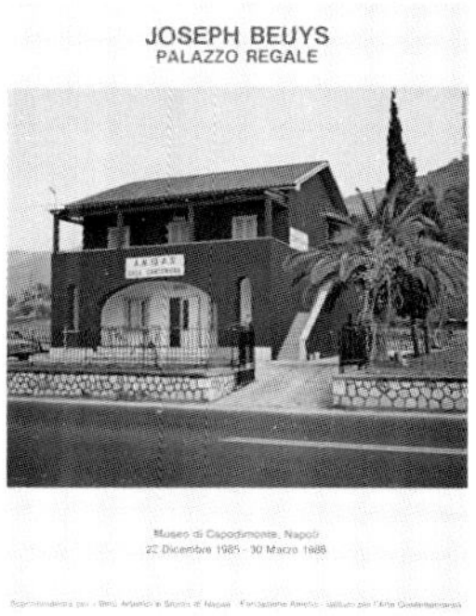

280 Joseph Beuys. Palazzo Regale
Museo di Capodimonte, Neapel 1985
Offset, 80,5 x 59,8 cm
Foto: Jochen Schmidt
W/B 154

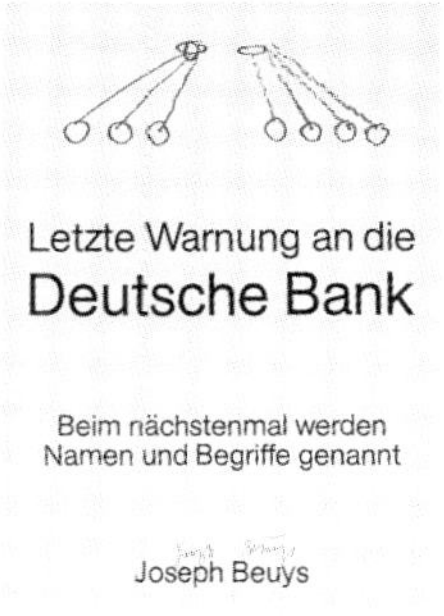

281 Letzte Warnung an die Deutsche Bank 1985
Offset, 83,7 x 59,2 cm
Edition Staeck, Heidelberg
Signiertes Exemplar
Die Zeichnung ist als Edition *Kosmische Wirtschaftsordnung* erschienen.
W/B 126
WVZ M 550, S. 401
Gold u.a. 1998, 92, S. 187

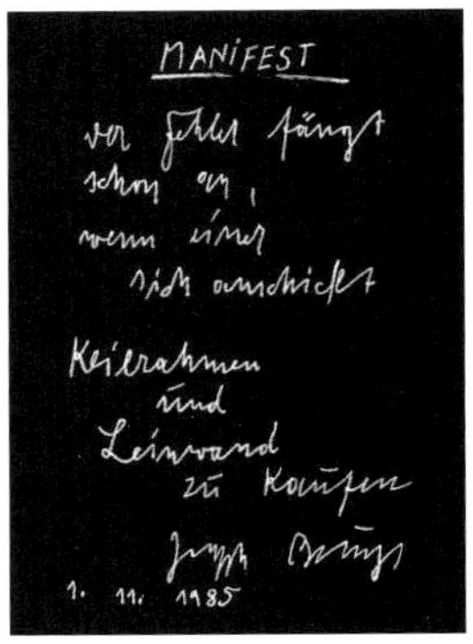

282 Manifest
Edition Staeck, Heidelberg 1985
Offset, 84 x 59,2 cm
1985 verlegte die Edition Staeck eine Serie von neun Postkarten. Lediglich das Manifest erschien auch als Plakat.
WVZ M P 66, S. 424
Gold u.a. 1998, 114, S. 134

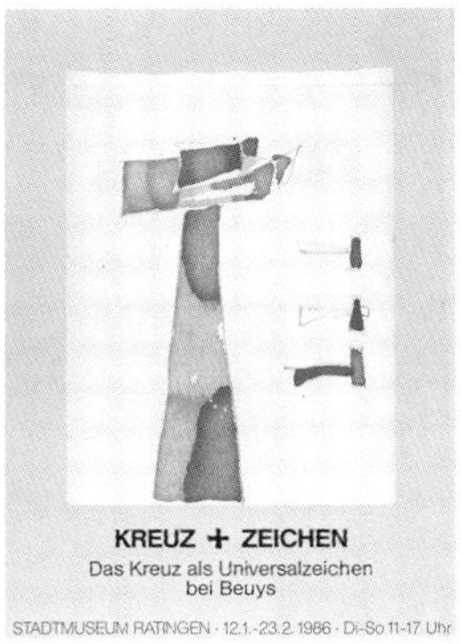

283 Kreuz + Zeichen
Stadtmuseum Ratingen, 1986
Offset, 84 x 59,4 cm

284 Joseph Beuys
Museo Civico di Gibellina, 1986
Offset, 95,8 x 65,5 cm
Druck: Stass / Palermo
Die Zeichnung *Aufschrecken in der Nacht (Mann im Grab)* entstand 1962.
W/B 155

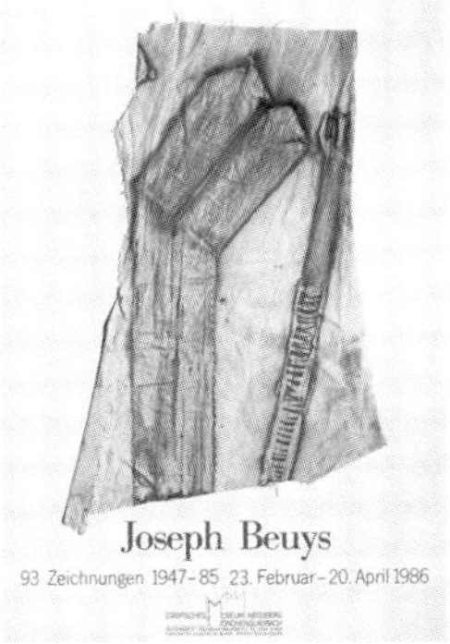

285 Joseph Beuys. 93 Zeichnungen 1947–1985
Städtisches Museum Abteiberg, Mönchengladbach 1986
Offset, 174 x 120,4 cm
Reproduziert ist die Zeichnung *Strahlende Türme* von 1984.

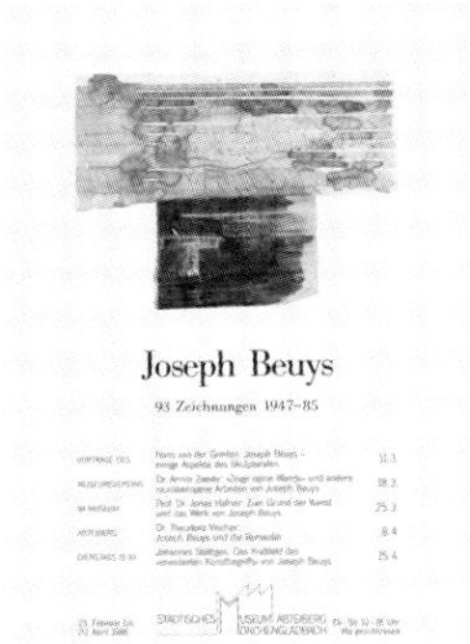

286 Joseph Beuys. 93 Zeichnungen 1947–1985
Städtisches Museum Abteiberg, Mönchengladbach 1986
Offset, 84 x 59,2 cm
Abgebildet ist die Zeichnung *das T-Kreuz* von 1958.

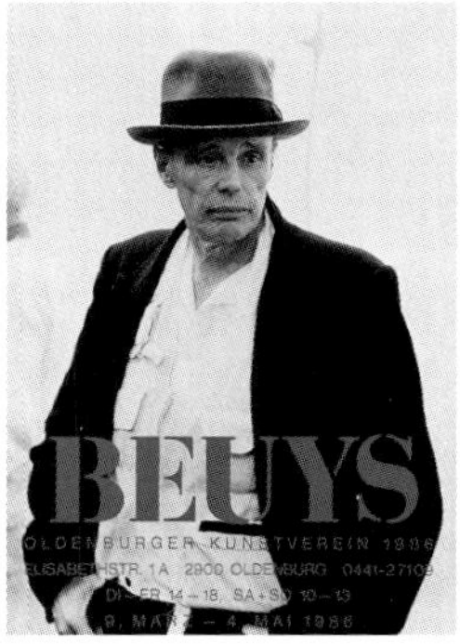

287 Beuys
Oldenburger Kunstverein, 1986
Offset, 84 x 59,5 cm
Entwurf: Claus von der Osten
Foto: Elke Walford
Die seit September 1985 vorbereitete Ausstellung wurde zur ersten Gedächtnisausstellung nach dem Tod des Künstlers.

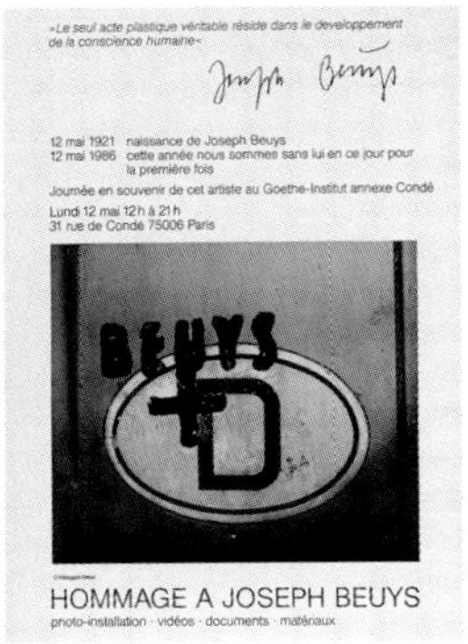

288 Hommage à Joseph Beuys
Goethe-Institut, Paris 1986
Offset, 85,6 x 61 cm
Foto: Hildegard Weber
Das Fotomotiv entstammt der Installation *Das Rudel* von 1969 und zeigt die Rückseite des VW-Busses.

Biografie

1921 geboren in Krefeld

1941–1946 Kriegsdienst. Schwere Verwundungen, Gefangenschaft

1947–1954 Studium an der Staatl. Kunstakademie Düsseldorf bei Josef Enseling und Ewald Mataré

1953 Erste Einzelausstellung im Haus van der Grinten, Kranenburg (cat. 1)

1961–1972 Lehrstuhl an der Staatl. Kunstakademie Düsseldorf

1963 Organisation und Mitwirkung am Fluxus-Festival der Staatl. Kunstakademie Düsseldorf
Fluxusausstellung im Haus van der Grinten, Kranenburg (cat. 2)

1964 Teilnahme am ›Festival der neuen Kunst‹, Aachen; Aktion *Kukei-akopee-Nein! Braunkreuz, Fettecken, Modellfettecken* (cat 3)

1965 Aktion in Wuppertal *Und in uns... unter uns... land unter* (cat. 4)

1967 Erste umfassende Präsentation im Städt. Museum Abteiberg, Mönchengladbach
Gründung der Deutschen Studentenpartei (DSP) mit Johannes Stüttgen, später umbenannt in ›Fluxuszone West‹

1968 *Rauminstallation* auf der ›documenta IV‹, Kassel
Ausstellung im Stedelijk-van-Abbe-Museum, Eindhoven (cat. 6)

1969 Aktion in Berlin: Beuys & Christiansen, Konzert *Ich versuche dich freizulassen* (cat. 7)
Ausstellung Sammlung Karl Ströher, Städt. Kunsthalle Düsseldorf (cat. 8), und Kunstmuseum Basel (cat. 11) sowie Ausstellung ›Zeichnungen 1946–1967‹ im Kupferstichkabinett des Kunstmuseums Basel (cat. 10)

Biography

1921 Born in Krefeld

1941–46 War service. Seriously wounded, imprisonment

1947–54 Studies under Josef Enseling and Ewald Mataré at the State Academy of Art in Düsseldorf

1953 First solo exhibition in Haus van der Grinten, Kranenburg (cat. no. 1)

1961–72 Professorship at the State Academy of Art in Düsseldorf

1963 Organisation and participation in the Fluxus Festival of the State Academy of Art in Düsseldorf
Fluxus exhibition in Haus van der Grinten, Kranenburg (cat. no. 2)

1964 Participation in the "Festival of New Art", Aachen; Action *Kukei-akopee-Nein! Braunkreuz, Fettecken, Modellfettecken (Brown cross, fat corners, model fat corners)* (cat. no. 3)

1965 Action in Wuppertal *Und in uns... unter uns... landunter (And in us... under us...flood)* (cat. no. 4)

1967 First comprehensive presentation in the City Museum in Abteiberg, Mönchengladbach
Foundation of the Deutsche Studentenpartei (German Students' Party) (DSP) with Johannes Stüttgen, later renamed "Fluxuszone West"

1968 *Spatial installation* at the *documenta IV*, Kassel
Exhibition in the Stedelijk-van-Abbe Museum, Eindhoven (cat. no. 6)

1969 Action in Berlin: Beuys & Christiansen, Konzert *Ich versuche dich freizulassen (I try to set you free)* (cat. 7)
Exhibition of the Karl Ströher Collection, Municipal Kunsthalle Düsseldorf (cat. no. 8), and Kunstmuseum Basel (cat. no. 11) as well as the exhibition "Drawings 1946–1967" in the print collection of the Kunstmuseum Basel (cat. no. 10)

1970 Gründung der ›Organisation der Nichtwähler, Freie Volksabstimmung‹ (cat. 13 a, b)
Ausstellung ›Zeichnungen‹, Kunstverein Ulm (cat. 15)
Aktion in Düsseldorf: *Freitagsobjekt ›1a gebratene Fischgräte‹* (cat. 16)

1971 Aktion in Basel: *Celtic + ~~~* (cat. 25)
Gründung der ›Organisation für direkte Demokratie durch Volksabstimmung e.V.‹

1972 Informationsbüro ›Organisation für direkte Demokratie durch Volksabstimmung‹ (cat. 33) mit permanentem Diskussionsforum sowie abschließend *Boxkampf für direkte Demokratie durch Volksabstimmung* (cat. 35) auf der ›documenta V‹, Kassel
Besetzung des Studentensekretariats der Staatl. Kunstakademie Düsseldorf (cat. 45) und Aufnahme von abgewiesenen Studienbewerbern; fristlose Entlassung wegen ›Hausfriedensbruch‹ (cat. 48)

1973 Gründung des Vereins zur Förderung einer ›Freien Internationalen Hochschule für Kreativität und interdisziplinäre Forschung e.V.‹ gemeinsam mit Klaus Staeck, Georg Meistermann, Willi Bongard

1974 Ausstellung ›The secret Block for a secret person in Ireland‹, Museum of Modern Art, Oxford (cat. 50), und Ulster Museum Botanic Gardens, Belfast
Aktion in New York *I like America and America likes Me* (cat. 52)
Gründung der ›Freien Hochschule‹ in Düsseldorf mit Heinrich Böll

1975 Ausstellung ›Zeichnungen‹, Kestner-Gesellschaft, Hannover (cat. 72)

1976 *Tram Stop I. Straßenbahnhaltestelle* im Deutschen Pavillon auf der Biennale Venedig
Ausstellung *Zeige Deine Wunde*, Kunstforum, München

1977 Installation *Honigpumpe am Arbeitsplatz* und Einrichtung eines hundert Tage währenden Forums der ›Freien Internationalen Hochschule für Kreativität und Interdisziplinäre Forschung‹ (FIU) auf der ›documenta VI‹, Kassel (cat. 85, 86, 87, 90)
Installation *Richtkräfte* in der Nationalgalerie Berlin

1978 Ernennung zum Mitglied der Akademie der Künste, Berlin
Titelbild der *Wirtschaftswoche* (cat. 78)

1970 Foundation of the "Organisation der Nichtwähler, Freie Volksabstimmung" (Organisation of Non-Voters, Free Referendum) (cat. nos.13 a, b)
Exhibition "Drawings" Kunstverein Ulm (cat. no. 15)
Action in Düsseldorf: *Freitagsobjekt ›1a gebratene Fischgräte‹ (Friday object – 1a baked fish bones)* (cat. no. 16)

1971 Action in Basel: *Celtic + ~~~* (cat. no 25)
Foundation of the "Organisation für direkte Demokratie durch Volksabstimmung e.V." (Organisation for Direct Democracy through Referendum)

1972 Information office "Organisation für direkte Demokratie durch Volksabstimmung" (cat. no. 33) with a permanent forum for discussion, as well as the subsequent *Boxkampf für direkte Demokratie durch Volksabstimmung* (Boxing Match for Direct Democracy through Referendum) (cat. no. 35) at the *documenta V*, Kassel
Occupation of the student's secretariat of the State Academy of Art in Düsseldorf (cat. no. 45) and the admission of rejected student applicants; dismissal without notice on the grounds of "trespassing" (cat. no. 48)

1973 Foundation, in collaboration with Klaus Staeck, Georg Meistermann and Willi Bongard, of the Society for the Promotion of a "Free International University for Creativity and Interdisciplinary Research"

1974 Exhibition "The secret Block for a secret person in Ireland", Museum of Modern Art, Oxford (cat. no. 50), and Ulster Museum Botanic Gardens, Belfast
Action in New York *I like America and America likes Me* (cat. no. 52)
Foundation, with Heinrich Böll, of the "Free University" in Düsseldorf

1975 Exhibition "Drawings" Kestner-Gesellschaft, Hanover (cat. no. 72)

1976 *Tram Stop I. Straßenbahnhaltestelle* in the German Pavilion at the Venice Biennale; Exhibition *Zeige Deine Wunde (Show your wounds)*, Kunstforum, Munich

1977 Installation *Honigpumpe am Arbeitsplatz* (Honey Pump at the Workplace) and foundation of the "Free International University for Creativity and Interdisciplinary Research, (FIU)" which lasted 100 days, at the *documenta VI*, Kassel (cat. nos. 85, 86, 87, 90)
Installation *Richtkräfte (Directional forces)* in the Nationalgalerie Berlin

Aktion in Düsseldorf *In memoriam George Maciunas* (cat. 109)

1979 Erste Begegnung mit Andy Warhol in der Galerie Denise René/Hans Mayer, Düsseldorf
Verleihung des ›Kaiserrings‹ der Stadt Goslar
Kandidatur für das Europaparlament für ›Die Grünen‹ (cat. 125)
Umfassende Retrospektive im Solomon R. Guggenheim Museum, New York (cat. 133)

1980 *Das Kapital Raum 1970–1977* auf der Biennale Venedig
Ernennung zum Mitglied der Royal Academy of Fine Arts in Stockholm
Ausstellung in der Richard Demarco Gallery in Edinburgh (cat. 158, 159, 160, 161, 164, 165)
Kandidatur für ›Die Grünen‹ auf der Landesliste in NRW (cat. 157)

1982 Aktion *7000 Eichen* (cat. 196) und Aktion *ohne Titel* (cat. 197) auf der ›documenta VII‹, Kassel

1983 Engagement für den Bau einer Kunsthalle in Bonn (cat. 211)
Nutzung von Werbeflächen in der New Yorker Subway (cat. 220)
Ausstellung ›Drawings and watercolours 1941–1983‹, Victoria & Albert Museum, London

1984 Ausstellung im Seibu Museum of Art, Tokyo (cat. 235f.)

1985 Aktion *Global-Art-Fusion* mit Andy Warhol und K. Higashiyama (cat. 253)
Ausstellung *Joseph Beuys-Ölfarben 1949–1967*, Kunsthaus Zürich

1986 Verleihung des Wilhelm-Lehmbruck-Preises der Stadt Duisburg
Am 23. Januar stirbt Joseph Beuys in Düsseldorf

1978 Appointment as a member of the Academy of Arts, Berlin
Cover picture in the *Wirtschaftswoche* (cat. no. 78)
Action in Düsseldorf *In memoriam George Maciunas* (cat. no. 109)

1979 First meeting with Andy Warhol in the Denise René/Hans Mayer Gallery, Düsseldorf
Award of the "Kaiserring" of the City of Goslar
Candidature for the European Parliament for the Green Party (cat. no. 125)
Comprehensive retrospective in the Solomon R. Guggenheim Museum, New York (cat. no. 133)

1980 *Das Kapital Raum 1970–1977* (The Capital Room) at the Venice Biennale
Appointment as a member of the Royal Academy of Fine Arts in Stockholm
Exhibition in the Richard Demarco Gallery in Edinburgh (cat. nos. 158, 159, 160, 161, 164, 165)
Candidature for the Greens on the state list for North Rhine-Westphalia (cat. no.157)

1982 Action *7000 Eichen (7000 Oaks)* (cat. no. 196) and action *Ohne Titel (Without title)* (cat. no. 197) at the *documenta VII*, Kassel

1983 Commitment for the building of the Kunsthalle in Bonn (cat. no. 211)
Utilization of advertising space in the New York Subway (cat. no. 220)
Exhibition "Drawings and watercolours 1941–1983", Victoria & Albert Museum, London

1984 Exhibition in the Seibu Museum of Art, Tokyo (cat. no. 235f.)

1985 Action *Global-Art-Fusion* with Andy Warhol and K. Higashiyama (cat. no. 253)
Exhibition *Joseph Beuys – Oil Colours 1949–1967*, Kunsthaus Zürich

1986 Award of the Wilhelm Lehmbruck Prize of the City of Duisburg
Joseph Beuys dies in Düsseldorf on 23 January